הַסִּדּוּר שֶׁל:

My English Name ______________________________

My Hebrew Name ______________________________

My English Birthday ______________________________

My Hebrew Birthday ______________________________

This book is dedicated to the memory of

Asher Loftus Z"L
אָשֵׁר בֶּן אַבְרָהָם דָּוִד ז"ל

The Tribe Siddur For Children & Families

With An Introduction By Chief Rabbi Lord Sacks

tribe

EDITORIAL COMMITTEE
Rabbi Andrew Shaw, Rabbi Michael Laitner, Doreen Samuels, Simon Goulden

PUBLISHING MANAGEMENT BY SIMON GOULDEN

SECOND REVISED EDITION
FIRST PUBLISHED IN 1995

PUBLISHED IN THE UNITED KINGDOM IN 2012 BY:
The United Synagogue
305 Ballards Lane,
North Finchley,
London N12 8GB
Tel: 020 8343 8989
www.theus.org.uk

DISTRIBUTED BY:
Vallentine Mitchell Publishers
UK: +44 20 8952 9526 USA: +1 503 287 3093
Info@vmbooks.com
www.vmbooks.com

ISBN 978 085303 816 3

DESIGN, ILLUSTRATIONS & LAYOUT:
Richard Herman, Judaicart Publishing Limited, London
Tel: +44 20 8203 5976
www.judaicart.net

Printed in China by Dryden Smith Print
Print Management: The Printworks (ny) Ltd

v

Contents

Weekday   חוֹל

Weekday Morning Service   שַׁחֲרִית לְחוֹל

Weekday Afternoon Service   מִנְחָה לְחוֹל

Weekday Evening Service   מַעֲרִיב לְחוֹל

Preface

In the years since the publication of the first edition of *Siddur Shevet Asher*, the Chief Rabbi's Children's Siddur it has become established as the standard *siddur* for thousands of children and their families in the English speaking world.

Now, in response to extensive market research, Tribe, the Young United Synagogue, has produced a worthy successor to the original edition, with some important additions and changes. When we published the original edition, it was our intention to produce a separate *machzor* for the *Yamim Nora'im* and *Chagim*. Leaders of children's services told us that this was not necessary, but that additional prayers for the *Yamim Nora'im* and *Chagim*, as a supplement to the *siddur*, would make it more useful and economical for purchasers. Having listened to the suggestions, we have now included the most requested *tefillot*. We feel sure that this will make the *siddur* even more useful.

We have maintained the translations, paraphrases, précis and explanations from the first edition where they enhanced the understanding of the Hebrew. Thus, we have continued to strike a balance between remaining faithful to the intention of the Hebrew original and employing a vocabulary suitable for children. New translations for the *Yamim Nora'im* and *Chagim* have continued this philosophy and we are very grateful to the Rabbis and Heads of Jewish Studies who have reviewed the prayers and translations.

In 1995, the idea of special punctuation to assist children using the Israeli pronunciation was radical and innovative. Since then, the latest edition of the Authorised Daily Prayer Book – the Singer's Prayer Book (the Sacks edition, as it has become known) – has taken this to another level and we are delighted that the United Synagogue's Hadassah New S typeface, which has proved so popular with readers of the new edition of the Singer's Prayer Book since its publication in 2006, has been used in this *siddur* as well.

As in the previous edition, each service, each major section of the service and certain prayers are introduced by an explanation, with coloured charts illustrating the main structures of our prayers. Once again, most of the Hebrew words used in the rubrics are given in Hebrew characters, rather than in transliteration, so as to enhance children's recognition of Hebrew terms. In translation, however, the flow of the words has been preserved by rendering the occasional Hebrew word into transliteration. A glossary at the end of the *siddur* explains many of the rubrics, with instructions reflecting diaspora practice.

In many other *siddurim* for children, illustrations serve little educational purpose but, continuing the philosophy of the original edition, our illustrations and drawings carefully illuminate the essence of our *tefillot* and how to carry out prayers and rituals in the home and synagogue. Once again, numbering every line of Hebrew will assist teachers, parents and those leading children's services.

Tribe hopes that this new publication will continue to inspire children and their families to discover for themselves the prayers of our ancient liturgy and traditions, as relevant for us now as they were when they were first written.

Simon Goulden
On behalf of the editorial team June 2012, Sivan 5772

Acknowledgements

As with all such projects, *Siddur Shevet Asher* has been the work of a large number of individuals and organisations. Firstly, we must gratefully acknowledge the family of the late Asher Loftus for their continuing support, spanning over fifteen years. In particular, Richard Loftus deserves our special gratitude for his dedication to the project. He has been a real partner in the whole project.

We were able to bring together the talents of Tribe, the Young United Synagogue as well as its Living and Learning Department, particularly Rabbi Andrew Shaw and Rabbi Michael Laitner, Chayli Fehler and Avi Friedmann, as well as Ian Myers and Richard Marcus. Doreen Samuels, a colleague from the first edition, brought her many years of experience to the entire project and has been an excellent sounding board, source of advice and wise counsel.

Our designer and illustrator, Richard Herman of Judaicart Publishing, has been integral to the success of the project and his design ideas, page layouts and original illustrations have made this publication as outstanding as it clearly is.

Proofreading, reviewing and educational advice has been regularly sought and freely given by educators, rabbinical community leaders, Heads of Jewish Studies in primary schools, heads of United Synagogue Hebrew Classes and leaders of children's services in United Synagogue communities. Rabbi Reuven Atlas, Rabbi Baruch Boudilovsky, Rabbi David Lister, Rabbi Yitzchak Macmull, Rabbi David Mason, Rev Michael Binstock MBE, Philip Alexander, Assaf Aslan, Daniel Gastwirth, Nicky Goldmeier, Rosalind Goulden, Deborah Harris, Yolande Kerbel, Sharon Laitner, Daryl Lax, Noah Nathan, Andrew Preston, Sharon Radley, Jeremy Richards, Harvey Rosen, Diane Steene and Ruth Wilkinson deserve our grateful thanks.

Our particular thanks must go to Rabbi Daniel Levy, Esther Chody, Michael Cohen, Esther Colman, Justin Kett and Daniel Rosenberg, whose detailed work on editing, advising and acting as critical friends has been invaluable throughout the entire development process. Vicki Belovski's experience and editing skills have been particularly helpful. We are, as ever, grateful to Chief Rabbi Lord Sacks, for his thoughtful words of introduction.

We would also like to note those who sit at the United Synagogue Trustees table: Stephen Pack, Stephen Fenton, Russell Kett, Jonathan Miller, Stephen Lubinsky, Brian Markeson, Russell Tenzer, Dalia Cramer, Doreen Samuels, Naomi Landy and Irene Leeman.

Inevitably, we have left out some people and to them we apologise, but they have all, in their various ways, helped to bring this wonderful publication to fruition. To everyone involved, we can only repeat the wise words of Pirkei Avot (5:26) *'Lefum tza'ara agra* – According to the effort is the reward'.

Simon Goulden
On behalf of the editorial team
Sivan 5772 / June 2012

Introduction

The *siddur* is the map of the Jewish heart. Through its words we retrace the steps taken by countless generations of Jews as they turned from their private hopes and fears to journey towards the presence of God.

Like music, prayer is a natural expression of human longing, evidence of the image of God within us all. But like music, prayer is also something we learn and inherit. One generation passes its most powerful melodies to the next. So too Judaism has always passed on its most moving prayers to its children. We pray as our ancestors prayed, and because of this their spirit lives on in us.

I know of nothing more moving than watching children pray. When I visit synagogues I always try to spend a few moments in the children's service, seeing the faces of young girls and boys as they say the *Shema*, or listen to stories taken from the weekly *Sidrah*, or sing their first Jewish songs. Here as nowhere else I witness the miracle of Jewish continuity, the simple yet infinitely subtle way in which we pass on faith to our children. There is nothing more precious we can give them. One day they will discover – as we who have been there before discovered – that the *siddur* is nothing less than our route to the Divine presence.

But children need a prayer book of their own, one that they can understand and use, and respond to as children. The original publication of this specifically designed siddur met an urgent and long-felt need, and it has been a marvellous contribution to the enhancement of Jewish life within Anglo-Jewry.

In the past ten years, the United Synagogue has successfully enhanced the connection between its members and Judaism through a range of innovative initiatives. Prominent among these was the creation of Tribe aimed at engaging the next generation of United Synagogue members not just within the Shul building itself but also in their schools and homes. As a result of their important work, Tribe is having a real impact and changing the face of Anglo-Jewry. This *siddur*, known as The *Tribe Siddur For Children & Families*, is a further demonstration of the integral link Tribe now has with all young people across the community.

This edition with its revised design and layout, also features new content including a section highlighting some of the central prayers for the *Yamim Nora'im* and other customs of the *Yom Tov*. In addition there is the inclusion of extra *Tehillim* which children can recite at various points during the year when appropriate. All this will widen the minds of our children, exposing them to the beauty that is our Jewish faith.

I give my thanks to all those involved in this latest edition of the children's *siddur*, particularly to Simon Goulden who, as Education Consultant to the United Synagogue, has led this project with tireless enthusiasm and dedication. His and many other peoples' efforts have resulted in a *siddur* that is a delight, and one that will bring pleasure and instruction to the most important people in our synagogues: our children.

It is particularly appropriate that the original children's *siddur*, together with this second edition, is being sponsored by the Loftus family as a tribute to the late Asher Loftus, of blessed memory. Asher Loftus was a man of worldly achievement combined with deep personal spirituality. His commitment to and support for Jewish causes was remarkable, and was as modest as it was generous. More than anything, though, he loved children and wrote enchanting and highly successful books for them. He would have taken immense pride in this project, and there can be no more fitting memorial to his exemplary and inspiring life.

May this children's *siddur* light the flame of the love and service of God in many young hearts, and may it play its part in the great task of Jewish continuity, sustaining our faith and our heritage as an everlasting light.

The Chief Rabbi Lord Sacks
Iyar 5772 / May 2012

Notes on Using this *Siddur*

Siddur Shevet Asher has been specially created to help you become familiar with the *siddur* (prayer book) and to guide you in your prayers.

This siddur contains most of the prayers for weekdays, Shabbat and some prayers for the festivals. Not all prayers are included in this book, which has been designed as a stepping stone to a full siddur. Where a section of weekday or Shabbat *tefillah*, prayer, is not included, the instructions tell you that it can be found in a standard siddur, such as the green Authorised Daily Prayer Book, published by Collins.

God's name

In the Torah, God's name is written יהוה. This is the way we spell it in this siddur, but sometimes you will see it spelt יְיָ or ADONAI. When we are not reciting complete sentences from the Tenach (the Bible), we pay special respect to God's name by pronouncing it הַשֵּׁם, Hashem (the Name).

Responding to Berachot

When we hear someone else complete a בְּרָכָה – whether it is in shul or at home – we usually respond by saying אָמֵן (Amen).
After we hear the words בָּרוּךְ אַתָּה יהוה we usually respond by saying the following: בָּרוּךְ הוּא וּבָרוּךְ שְׁמוֹ (May He be blessed and His name be blessed).
We do not respond with בָּרוּךְ הוּא וּבָרוּךְ שְׁמוֹ for קִדּוּשׁ on Friday night or to the בְּרָכוֹת surrounding the שְׁמַע.

Pronunciation

The *kametz katan* (אָ) is sounded 'o' as in 'box', as opposed to the ordinary *kametz* (אָ) which is sounded like a *patach* (אַ). The *shva na* (אְ) requires 'voicing', as opposed to a silent *shva* (אְ) but every *shva* at the beginning of a word is a *shva na*. Finally a *meteg* (אֽ) shows where a word should be stressed when not on the last syllable.

Key to Symbols

ⓘ **Information**
Words printed in grey with the 'ⓘ' symbol at the beginning, contain information and explanations about certain prayers.

✦ **Instructions**
Words printed in blue with the '✦' symbol at the beginning, give instructions for certain prayers. They will tell you what to do when saying specific words.

תְּפִלּוֹת (prayers) printed in **blue** are only said on certain occasions, as clearly explained by the instructions.

↶ **Said out loud by prayer leader**
Where תְּפִלּוֹת (prayers) are being said together with a שְׁלִיחַ צִבּוּר prayer leader, he will say this phrase out loud, to show the end of a section of prayers.

▷ **Translations**
Sentences which start with '▷' are a translation précis, not a full translation.

 Jewish Online Guides
This symbol indicates that there is an instructional video online at *http://youandus.theus.org.uk/*
Scan in our QR code on the right with a QR reader, to take you straight to the web page.

Welcome

I remember the day so vividly when I received my first *siddur*. I was in Lower Infants (year 1 in modern parlance) at North West London Jewish Day School and was overjoyed to receive my brand new *siddur*.

I still have that 'brand new' *siddur*, the cover has come off, the pages are frayed and the corners are dog eared – from years and years of loving use. It was my partner in the three vital areas of my Jewish education: my school, my shul and my home. With it I learned the ebb and flow of the Jewish year, with it I learned how to read Hebrew and with it I felt at home in any synagogue anywhere across the world. My *siddur* gave me the greatest gift as a young Jewish boy, with the help of my school, my parents and my community – I felt I belonged.

The Tribe *siddur* for children and families will, I hope and pray, be the companion to a new generation of children. It will give them and you a connection to our Jewish heritage while living in the modern world. It is beautifully presented, a fitting production for the 21st century. Simon Goulden deserves our grateful thanks for the months of time and effort bringing the Tribe siddur to fruition.

At the time of writing Tribe is just nine years old, the age of many of the recipients of this *siddur*. Just like them we are still growing and learning. We are continually working on how we can help young people and their families feel part of an authentic, inclusive and modern Jewish community based on the values of living, learning and caring. This *siddur* is a major part of our mission to revitalise our community and produce young Jews and families who are proud and involved in their communities.

May this beautiful *siddur* be a blessing for us and our families.

Rabbi Andrew Shaw
Executive Director Tribe
Iyar 5772 / May 2012

הַשְׁכָּמַת הַבֹּקֶר

Waking in The Morning

ⓘ When we wake up, we thank God for returning our soul:

1 **מוֹדֶה** (Girls say מוֹדָה) אֲנִי לְפָנֶיךָ, מֶלֶךְ חַי וְקַיָּם, שֶׁהֶחֱזַרְתָּ

2 בִּי נִשְׁמָתִי בְּחֶמְלָה, רַבָּה אֱמוּנָתֶךָ.

▷ I thank You, living and everlasting King, for returning my soul to me with kindness. Great is Your trust.

◆ When we get up, we wash our hands in a special way, in preparation for the new day.

Pour water from a container over your right hand up to the wrist (a).
Now pour water over your left hand (b)
Pour water over each hand again.
Pour water over each hand for a third time.

◆ The בְּרָכָה for washing hands is said later, as part of שַׁחֲרִית, or just before putting on your טַלִּית קָטָן.

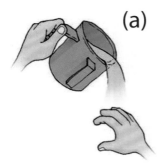

(a)

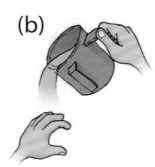

(b)

ⓘ The next בְּרָכָה is for the טַלִּית קָטָן. It may be said just before beginning שַׁחֲרִית.

◆ Boys take hold of the front two צִיצִיּוֹת, say the בְּרָכָה and kiss the צִיצִיּוֹת. If you are going to wear a טַלִּית גָּדוֹל, there is no need to say this בְּרָכָה.

1   **בָּרוּךְ** אַתָּה יהוה אֱלֹהֵינוּ מֶלֶךְ

2   הָעוֹלָם, אֲשֶׁר קִדְּשָׁנוּ בְּמִצְוֹתָיו

3   וְצִוָּנוּ עַל מִצְוַת צִיצִת.

ⓘ We refer to the synagogue, the shul, as both a 'tent' and a 'dwelling', as we need a tent when on a journey and a dwelling when we feel at home.

✦ When we come into shul, we say 'מה טבו'.

1 **מַה טֹּבוּ** אֹהָלֶיךָ יַעֲקֹב מִשְׁכְּנֹתֶיךָ יִשְׂרָאֵל. וַאֲנִי בְּרֹב

2 חַסְדְּךָ אָבוֹא בֵיתֶךָ, אֶשְׁתַּחֲוֶה אֶל־הֵיכַל קָדְשְׁךָ בְּיִרְאָתֶךָ.

3 יהוה אָהַבְתִּי מְעוֹן בֵּיתֶךָ, וּמְקוֹם מִשְׁכַּן כְּבוֹדֶךָ. וַאֲנִי

4 אֶשְׁתַּחֲוֶה וְאֶכְרָעָה, אֶבְרְכָה לִפְנֵי־יהוה עֹשִׂי. וַאֲנִי תְפִלָּתִי

5 לְךָ יהוה, עֵת רָצוֹן, אֱלֹהִים בְּרָב־חַסְדֶּךָ, עֲנֵנִי בֶּאֱמֶת יִשְׁעֶךָ.

✦ Boys, if you are going to wear a טַלִית גָּדוֹל hold it behind your shoulders and say this בְּרָכָה (a). Cover your head with the טַלִית for a few moments (b) and then put it round your shoulders (c).

(a)   (b)   (c)

6 **בָּרוּךְ** אַתָּה יהוה אֱלֹהֵינוּ מֶלֶךְ הָעוֹלָם, אֲשֶׁר קִדְּשָׁנוּ

7 בְּמִצְוֹתָיו וְצִוָּנוּ לְהִתְעַטֵּף בַּצִּיצִת.

ⓘ On ordinary days, there are three services: שַׁחֲרִית in the morning, מִנְחָה in the afternoon and מַעֲרִיב at night.

Avraham was the first person to pray at שַׁחֲרִית time. In the בֵּית הַמִּקְדָּשׁ (the Temple in Jerusalem) a sacrifice was offered every morning. After the destruction of the בֵּית הַמִּקְדָּשׁ, the עֲמִידָה replaced this offering. The תּוֹרָה commands us to say the שְׁמַע every morning and evening. The שְׁמַע and the עֲמִידָה are the main prayers of שַׁחֲרִית.

This diagram shows the structure of שַׁחֲרִית.

תְּפִלַּת
שַׁחֲרִית
**The Morning
Service**

בִּרְכוֹת הַשַּׁחַר

פְּסוּקֵי דְזִמְרָה

קְרִיאַת שְׁמַע וּבִרְכוֹתֶיהָ

עֲמִידָה

Depending on the day, say

תַּחֲנוּן   קְרִיאַת הַתּוֹרָה   הַלֵּל

סִיּוּם תְּפִילָה

(i) This poem, written nearly one thousand years ago, tells us that God is the Master of the whole universe, without beginning or end. Day and night He keeps us safe.

1   **אֲדוֹן** עוֹלָם אֲשֶׁר מָלַךְ,   בְּטֶרֶם כָּל־יְצִיר נִבְרָא.

2   לְעֵת נַעֲשָׂה בְחֶפְצוֹ כֹּל,   אֲזַי מֶלֶךְ שְׁמוֹ נִקְרָא.

3   וְאַחֲרֵי כִּכְלוֹת הַכֹּל,   לְבַדּוֹ יִמְלוֹךְ נוֹרָא.

4   וְהוּא הָיָה וְהוּא הֹוֶה,   וְהוּא יִהְיֶה בְּתִפְאָרָה.

5   וְהוּא אֶחָד וְאֵין שֵׁנִי,   לְהַמְשִׁיל לוֹ לְהַחְבִּירָה.

6   בְּלִי רֵאשִׁית בְּלִי תַכְלִית,   וְלוֹ הָעֹז וְהַמִּשְׂרָה.

7   וְהוּא אֵלִי וְחַי גֹּאֲלִי,   וְצוּר חֶבְלִי בְּעֵת צָרָה.

8   וְהוּא נִסִּי וּמָנוֹס לִי,   מְנָת כּוֹסִי בְּיוֹם אֶקְרָא.

9   בְּיָדוֹ אַפְקִיד רוּחִי,   בְּעֵת אִישַׁן וְאָעִירָה.

10   וְעִם־רוּחִי גְּוִיָּתִי,   יהוה לִי וְלֹא אִירָא.

בִּרְכוֹת הַשַּׁחַר
Morning Blessings

ⓘ The Jewish religion is based on 13 central beliefs. They are that:

1. God is the Creator
2. God is One
3. God has no body
4. God is everlasting
5. We must pray only to God
6. The prophets were true messengers of God
7. מֹשֶׁה was the greatest prophet
8. God gave him the whole תּוֹרָה
9. The תּוֹרָה cannot be changed
10. God knows everything we do and think
11. God rewards and punishes
12. The מָשִׁיחַ will come
13. The dead will live again.

יִגְדַּל is a poem each line of which describes those beliefs.

1 **יִגְדַּל** אֱלֹהִים חַי וְיִשְׁתַּבַּח, נִמְצָא וְאֵין עֵת אֶל מְצִיאוּתוֹ.

2 אֶחָד וְאֵין יָחִיד כְּיִחוּדוֹ, נֶעְלָם וְגַם אֵין סוֹף לְאַחְדּוּתוֹ.

3 אֵין לוֹ דְּמוּת הַגּוּף וְאֵינוֹ גוּף, לֹא נַעֲרוֹךְ אֵלָיו קְדֻשָּׁתוֹ.

4 קַדְמוֹן לְכָל דָּבָר אֲשֶׁר נִבְרָא, רִאשׁוֹן וְאֵין רֵאשִׁית לְרֵאשִׁיתוֹ.

5 הִנּוֹ אֲדוֹן עוֹלָם לְכָל נוֹצָר, יוֹרֶה גְדֻלָּתוֹ וּמַלְכוּתוֹ.

6 שֶׁפַע נְבוּאָתוֹ נְתָנוֹ, אֶל אַנְשֵׁי סְגֻלָּתוֹ וְתִפְאַרְתּוֹ.

7 לֹא קָם בְּיִשְׂרָאֵל כְּמֹשֶׁה עוֹד, נָבִיא וּמַבִּיט אֶת תְּמוּנָתוֹ.

8 תּוֹרַת אֱמֶת נָתַן לְעַמּוֹ אֵל, עַל יַד נְבִיאוֹ נֶאֱמַן בֵּיתוֹ.

9 לֹא יַחֲלִיף הָאֵל וְלֹא יָמִיר דָּתוֹ, לְעוֹלָמִים לְזוּלָתוֹ.

10 צוֹפֶה וְיוֹדֵעַ סְתָרֵינוּ, מַבִּיט לְסוֹף דָּבָר בְּקַדְמָתוֹ.

11 גּוֹמֵל לְאִישׁ חֶסֶד כְּמִפְעָלוֹ, נוֹתֵן לְרָשָׁע רָע כְּרִשְׁעָתוֹ.

12 יִשְׁלַח לְקֵץ יָמִין מְשִׁיחֵנוּ, לִפְדּוֹת מְחַכֵּי קֵץ יְשׁוּעָתוֹ.

13 מֵתִים יְחַיֶּה אֵל בְּרוֹב חַסְדּוֹ, בָּרוּךְ עֲדֵי־עַד שֵׁם תְּהִלָּתוֹ.

ⓘ The first section of שַׁחֲרִית is called בִּרְכוֹת הַשַּׁחַר. With each בְּרָכָה we thank God every day for everything He gives us.
This is the בְּרָכָה for washing hands (see p2).

1 **בָּרוּךְ** אַתָּה יהוה אֱלֹהֵינוּ מֶלֶךְ הָעוֹלָם, אֲשֶׁר קִדְּשָׁנוּ

2 בְּמִצְוֹתָיו, וְצִוָּנוּ עַל נְטִילַת יָדָיִם.

ⓘ In this בְּרָכָה we thank God for creating our bodies, which are so complicated and which work so well. We also say this בְּרָכָה after we have been to the toilet, washed our hands and left the room.

3 **בָּרוּךְ** אַתָּה יהוה אֱלֹהֵינוּ מֶלֶךְ הָעוֹלָם, אֲשֶׁר יָצַר אֶת־

4 הָאָדָם בְּחָכְמָה, וּבָרָא בוֹ נְקָבִים נְקָבִים, חֲלוּלִים חֲלוּלִים.

5 גָּלוּי וְיָדוּעַ לִפְנֵי כִסֵּא כְבוֹדֶךָ, שֶׁאִם יִפָּתֵחַ אֶחָד מֵהֶם, אוֹ

6 יִסָּתֵם אֶחָד מֵהֶם, אִי אֶפְשַׁר לְהִתְקַיֵּם וְלַעֲמוֹד לְפָנֶיךָ. בָּרוּךְ

7 אַתָּה יהוה, רוֹפֵא כָל־בָּשָׂר וּמַפְלִיא לַעֲשׂוֹת.

ⓘ The next three paragraphs are known as בִּרְכוֹת הַתּוֹרָה, the blessings on studying תּוֹרָה. Every Jew should study some תּוֹרָה every day.

8 **בָּרוּךְ** אַתָּה יהוה אֱלֹהֵינוּ מֶלֶךְ הָעוֹלָם, אֲשֶׁר קִדְּשָׁנוּ

9 בְּמִצְוֹתָיו, וְצִוָּנוּ לַעֲסוֹק בְּדִבְרֵי תוֹרָה.

10 וְהַעֲרֶב־נָא יהוה אֱלֹהֵינוּ אֶת דִּבְרֵי תוֹרָתְךָ

11 בְּפִינוּ וּבְפִי עַמְּךָ בֵּית יִשְׂרָאֵל, וְנִהְיֶה

12 אֲנַחְנוּ וְצֶאֱצָאֵינוּ וְצֶאֱצָאֵי עַמְּךָ בֵּית

13 יִשְׂרָאֵל, כֻּלָּנוּ יוֹדְעֵי שְׁמֶךָ וְלוֹמְדֵי

14 תוֹרָתֶךָ. בָּרוּךְ אַתָּה יהוה, הַמְלַמֵּד

15 תּוֹרָה לְעַמּוֹ יִשְׂרָאֵל.

1 **בָּרוּךְ** אַתָּה יהוה אֱלֹהֵינוּ מֶלֶךְ הָעוֹלָם, אֲשֶׁר בָּחַר־בָּנוּ

2 מִכָּל־הָעַמִּים וְנָתַן־לָנוּ אֶת־תּוֹרָתוֹ. בָּרוּךְ אַתָּה יהוה, נוֹתֵן

3 הַתּוֹרָה.

▷ You have commanded us, Hashem, to devote ourselves to the words of the Torah. Hashem, make this task pleasant for us and for all the Jewish people, so that in every generation we shall study the Torah. Make us aware that You chose us, the Jewish people, to study the Torah and keep its mitzvot.

ⓘ We immediately perform the מִצְוָה by reading some חוּמָשׁ (the written Torah) and תַּלְמוּד (spoken Torah).

4 **יְבָרֶכְךָ** יהוה וְיִשְׁמְרֶךָ. יָאֵר יהוה פָּנָיו אֵלֶיךָ וִיחֻנֶּךָּ. יִשָּׂא

5 יהוה פָּנָיו אֵלֶיךָ, וְיָשֵׂם לְךָ שָׁלוֹם.

▷ May Hashem bless you and keep you.
May Hashem make His face shine on you and be kind to you.
May Hashem turn His face to you and give you peace.

6 **אֵלּוּ** דְבָרִים שֶׁאֵין לָהֶם שִׁעוּר, הַפֵּאָה וְהַבִּכּוּרִים וְהָרֵאָיוֹן

7 וּגְמִילוּת חֲסָדִים וְתַלְמוּד תּוֹרָה.

8 אֵלּוּ דְבָרִים שֶׁאָדָם אוֹכֵל פֵּרוֹתֵיהֶם בָּעוֹלָם הַזֶּה וְהַקֶּרֶן קַיֶּמֶת

9 לוֹ לָעוֹלָם הַבָּא, וְאֵלּוּ הֵן, כִּבּוּד אָב וָאֵם, וּגְמִילוּת חֲסָדִים,

10 וְהַשְׁכָּמַת בֵּית הַמִּדְרָשׁ שַׁחֲרִית וְעַרְבִית, וְהַכְנָסַת אוֹרְחִים,

11 וּבִקּוּר חוֹלִים, וְהַכְנָסַת כַּלָּה, וּלְוָיַת הַמֵּת, וְעִיּוּן תְּפִלָּה, וַהֲבָאַת

12 שָׁלוֹם בֵּין אָדָם לַחֲבֵרוֹ, וְתַלְמוּד תּוֹרָה כְּנֶגֶד כֻּלָּם.

▷ These are the mitzvot for which there are no limits; the corner of a field (which must be left for the poor), the offering of first fruits, the offering brought on the Shalosh Regalim, acts of kindness and Torah study. These are the mitzvot whose benefits a person enjoys in this world while their total reward is stored up for the World to Come. They are: honouring your father and mother, acts of kindness, arriving early for prayers morning and evening, hospitality to guests, visiting those who are ill, providing for a bride, burying the dead, devotion in prayer and making peace between people. The study of Torah is equal to all of these.

(i) We thank God for returning our souls after sleep:

1 אֱלֹהַי, נְשָׁמָה שֶׁנָּתַתָּ בִּי טְהוֹרָה הִיא. אַתָּה בְרָאתָהּ אַתָּה
2 יְצַרְתָּהּ, אַתָּה נְפַחְתָּהּ בִּי, וְאַתָּה מְשַׁמְּרָהּ בְּקִרְבִּי, וְאַתָּה
3 עָתִיד לִטְּלָהּ מִמֶּנִּי, וּלְהַחֲזִירָהּ בִּי לֶעָתִיד לָבוֹא. כָּל־זְמַן
4 שֶׁהַנְּשָׁמָה בְקִרְבִּי, מוֹדֶה אֲנִי לְפָנֶיךָ, יהוה אֱלֹהַי וֵאלֹהֵי
5 אֲבוֹתַי, רִבּוֹן כָּל־הַמַּעֲשִׂים, אֲדוֹן כָּל־הַנְּשָׁמוֹת. בָּרוּךְ אַתָּה
6 יהוה, הַמַּחֲזִיר נְשָׁמוֹת לִפְגָרִים מֵתִים.

(i) These fourteen בְּרָכוֹת match the stages of waking up, such as opening our eyes, getting out of bed and putting on our clothes. They thank God for making us Jewish boys or girls, men or women, providing us with everything we need.

◆ Stand for the following 14 בְּרָכוֹת.

7 בָּרוּךְ אַתָּה יהוה אֱלֹהֵינוּ מֶלֶךְ הָעוֹלָם, אֲשֶׁר נָתַן לַשֶּׂכְוִי
8 בִינָה לְהַבְחִין בֵּין יוֹם וּבֵין לָיְלָה.
9 בָּרוּךְ אַתָּה יהוה אֱלֹהֵינוּ מֶלֶךְ הָעוֹלָם, שֶׁלֹּא עָשַׂנִי נָכְרִי.
10 בָּרוּךְ אַתָּה יהוה אֱלֹהֵינוּ מֶלֶךְ הָעוֹלָם, שֶׁלֹּא עָשַׂנִי עָבֶד.

◆ Boys say:
11 בָּרוּךְ אַתָּה יהוה אֱלֹהֵינוּ מֶלֶךְ הָעוֹלָם, שֶׁלֹּא עָשַׂנִי אִשָּׁה.

◆ Girls say:
12 בָּרוּךְ אַתָּה יהוה אֱלֹהֵינוּ מֶלֶךְ הָעוֹלָם, שֶׁעָשַׂנִי כִּרְצוֹנוֹ.
13 בָּרוּךְ אַתָּה יהוה אֱלֹהֵינוּ מֶלֶךְ הָעוֹלָם, פּוֹקֵחַ עִוְרִים.
14 בָּרוּךְ אַתָּה יהוה אֱלֹהֵינוּ מֶלֶךְ הָעוֹלָם, מַלְבִּישׁ עֲרֻמִּים.

1   בָּרוּךְ אַתָּה יהוה אֱלֹהֵינוּ מֶלֶךְ הָעוֹלָם, מַתִּיר אֲסוּרִים.

2   בָּרוּךְ אַתָּה יהוה אֱלֹהֵינוּ מֶלֶךְ הָעוֹלָם, זוֹקֵף כְּפוּפִים.

3   בָּרוּךְ אַתָּה יהוה אֱלֹהֵינוּ מֶלֶךְ הָעוֹלָם, רוֹקַע הָאָרֶץ עַל־הַמָּיִם.

4   בָּרוּךְ אַתָּה יהוה אֱלֹהֵינוּ מֶלֶךְ הָעוֹלָם, שֶׁעָשָׂה־לִי כָּל־צָרְכִּי.

5   בָּרוּךְ אַתָּה יהוה אֱלֹהֵינוּ מֶלֶךְ הָעוֹלָם, אֲשֶׁר הֵכִין מִצְעֲדֵי־גָבֶר.

6   בָּרוּךְ אַתָּה יהוה אֱלֹהֵינוּ מֶלֶךְ הָעוֹלָם, אוֹזֵר יִשְׂרָאֵל בִּגְבוּרָה.

7   בָּרוּךְ אַתָּה יהוה אֱלֹהֵינוּ מֶלֶךְ הָעוֹלָם, עוֹטֵר יִשְׂרָאֵל בְּתִפְאָרָה.

8   בָּרוּךְ אַתָּה יהוה אֱלֹהֵינוּ מֶלֶךְ הָעוֹלָם, הַנּוֹתֵן לַיָּעֵף כֹּחַ.

(i) This בְּרָכָה asks for Hashem's protection throughout the day.

9   **בָּרוּךְ** אַתָּה יהוה אֱלֹהֵינוּ מֶלֶךְ הָעוֹלָם, הַמַּעֲבִיר שֵׁנָה מֵעֵינַי

10   וּתְנוּמָה מֵעַפְעַפָּי. וִיהִי רָצוֹן מִלְּפָנֶיךָ, יהוה אֱלֹהֵינוּ וֵאלֹהֵי

11   אֲבוֹתֵינוּ, שֶׁתַּרְגִּילֵנוּ בְּתוֹרָתֶךָ וְדַבְּקֵנוּ בְּמִצְוֹתֶיךָ, וְאַל תְּבִיאֵנוּ

12   לֹא לִידֵי חֵטְא, וְלֹא לִידֵי עֲבֵירָה וְעָוֹן, וְלֹא לִידֵי נִסָּיוֹן, וְלֹא

13   לִידֵי בִזָּיוֹן, וְאַל תַּשְׁלֶט־בָּנוּ יֵצֶר הָרָע. וְהַרְחִיקֵנוּ מֵאָדָם רָע

14   וּמֵחָבֵר רָע. וְדַבְּקֵנוּ בְּיֵצֶר הַטּוֹב וּבְמַעֲשִׂים טוֹבִים, וְכוֹף אֶת־

15   יִצְרֵנוּ לְהִשְׁתַּעְבֶּד־לָךְ. וּתְנֵנוּ הַיּוֹם וּבְכָל־יוֹם לְחֵן וּלְחֶסֶד

16   וּלְרַחֲמִים בְּעֵינֶיךָ, וּבְעֵינֵי כָל רוֹאֵנוּ, וְתִגְמְלֵנוּ חֲסָדִים טוֹבִים.

17   בָּרוּךְ אַתָּה יהוה, גּוֹמֵל חֲסָדִים טוֹבִים לְעַמּוֹ יִשְׂרָאֵל.

▷   Blessed are You, Hashem, for waking me up. Please help us to keep the Torah and obey Your commandments. Prevent us from doing wrong: keep us from temptation and disgrace. Keep us away from bad friends, help us to bring out all the best in ourselves, to do good. Help us, today and every day, to gain approval and sympathy from You and from everyone we meet. Blessed are You, Hashem, for Your great kindness to Your people, Israel.

אָבִי וַאֲרֹמְמֶנְהוּ׃   יְהוָה אִישׁ מִלְחָמָה יְהוָה
שְׁמוֹ׃   מַרְכְּבֹת פַּרְעֹה וְחֵילוֹ יָרָה בַיָּם   וּמִבְחַר
שָׁלִשָׁיו טֻבְּעוּ בְיַם־סוּף׃   תְּהֹמֹת יְכַסְיֻמוּ יָרְדוּ בִמְצוֹלֹת
כְּמוֹ־אָבֶן׃   יְמִינְךָ יְהוָה נֶאְדָּרִי בַּכֹּחַ   יְמִינְךָ
יְהוָה תִּרְעַץ אוֹיֵב׃   וּבְרֹב גְּאוֹנְךָ תַּהֲרֹס
קָמֶיךָ   תְּשַׁלַּח חֲרֹנְךָ יֹאכְלֵמוֹ כַּקַּשׁ׃   וּבְרוּחַ
אַפֶּיךָ נֶעֶרְמוּ מַיִם   נִצְּבוּ כְמוֹ־נֵד
נֹזְלִים   קָפְאוּ תְהֹמֹת בְּלֶב־יָם׃   אָמַר
אוֹיֵב אֶרְדֹּף אַשִּׂיג   אֲחַלֵּק שָׁלָל תִּמְלָאֵמוֹ
נַפְשִׁי   אָרִיק חַרְבִּי תּוֹרִישֵׁמוֹ יָדִי׃   נָשַׁפְתָּ
בְרוּחֲךָ כִּסָּמוֹ יָם   צָלֲלוּ כַּעוֹפֶרֶת בְּמַיִם
אַדִּירִים׃   מִי־כָמֹכָה בָּאֵלִם יְהוָה   מִי
כָּמֹכָה נֶאְדָּר בַּקֹּדֶשׁ   נוֹרָא תְהִלֹּת עֹשֵׂה
פֶלֶא׃   נָטִיתָ יְמִינְךָ תִּבְלָעֵמוֹ אָרֶץ׃   נָחִיתָ
בְחַסְדְּךָ עַם־זוּ גָּאָלְתָּ   נֵהַלְתָּ בְעָזְּךָ אֶל־נְוֵה
קָדְשֶׁךָ׃   שָׁמְעוּ עַמִּים יִרְגָּזוּן   חִיל
אָחַז יֹשְׁבֵי פְּלָשֶׁת׃   אָז נִבְהֲלוּ אַלּוּפֵי
אֱדוֹם   אֵילֵי מוֹאָב יֹאחֲזֵמוֹ רָעַד   נָמֹגוּ
כֹּל יֹשְׁבֵי כְנָעַן׃   תִּפֹּל עֲלֵיהֶם אֵימָתָה
וָפַחַד   בִּגְדֹל זְרוֹעֲךָ יִדְּמוּ כָּאָבֶן   עַד־
יַעֲבֹר עַמְּךָ יְהוָה   עַד־יַעֲבֹר עַם־זוּ
קָנִיתָ׃   תְּבִאֵמוֹ וְתִטָּעֵמוֹ בְּהַר נַחֲלָתְךָ   מָכוֹן

1   לְשִׁבְתְּךָ פָּעַלְתָּ יְהֹוָה   מִקְּדָשׁ אֲדֹנָי כּוֹנְנוּ

2   יָדֶיךָ:   יְהֹוָה | יִמְלֹךְ לְעֹלָם וָעֶד: יהוה | יִמְלֹךְ לְעֹלָם וָעֶד.

3   כִּי בָא סוּס פַּרְעֹה בְּרִכְבּוֹ וּבְפָרָשָׁיו בַּיָּם, וַיָּשֶׁב יהוה עֲלֵהֶם

4   אֶת־מֵי הַיָּם, וּבְנֵי יִשְׂרָאֵל הָלְכוּ בַיַּבָּשָׁה בְּתוֹךְ הַיָּם. כִּי לַיהוה

5   הַמְּלוּכָה, וּמֹשֵׁל בַּגּוֹיִם. וְעָלוּ מוֹשִׁעִים בְּהַר צִיּוֹן, לִשְׁפֹּט אֶת־

6   הַר עֵשָׂו, וְהָיְתָה לַיהוה הַמְּלוּכָה. ◖ וְהָיָה יהוה לְמֶלֶךְ עַל־כָּל־

7   הָאָרֶץ, בַּיּוֹם הַהוּא יִהְיֶה יהוה אֶחָד וּשְׁמוֹ אֶחָד. וּבְתוֹרָתְךָ כָּתוּב

8   לֵאמֹר, שְׁמַע יִשְׂרָאֵל יהוה אֱלֹהֵינוּ יהוה אֶחָד.

ⓘ This בְּרָכָה ends פְּסוּקֵי דְזִמְרָה. It contains 15 different words to praise Hashem.

9   **יִשְׁתַּבַּח** שִׁמְךָ לָעַד מַלְכֵּנוּ, הָאֵל הַמֶּלֶךְ הַגָּדוֹל וְהַקָּדוֹשׁ,

10   בַּשָּׁמַיִם וּבָאָרֶץ. כִּי לְךָ נָאֶה יהוה אֱלֹהֵינוּ וֵאלֹהֵי אֲבוֹתֵינוּ,

11   שִׁיר וּשְׁבָחָה, הַלֵּל וְזִמְרָה, עֹז וּמֶמְשָׁלָה, נֶצַח גְּדֻלָּה

12   וּגְבוּרָה, תְּהִלָּה וְתִפְאֶרֶת, קְדֻשָּׁה וּמַלְכוּת, ◖ בְּרָכוֹת

13   וְהוֹדָאוֹת מֵעַתָּה וְעַד־עוֹלָם. בָּרוּךְ אַתָּה יהוה, אֵל מֶלֶךְ

14   גָּדוֹל בַּתִּשְׁבָּחוֹת, אֵל הַהוֹדָאוֹת, אֲדוֹן הַנִּפְלָאוֹת, הַבּוֹחֵר

15   בְּשִׁירֵי זִמְרָה, מֶלֶךְ, אֵל, חֵי הָעוֹלָמִים.

ⓘ 'בָּרְכוּ' calls on everyone to bless God and it is the start of the main part of שַׁחֲרִית. In an adult service, 'בָּרְכוּ' is only said with a מִנְיָן. These lines are said while standing.

◆ The שְׁלִיחַ צִבּוּר (prayer leader) says this next line, bowing while saying 'בָּרְכוּ'. Straighten up at 'יהוה'.

בָּרְכוּ אֶת יהוה הַמְבֹרָךְ.   1

◆ Everyone, followed by the שְׁלִיחַ צִבּוּר bows while saying 'בָּרוּךְ'.

בָּרוּךְ יהוה הַמְבֹרָךְ לְעוֹלָם וָעֶד.   2

קְרִיאַת שְׁמַע וּבִרְכוֹתֶיהָ
The Shema & its Blessings

ⓘ The third section of שַׁחֲרִית is קְרִיאַת שְׁמַע וּבִרְכוֹתֶיהָ, 'The Reading of the Shema together with its Blessings'. There are two בְּרָכוֹת before the שְׁמַע and one afterwards. 'אוֹר יוֹצֵר' is the first of these בְּרָכוֹת.

בָּרוּךְ אַתָּה יהוה אֱלֹהֵינוּ מֶלֶךְ הָעוֹלָם, יוֹצֵר אוֹר וּבוֹרֵא   3
חֹשֶׁךְ, עֹשֶׂה שָׁלוֹם וּבוֹרֵא אֶת הַכֹּל.   4

▷ Blessed are You, Hashem, Producer of light and Creator of darkness, Maker of peace and Creator of everything.

הַמֵּאִיר לָאָרֶץ וְלַדָּרִים עָלֶיהָ בְּרַחֲמִים, וּבְטוּבוֹ מְחַדֵּשׁ בְּכָל־יוֹם תָּמִיד מַעֲשֵׂה בְרֵאשִׁית. מָה רַבּוּ מַעֲשֶׂיךָ יהוה, כֻּלָּם בְּחָכְמָה עָשִׂיתָ, מָלְאָה הָאָרֶץ קִנְיָנֶךָ. הַמֶּלֶךְ הַמְרוֹמָם לְבַדּוֹ מֵאָז, הַמְשֻׁבָּח וְהַמְפֹאָר וְהַמִּתְנַשֵּׂא מִימוֹת עוֹלָם. אֱלֹהֵי עוֹלָם, בְּרַחֲמֶיךָ הָרַבִּים רַחֵם עָלֵינוּ, אֲדוֹן עֻזֵּנוּ, צוּר מִשְׂגַּבֵּנוּ, מָגֵן יִשְׁעֵנוּ, מִשְׂגָּב בַּעֲדֵנוּ.

אֵל בָּרוּךְ גְּדוֹל דֵּעָה, הֵכִין וּפָעַל זָהֳרֵי חַמָּה, טוֹב יָצַר כָּבוֹד לִשְׁמוֹ, מְאוֹרוֹת נָתַן סְבִיבוֹת עֻזּוֹ, פִּנּוֹת צְבָאָיו קְדוֹשִׁים רוֹמְמֵי שַׁדַּי, תָּמִיד מְסַפְּרִים כְּבוֹד־אֵל וּקְדֻשָּׁתוֹ. תִּתְבָּרַךְ יהוה אֱלֹהֵינוּ עַל־שֶׁבַח מַעֲשֵׂה יָדֶיךָ, וְעַל־מְאוֹרֵי־אוֹר שֶׁעָשִׂיתָ, יְפָאֲרוּךָ, סֶּלָה.

✦ Say the lines beginning קָדוֹשׁ and בָּרוּךְ aloud and together.

תִּתְבָּרַךְ צוּרֵנוּ מַלְכֵּנוּ וְגֹאֲלֵנוּ, בּוֹרֵא קְדוֹשִׁים. יִשְׁתַּבַּח שִׁמְךָ לָעַד מַלְכֵּנוּ, יוֹצֵר מְשָׁרְתִים, וַאֲשֶׁר מְשָׁרְתָיו כֻּלָּם עוֹמְדִים בְּרוּם עוֹלָם, וּמַשְׁמִיעִים בְּיִרְאָה יַחַד בְּקוֹל דִּבְרֵי אֱלֹהִים־חַיִּים וּמֶלֶךְ עוֹלָם. כֻּלָּם אֲהוּבִים, כֻּלָּם בְּרוּרִים, כֻּלָּם גִּבּוֹרִים, וְכֻלָּם עֹשִׂים בְּאֵימָה וּבְיִרְאָה רְצוֹן קוֹנָם. וְכֻלָּם פּוֹתְחִים אֶת־פִּיהֶם בִּקְדֻשָּׁה וּבְטָהֳרָה, בְּשִׁירָה וּבְזִמְרָה, וּמְבָרְכִים וּמְשַׁבְּחִים וּמְפָאֲרִים וּמַעֲרִיצִים וּמַקְדִּישִׁים וּמַמְלִיכִים

1. אֶת־שֵׁם הָאֵל הַמֶּלֶךְ הַגָּדוֹל הַגִּבּוֹר וְהַנּוֹרָא קָדוֹשׁ הוּא.

2. ↩ וְכֻלָּם מְקַבְּלִים עֲלֵיהֶם עֹל מַלְכוּת שָׁמַיִם זֶה מִזֶּה,

3. וְנוֹתְנִים רְשׁוּת זֶה לָזֶה, לְהַקְדִּישׁ לְיוֹצְרָם, בְּנַחַת רוּחַ בְּשָׂפָה

4. בְרוּרָה וּבִנְעִימָה קְדֻשָּׁה, כֻּלָּם כְּאֶחָד עוֹנִים וְאוֹמְרִים בְּיִרְאָה,

5. **קָדוֹשׁ קָדוֹשׁ קָדוֹשׁ יהוה צְבָאוֹת, מְלֹא כָל־הָאָרֶץ כְּבוֹדוֹ.**

6. ↩ וְהָאוֹפַנִּים וְחַיּוֹת הַקֹּדֶשׁ בְּרַעַשׁ גָּדוֹל מִתְנַשְּׂאִים לְעֻמַּת

7. שְׂרָפִים. לְעֻמָּתָם מְשַׁבְּחִים וְאוֹמְרִים,

8. **בָּרוּךְ כְּבוֹד־יהוה מִמְּקוֹמוֹ.**

ⓘ לְאֵל בָּרוּךְ completes the first בְּרָכָה before the שְׁמַע. In it we praise Hashem for creating our wonderful universe.

9. **לְאֵל** בָּרוּךְ נְעִימוֹת יִתֵּנוּ. לְמֶלֶךְ אֵל חַי וְקַיָּם, זְמִירוֹת יֹאמֵרוּ,

10. וְתִשְׁבָּחוֹת יַשְׁמִיעוּ. כִּי הוּא לְבַדּוֹ פּוֹעֵל גְּבוּרוֹת, עֹשֶׂה

11. חֲדָשׁוֹת, בַּעַל מִלְחָמוֹת, זוֹרֵעַ צְדָקוֹת, מַצְמִיחַ יְשׁוּעוֹת,

12. בּוֹרֵא רְפוּאוֹת, נוֹרָא תְהִלּוֹת, אֲדוֹן הַנִּפְלָאוֹת. הַמְחַדֵּשׁ

13. בְּטוּבוֹ בְּכָל־יוֹם תָּמִיד מַעֲשֵׂה בְרֵאשִׁית. כָּאָמוּר, לְעֹשֵׂה

14. אוֹרִים גְּדֹלִים, כִּי לְעוֹלָם חַסְדּוֹ. ↩ אוֹר חָדָשׁ עַל־צִיּוֹן תָּאִיר,

15. וְנִזְכֶּה כֻלָּנוּ מְהֵרָה לְאוֹרוֹ. בָּרוּךְ אַתָּה יהוה, יוֹצֵר הַמְּאוֹרוֹת.

▷ Hashem, You made so many creatures, including malachim (angels), who praise You every day and recognise You as their King. You daily renew the universe, including the sun. Blessed are You, Hashem, Creator of heavenly lights.

(i) אַהֲבָה רַבָּה is the second בְּרָכָה before the שְׁמַע. We ask God to give us the ability to understand and comprehend, to listen, learn and teach, to keep, carry out and fulfil all the teachings of the Torah. We also ask God to bring back the Jewish People from the 'four corners of the earth' to live securely in Israel.

◆ Boys: hold the front two צִיצִיּוֹת of your טַלִּית קָטָן in your left hand. If you are wearing a טַלִּית גָּדוֹל, hold all four צִיצִיּוֹת.

1 אַהֲבָה רַבָּה אֲהַבְתָּנוּ יהוה אֱלֹהֵינוּ, חֶמְלָה גְדוֹלָה וִיתֵרָה

2 חָמַלְתָּ עָלֵינוּ. אָבִינוּ מַלְכֵּנוּ, בַּעֲבוּר אֲבוֹתֵינוּ שֶׁבָּטְחוּ

3 בְּךָ, וַתְּלַמְּדֵם חֻקֵּי חַיִּים, כֵּן תְּחָנֵּנוּ וּתְלַמְּדֵנוּ. אָבִינוּ הָאָב

4 הָרַחֲמָן הַמְרַחֵם, רַחֵם עָלֵינוּ, וְתֵן בְּלִבֵּנוּ לְהָבִין וּלְהַשְׂכִּיל,

5 לִשְׁמֹעַ לִלְמֹד וּלְלַמֵּד, לִשְׁמֹר וְלַעֲשׂוֹת וּלְקַיֵּם אֶת־כָּל־

6 דִּבְרֵי תַלְמוּד תּוֹרָתֶךָ בְּאַהֲבָה. וְהָאֵר עֵינֵינוּ בְּתוֹרָתֶךָ, וְדַבֵּק

7 לִבֵּנוּ בְּמִצְוֹתֶיךָ, וְיַחֵד לְבָבֵנוּ לְאַהֲבָה וּלְיִרְאָה אֶת שְׁמֶךָ,

8 וְלֹא נֵבוֹשׁ לְעוֹלָם וָעֶד. כִּי בְשֵׁם קָדְשְׁךָ הַגָּדוֹל וְהַנּוֹרָא

9 בָּטָחְנוּ, נָגִילָה וְנִשְׂמְחָה בִּישׁוּעָתֶךָ. ﬩וַהֲבִיאֵנוּ לְשָׁלוֹם

10 מֵאַרְבַּע כַּנְפוֹת הָאָרֶץ, וְתוֹלִכֵנוּ קוֹמְמִיּוּת לְאַרְצֵנוּ. כִּי

11 אֵל פּוֹעֵל יְשׁוּעוֹת אָתָּה, וּבָנוּ בָחַרְתָּ מִכָּל־עַם וְלָשׁוֹן.

12 ◖ וְקֵרַבְתָּנוּ לְשִׁמְךָ הַגָּדוֹל סֶלָה בֶּאֱמֶת, לְהוֹדוֹת לְךָ וּלְיַחֶדְךָ

13 בְּאַהֲבָה. בָּרוּךְ אַתָּה יהוה, הַבּוֹחֵר בְּעַמּוֹ יִשְׂרָאֵל בְּאַהֲבָה.

▷ You have shown us great love and pity, Hashem. Be kind to us and teach us. Merciful Father, have mercy on us. Help us to learn and to teach Your Torah and to love to carry out all its teachings. Help us to bring heart and mind together in love and respect for You, so that we are never ashamed. Bring us in peace from the four corners of the earth and lead us proudly to our land. You have chosen us from among all the nations and truly You have brought us close to You, to thank You and to express that You are One. Blessed are You, Hashem, who has lovingly chosen His people, Israel.

שְׁמַע
The Shema

(i) The שְׁמַע consists of three paragraphs from the תּוֹרָה. There is a מִצְוָה (commandment) to say the שְׁמַע every evening and morning. The message of line 2 is that we are to remember that Hashem is the one and only God.

◆ Only add this line when praying without a מִנְיָן.

אֵל מֶלֶךְ נֶאֱמָן.   1

◆ Whilst saying the next line, cover your eyes with your right hand. This helps you to concentrate on the meaning of what you are saying.

שְׁמַע יִשְׂרָאֵל יהוה אֱלֹהֵינוּ יהוה | אֶחָד: 2

▷ Listen Israel: Hashem is our God, Hashem is the only One.

◆ Say this line in a whisper:

†בָּרוּךְ שֵׁם כְּבוֹד מַלְכוּתוֹ לְעוֹלָם וָעֶד.   3

▷ Let the name of His magnificent kingdom be blessed for ever and ever.

וְאָהַבְתָּ אֵת יהוה אֱלֹהֶיךָ בְּכָל־לְבָבְךָ וּבְכָל־נַפְשְׁךָ   4

וּבְכָל־מְאֹדֶךָ: וְהָיוּ הַדְּבָרִים הָאֵלֶּה אֲשֶׁר אָנֹכִי מְצַוְּךָ   5

הַיּוֹם עַל־לְבָבֶךָ: וְשִׁנַּנְתָּם לְבָנֶיךָ וְדִבַּרְתָּ בָּם בְּשִׁבְתְּךָ   6

בְּבֵיתֶךָ וּבְלֶכְתְּךָ בַדֶּרֶךְ וּבְשָׁכְבְּךָ וּבְקוּמֶךָ:   7

וּקְשַׁרְתָּם לְאוֹת עַל־יָדֶךָ וְהָיוּ לְטֹטָפֹת בֵּין עֵינֶיךָ:   8

וּכְתַבְתָּם עַל־מְזֻזוֹת בֵּיתֶךָ וּבִשְׁעָרֶיךָ:   9

▷ You shall love Hashem, your God, with all your heart, with all your soul and with everything you have. Let these words, which I command you today, be on your heart. Teach them carefully to your children, speak of them when you are sitting at home and when you are travelling, when you go to bed and when you get up. Tie them on your arm as a sign and as tefillin between your eyes. Write them on the doorposts of your house and on your gateposts.

ⓘ This paragraph teaches us about reward and punishment.

1 **וְהָיָה** אִם־שָׁמֹעַ תִּשְׁמְעוּ אֶל־מִצְוֺתַי אֲשֶׁר אָנֹכִי מְצַוֶּה

2 אֶתְכֶם הַיּוֹם לְאַהֲבָה אֶת־יהוה אֱלֹהֵיכֶם וּלְעׇבְדוֹ בְּכׇל־

3 לְבַבְכֶם וּבְכׇל־נַפְשְׁכֶם: וְנָתַתִּי מְטַר־אַרְצְכֶם בְּעִתּוֹ יוֹרֶה

4 וּמַלְקוֹשׁ וְאָסַפְתָּ דְגָנֶךָ וְתִירֹשְׁךָ וְיִצְהָרֶךָ: וְנָתַתִּי עֵשֶׂב בְּשָׂדְךָ

5 לִבְהֶמְתֶּךָ וְאָכַלְתָּ וְשָׂבָעְתָּ: הִשָּׁמְרוּ לָכֶם פֶּן־יִפְתֶּה לְבַבְכֶם

6 וְסַרְתֶּם וַעֲבַדְתֶּם אֱלֹהִים אֲחֵרִים וְהִשְׁתַּחֲוִיתֶם לָהֶם: וְחָרָה

7 אַף־יהוה בָּכֶם וְעָצַר אֶת־הַשָּׁמַיִם וְלֹא־יִהְיֶה מָטָר וְהָאֲדָמָה

8 לֹא תִתֵּן אֶת־יְבוּלָהּ וַאֲבַדְתֶּם מְהֵרָה מֵעַל הָאָרֶץ הַטֹּבָה אֲשֶׁר

9 יהוה נֹתֵן לָכֶם: וְשַׂמְתֶּם אֶת־דְּבָרַי אֵלֶּה עַל־לְבַבְכֶם וְעַל־

10 נַפְשְׁכֶם וּקְשַׁרְתֶּם אֹתָם לְאוֹת עַל־יֶדְכֶם וְהָיוּ לְטוֹטָפֹת בֵּין

11 עֵינֵיכֶם: וְלִמַּדְתֶּם אֹתָם אֶת־בְּנֵיכֶם לְדַבֵּר בָּם בְּשִׁבְתְּךָ בְּבֵיתֶךָ

12 וּבְלֶכְתְּךָ בַדֶּרֶךְ וּבְשָׁכְבְּךָ וּבְקוּמֶךָ: וּכְתַבְתָּם עַל־מְזוּזוֹת בֵּיתֶךָ

13 וּבִשְׁעָרֶיךָ: לְמַעַן יִרְבּוּ יְמֵיכֶם וִימֵי בְנֵיכֶם עַל הָאֲדָמָה אֲשֶׁר

14 נִשְׁבַּע יהוה לַאֲבֹתֵיכֶם לָתֵת לָהֶם כִּימֵי הַשָּׁמַיִם עַל־הָאָרֶץ:

▷ Now if you carefully obey the commandments which I command you today – to love Hashem with all your heart and soul – then I will provide rain for your land in its proper season, both the early rain and the late rain, and you will be able to gather in your corn and your wine and your oil. I will provide grass in your fields for your cattle and you will eat and be satisfied. Be careful, in case your heart persuades you to turn away and leads you to worship and bow down to other gods. If you do, Hashem will be angry with you and close the heavens, so that the rain will not fall and the earth will not produce any crops and you will soon vanish from the good land which Hashem gives you. So place these words of Mine on your hearts and on your souls, tie them on your arm as a sign and as tefillin between your eyes. Teach them to your children, speak of them when you are sitting at home and when you are travelling, when you go to bed and when you get up. Write them on the doorposts of your house and on your gateposts, so that you and your children may enjoy long lives in the land which Hashem promised your fathers to give them for as long as the heavens are above the earth.

(i) This paragraph teaches us about צִיצָת and the Exodus from Egypt.

✦ Each time you say 'צִיצָת', boys kiss your צִיצִיוֹת.

וַיֹּאמֶר יהוה אֶל־מֹשֶׁה לֵּאמֹר: דַּבֵּר 1

אֶל־בְּנֵי יִשְׂרָאֵל וְאָמַרְתָּ אֲלֵהֶם וְעָשׂוּ 2

לָהֶם ⁺צִיצָת עַל־כַּנְפֵי בִגְדֵיהֶם לְדֹרֹתָם 3

וְנָתְנוּ עַל־⁺צִיצָת הַכָּנָף פְּתִיל תְּכֵלֶת: 4

וְהָיָה לָכֶם ⁺לְצִיצָת וּרְאִיתֶם אֹתוֹ 5

וּזְכַרְתֶּם אֶת־כָּל־מִצְוֺת יהוה וַעֲשִׂיתֶם 6

אֹתָם וְלֹא תָתוּרוּ אַחֲרֵי לְבַבְכֶם וְאַחֲרֵי עֵינֵיכֶם אֲשֶׁר־אַתֶּם 7

זֹנִים אַחֲרֵיהֶם: לְמַעַן תִּזְכְּרוּ וַעֲשִׂיתֶם אֶת־כָּל־מִצְוֺתָי וִהְיִיתֶם 8

קְדֹשִׁים לֵאלֹהֵיכֶם: אֲנִי יהוה אֱלֹהֵיכֶם אֲשֶׁר הוֹצֵאתִי אֶתְכֶם 9

מֵאֶרֶץ מִצְרַיִם לִהְיוֹת לָכֶם לֵאלֹהִים אֲנִי יהוה אֱלֹהֵיכֶם: אֱמֶת 10

✦ After saying 'אֱמֶת', kiss your צִיצִיוֹת.

▷ Hashem spoke to Moshe, saying: 'Speak to the Jewish people and tell them that in every generation they must make tzitzit for the corners of their clothes and they must put a blue thread in the tzitzit at each corner. This shall be known to you as tzitzit and when you look at it you will remember and obey all God's commandments, and you will not be tempted by your heart and your eyes to misbehave. In this way you will remember and obey all My commandments and you will be holy to your God, I am Hashem, your God, who brought you out of the land of Egypt in order to be your God. I am Hashem your God' – It is true…

ⓘ This is the בְּרָכָה after the שְׁמַע, describing our belief in God's miracles.

◆ After saying 'לָעַד', kiss your צִיצִיּוֹת and let them go.

1 **וְיַצִּיב** וְנָכוֹן וְקַיָּם וְיָשָׁר וְנֶאֱמָן וְאָהוּב וְחָבִיב וְנֶחְמָד

2 וְנָעִים וְנוֹרָא וְאַדִּיר וּמְתֻקָּן וּמְקֻבָּל וְטוֹב וְיָפֶה הַדָּבָר הַזֶּה

3 עָלֵינוּ לְעוֹלָם וָעֶד. אֱמֶת אֱלֹהֵי עוֹלָם מַלְכֵּנוּ צוּר יַעֲקֹב,

4 מָגֵן יִשְׁעֵנוּ, לְדוֹר וָדוֹר הוּא קַיָּם, וּשְׁמוֹ קַיָּם, וְכִסְאוֹ נָכוֹן,

5 וּמַלְכוּתוֹ וֶאֱמוּנָתוֹ לָעַד קַיָּמֶת. וּדְבָרָיו חָיִים וְקַיָּמִים,

6 נֶאֱמָנִים וְנֶחֱמָדִים ▸לָעַד וּלְעוֹלְמֵי עוֹלָמִים. ↻ עַל־אֲבוֹתֵינוּ

7 וְעָלֵינוּ, עַל־בָּנֵינוּ וְעַל־דּוֹרוֹתֵינוּ, וְעַל־כָּל־דּוֹרוֹת זֶרַע יִשְׂרָאֵל

8 עֲבָדֶיךָ.

9 עַל־הָרִאשׁוֹנִים וְעַל־הָאַחֲרוֹנִים, דָּבָר טוֹב וְקַיָּם לְעוֹלָם

10 וָעֶד, אֱמֶת וֶאֱמוּנָה חֹק וְלֹא יַעֲבֹר. אֱמֶת שָׁאַתָּה הוּא יהוה

11 אֱלֹהֵינוּ וֵאלֹהֵי אֲבוֹתֵינוּ, ↻ מַלְכֵּנוּ מֶלֶךְ אֲבוֹתֵינוּ, גּוֹאֲלֵנוּ

12 גּוֹאֵל אֲבוֹתֵינוּ, יוֹצְרֵנוּ צוּר יְשׁוּעָתֵנוּ, פּוֹדֵנוּ וּמַצִּילֵנוּ מֵעוֹלָם

13 הוּא שְׁמֶךָ, אֵין אֱלֹהִים זוּלָתֶךָ.

14 עֶזְרַת אֲבוֹתֵינוּ אַתָּה הוּא מֵעוֹלָם, מָגֵן וּמוֹשִׁיעַ לִבְנֵיהֶם

15 אַחֲרֵיהֶם בְּכָל־דּוֹר וָדוֹר. בְּרוּם עוֹלָם מוֹשָׁבֶךָ, וּמִשְׁפָּטֶךָ

16 וְצִדְקָתְךָ עַד־אַפְסֵי אָרֶץ. אַשְׁרֵי אִישׁ שֶׁיִּשְׁמַע לְמִצְוֹתֶיךָ,

17 וְתוֹרָתְךָ וּדְבָרְךָ יָשִׂים עַל־לִבּוֹ. אֱמֶת אַתָּה הוּא אָדוֹן לְעַמֶּךָ

18 וּמֶלֶךְ גִּבּוֹר לָרִיב רִיבָם. אֱמֶת אַתָּה הוּא רִאשׁוֹן וְאַתָּה הוּא

אַחֲרוֹן, וּמִבַּלְעָדֶיךָ אֵין לָנוּ מֶלֶךְ גּוֹאֵל וּמוֹשִׁיעַ. מִמִּצְרַיִם גְּאַלְתָּנוּ יהוה אֱלֹהֵינוּ, וּמִבֵּית עֲבָדִים פְּדִיתָנוּ. כָּל־בְּכוֹרֵיהֶם הָרָגְתָּ, וּבְכוֹרְךָ גָּאָלְתָּ, וְיַם־סוּף בָּקַעְתָּ, וְזֵדִים טִבַּעְתָּ, וִידִידִים הֶעֱבַרְתָּ, וַיְכַסּוּ מַיִם צָרֵיהֶם, אֶחָד מֵהֶם לֹא נוֹתָר. עַל־זֹאת שִׁבְּחוּ אֲהוּבִים וְרוֹמְמוּ אֵל, וְנָתְנוּ יְדִידִים זְמִירוֹת שִׁירוֹת וְתִשְׁבָּחוֹת, בְּרָכוֹת וְהוֹדָאוֹת, לְמֶלֶךְ אֵל חַי וְקַיָּם, רָם וְנִשָּׂא, גָּדוֹל וְנוֹרָא, מַשְׁפִּיל גֵּאִים, וּמַגְבִּיהַּ שְׁפָלִים, מוֹצִיא אֲסִירִים, וּפוֹדֶה עֲנָוִים, וְעוֹזֵר דַּלִּים, וְעוֹנֶה לְעַמּוֹ בְּעֵת שַׁוְּעָם אֵלָיו.

✦ Stand and take three steps back, preparing for the עֲמִידָה.

תְּהִלּוֹת לְאֵל עֶלְיוֹן, בָּרוּךְ הוּא וּמְבֹרָךְ. מֹשֶׁה וּבְנֵי יִשְׂרָאֵל לְךָ עָנוּ שִׁירָה בְּשִׂמְחָה רַבָּה, וְאָמְרוּ כֻלָּם,

מִי־כָמֹכָה בָּאֵלִים יהוה, מִי כָּמֹכָה נֶאְדָּר בַּקֹּדֶשׁ, נוֹרָא תְהִלֹּת עֹשֵׂה פֶלֶא. שִׁירָה חֲדָשָׁה שִׁבְּחוּ גְאוּלִים לְשִׁמְךָ עַל־שְׂפַת הַיָּם, יַחַד כֻּלָּם הוֹדוּ וְהִמְלִיכוּ וְאָמְרוּ,

יהוה | יִמְלֹךְ לְעוֹלָם וָעֶד.

◆ You should end the next בְּרָכָה together with the Leader so as to be able to move
directly from the words גָּאַל יִשְׂרָאֵל to the עֲמִידָה, without needing to say Amen.

1   ↻ **צוּר** יִשְׂרָאֵל, קוּמָה בְּעֶזְרַת יִשְׂרָאֵל, וּפְדֵה כִנְאֻמֶךָ

2   יְהוּדָה וְיִשְׂרָאֵל. גֹּאֲלֵנוּ יהוה צְבָאוֹת שְׁמוֹ, קְדוֹשׁ יִשְׂרָאֵל.

3   בָּרוּךְ אַתָּה יהוה, גָּאַל יִשְׂרָאֵל.

▷   Our belief, which we have just declared in the Shema, is true, wonderful,
beautiful and everlasting. We believe that Hashem is our God, was the God
of our fathers and will be the God of our children. He was, is and will always
be our King and our Redeemer. Hashem rescued us from the Egyptians and
will save us again. Blessed are You, Hashem, who redeems Israel.

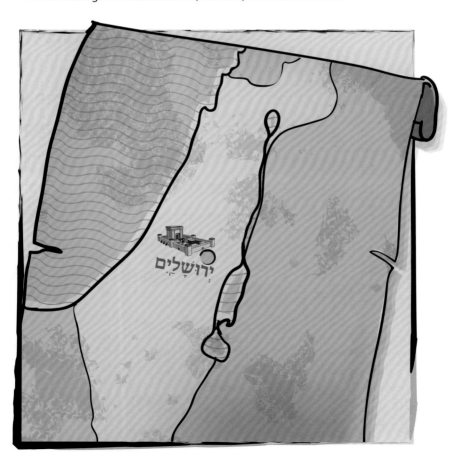

עֲמִידָה
The Amidah

ⓘ Every service has an עֲמִידָה. Each עֲמִידָה has three parts: three בְּרָכוֹת at the beginning, a middle section and three בְּרָכוֹת at the end. The עֲמִידָה is also known as the שְׁמוֹנֶה עֶשְׂרֵה which means 18. The original עֲמִידָה had 18 בְּרָכוֹת.

עֲמִידָה means 'standing', so when we say this prayer we stand with our feet together, facing Jerusalem where the בֵּית הַמִקְדָשׁ (the Temple) used to be. In a synagogue, we face the אָרוֹן הַקֹדֶשׁ (the Holy Ark).

◆ Having taken three steps back, take three steps forward, then stand with your feet together.

אֲדֹנָי, שְׂפָתַי תִּפְתָּח, וּפִי יַגִּיד תְּהִלָּתֶךָ.   1

▷ My Lord, open my lips and my mouth will sing Your praises.

◆ Bend your knees as you say 'בָּרוּךְ', bow as you say 'אַתָּה', stand up straight before you say God's name.

יהוה   אַתָּה   בָּרוּךְ

◆ בָּרוּךְ אַתָּה יהוה אֱלֹהֵינוּ וֵאלֹהֵי אֲבוֹתֵינוּ, אֱלֹהֵי אַבְרָהָם,   2

אֱלֹהֵי יִצְחָק, וֵאלֹהֵי יַעֲקֹב, הָאֵל הַגָּדוֹל הַגִּבּוֹר וְהַנּוֹרָא, אֵל   3

עֶלְיוֹן, גּוֹמֵל חֲסָדִים טוֹבִים וְקוֹנֵה הַכֹּל, וְזוֹכֵר חַסְדֵי אָבוֹת,   4

וּמֵבִיא גוֹאֵל לִבְנֵי בְנֵיהֶם, לְמַעַן שְׁמוֹ בְּאַהֲבָה.   5

▷ Blessed are You, Hashem, our God and God of our fathers, the God of Avraham, the God of Yitzchak and the God of Yaakov; the great, mighty and awesome God. God most high, provider of loving acts, to whom all belong, who remembers the good deeds of our patriarchs and lovingly brings a redeemer to their children's children, for the sake of His name.

✦ From רֹאשׁ הַשָּׁנָה to יוֹם כִּפּוּר we add this sentence, praying for God to give us a good life:

1 ✦זָכְרֵנוּ לְחַיִּים, מֶלֶךְ חָפֵץ בַּחַיִּים, וְכָתְבֵנוּ בְּסֵפֶר הַחַיִּים,

2 לְמַעַנְךָ אֱלֹהִים חַיִּים.

▷ Remember us for life, King who delights in life and who writes us in the Book of Life, for Your sake, God of life.

✦ Bend your knees as you say 'בָּרוּךְ', bow as you say 'אַתָּה', stand up straight before you say God's name.

3 מֶלֶךְ עוֹזֵר וּמוֹשִׁיעַ וּמָגֵן. ✦בָּרוּךְ אַתָּה יהוה, מָגֵן אַבְרָהָם.

▷ King, Helper, Saviour, Shield; Blessed are You, Hashem, Shield of Avraham.

4 **אַתָּה** גִּבּוֹר לְעוֹלָם אֲדֹנָי, מְחַיֵּה מֵתִים אַתָּה, רַב לְהוֹשִׁיעַ.

✦ From after שִׂמְחַת תּוֹרָה until פֶּסַח, add:

5 ✦מַשִּׁיב הָרוּחַ וּמוֹרִיד הַגָּשֶׁם.

▷ He makes the wind blow and the rain fall.

---

6 מְכַלְכֵּל חַיִּים בְּחֶסֶד, מְחַיֵּה מֵתִים בְּרַחֲמִים רַבִּים, סוֹמֵךְ

7 נוֹפְלִים, וְרוֹפֵא חוֹלִים, וּמַתִּיר אֲסוּרִים, וּמְקַיֵּם אֱמוּנָתוֹ

8 לִישֵׁנֵי עָפָר. מִי כָמוֹךָ בַּעַל גְּבוּרוֹת, וּמִי דּוֹמֶה לָּךְ, מֶלֶךְ

9 מֵמִית וּמְחַיֶּה וּמַצְמִיחַ יְשׁוּעָה.

▷ He keeps us alive with kindness and looks after those who are sick. No one compares with You, a King who gives and takes life.

◆ From רֹאשׁ הַשָּׁנָה to יוֹם כִּפּוּר we add this line:

1   ⁺מִי כָמוֹךָ אַב הָרַחֲמִים, זוֹכֵר יְצוּרָיו לַחַיִּים בְּרַחֲמִים.

▷   Who is like You, compassionate Father, who remembers His creatures in compassion, for life?

2   וְנֶאֱמָן אַתָּה לְהַחֲיוֹת מֵתִים. בָּרוּךְ אַתָּה יהוה, מְחַיֵּה

3   הַמֵּתִים.

◆ In your silent Amidah, continue on page 30 line 6.

קְדוּשָׁה
Kedusha

ⓘ The next prayer, קְדוּשָׁה, is not said during your silent עֲמִידָה, but only when a שְׁלִיחַ צִבּוּר (prayer leader) repeats the עֲמִידָה aloud. קְדוּשָׁה is also said facing the אֲרוֹן הַקֹּדֶשׁ, with your feet together. When saying the words, 'בָּרוּךְ', 'קָדוֹשׁ', and 'יִמְלֹךְ', rise up on your toes.
In an adult service, the עֲמִידָה is repeated (with קְדוּשָׁה) only with a מִנְיָן.

4   Everyone, then שְׁלִיחַ צִבּוּר   **נְקַדֵּשׁ** אֶת־שִׁמְךָ בָּעוֹלָם, כְּשֵׁם שֶׁמַּקְדִּישִׁים

5   אוֹתוֹ בִּשְׁמֵי מָרוֹם, כַּכָּתוּב עַל יַד נְבִיאֶךָ, וְקָרָא

6   זֶה אֶל־זֶה וְאָמַר.

7   Everyone and שְׁלִיחַ צִבּוּר   ⁺קָדוֹשׁ ⁺קָדוֹשׁ ⁺קָדוֹשׁ יהוה צְבָאוֹת, מְלֹא כָל־

8   הָאָרֶץ כְּבוֹדוֹ.

9   שְׁלִיחַ צִבּוּר   לְעֻמָּתָם בָּרוּךְ יֹאמֵרוּ.

10   Everyone and שְׁלִיחַ צִבּוּר   ⁺בָּרוּךְ כְּבוֹד־יהוה, מִמְּקוֹמוֹ.

11   שְׁלִיחַ צִבּוּר   וּבְדִבְרֵי קָדְשְׁךָ כָּתוּב לֵאמֹר.

12   Everyone and שְׁלִיחַ צִבּוּר   ⁺יִמְלֹךְ יהוה לְעוֹלָם, אֱלֹהַיִךְ צִיּוֹן לְדֹר וָדֹר,

13   הַלְלוּיָהּ.

1   שְׁלִיחַ צִבּוּר   לְדוֹר וָדוֹר נַגִּיד גָּדְלֶךָ וּלְנֵצַח נְצָחִים קְדֻשָּׁתְךָ

2   נַקְדִּישׁ, וְשִׁבְחֲךָ אֱלֹהֵינוּ מִפִּינוּ לֹא יָמוּשׁ

3   לְעוֹלָם וָעֶד, כִּי אֵל מֶלֶךְ גָּדוֹל וְקָדוֹשׁ אָתָּה.

4   בָּרוּךְ אַתָּה יהוה,

◆ From רֹאשׁ הַשָּׁנָה to יוֹם כִּפּוּר: | ◆ During the rest of the year:
5   הַמֶּלֶךְ הַקָּדוֹשׁ. | הָאֵל הַקָּדוֹשׁ.

◆ Continue your silent עֲמִידָה here:

Being aware of God's holiness

6   **אַתָּה** קָדוֹשׁ וְשִׁמְךָ קָדוֹשׁ, וּקְדוֹשִׁים בְּכָל־יוֹם יְהַלְלוּךָ

7   סֶּלָה. בָּרוּךְ אַתָּה יהוה,

◆ From רֹאשׁ הַשָּׁנָה to יוֹם כִּפּוּר: | ◆ During the rest of the year:
8   הַמֶּלֶךְ הַקָּדוֹשׁ. | הָאֵל הַקָּדוֹשׁ.

▷ You and Your name are holy and holy people praise You every day. Blessed are You, Hashem, the holy God.

ⓘ The middle section of the עֲמִידָה varies according to the occasion. On weekdays it contains 13 בְּרָכוֹת asking God for our daily needs.

Asking God for wisdom

9   **אַתָּה** חוֹנֵן לְאָדָם דַּעַת, וּמְלַמֵּד לֶאֱנוֹשׁ בִּינָה. חָנֵּנוּ מֵאִתְּךָ

10   דֵּעָה בִּינָה וְהַשְׂכֵּל. בָּרוּךְ אַתָּה יהוה, חוֹנֵן הַדָּעַת.

▷ You give humans knowledge and understanding. Please give us understanding, wisdom and intelligence. Blessed are You, Hashem, who gives knowledge.

Asking God to help us improve ourselves

הֲשִׁיבֵנוּ אָבִינוּ לְתוֹרָתֶךָ, וְקָרְבֵנוּ מַלְכֵּנוּ לַעֲבוֹדָתֶךָ, וְהַחֲזִירֵנוּ בִּתְשׁוּבָה שְׁלֵמָה לְפָנֶיךָ. בָּרוּךְ אַתָּה יהוה, הָרוֹצֶה בִּתְשׁוּבָה.

▷ Bring us back, our Father to Your Torah. Please let us serve You as well as we can. Blessed are You, Hashem, who wants us to return to His ways.

Asking God for forgiveness for our sins

✦ Lightly strike the left side of your chest with your right fist while saying 'חָטָאנוּ' and 'פָשָׁעְנוּ':

סְלַח־לָנוּ אָבִינוּ כִּי ✦חָטָאנוּ, מְחַל־לָנוּ מַלְכֵּנוּ כִּי ✦פָשָׁעְנוּ, כִּי מוֹחֵל וְסוֹלֵחַ אָתָּה. בָּרוּךְ אַתָּה יהוה, חַנּוּן, הַמַּרְבֶּה לִסְלוֹחַ.

▷ Please forgive us, because we have accidentally done wrong and You pardon and forgive people. Blessed are You, Hashem, who forgives many times.

Asking God to come to our rescue

רְאֵה בְעָנְיֵנוּ, וְרִיבָה רִיבֵנוּ, וּגְאָלֵנוּ מְהֵרָה לְמַעַן שְׁמֶךָ, כִּי גוֹאֵל חָזָק אָתָּה. בָּרוּךְ אַתָּה יהוה, גּוֹאֵל יִשְׂרָאֵל.

▷ Look at our problems and come to our rescue as soon as possible, because You are very powerful. Blessed are You, Hashem, who rescues Israel.

Asking God to heal us

רְפָאֵנוּ יהוה וְנֵרָפֵא, הוֹשִׁיעֵנוּ וְנִוָּשֵׁעָה, כִּי תְהִלָּתֵנוּ אָתָּה, וְהַעֲלֵה רְפוּאָה שְׁלֵמָה לְכָל מַכּוֹתֵינוּ, ✦כִּי אֵל מֶלֶךְ רוֹפֵא נֶאֱמָן וְרַחֲמָן אָתָּה. בָּרוּךְ אַתָּה יהוה, רוֹפֵא, חוֹלֵי עַמּוֹ יִשְׂרָאֵל.

✦ If you want to pray for someone who is ill, add this prayer to line 10 on page 31:

וִיהִי רָצוֹן מִלְּפָנֶיךָ, יהוה אֱלֹהֵינוּ וֵאלֹהֵי אֲבוֹתֵינוּ, שֶׁתִּשְׁלַח מְהֵרָה רְפוּאָה שְׁלֵמָה מִן הַשָּׁמַיִם, רְפוּאַת הַנֶּפֶשׁ וּרְפוּאַת הַגּוּף

For a man or a boy:	For a woman or girl:
לַחוֹלֶה	לַחוֹלָה
(now say his Hebrew name)	(now say her Hebrew name)
בֶּן	בַּת
(and now the name of his mother)	(and now the name of her mother)

בְּתוֹךְ שְׁאָר חוֹלֵי יִשְׂרָאֵל.

▷ Please heal us, Hashem and save us. Make everyone who is unwell completely better. Blessed are You, Hashem, Healer of the Jewish people.

Asking for a successful year

בָּרֵךְ עָלֵינוּ יהוה אֱלֹהֵינוּ אֶת הַשָּׁנָה הַזֹּאת וְאֶת כָּל מִינֵי תְּבוּאָתָהּ לְטוֹבָה,

✦ During the rest of the year:	✦ From December 5th (or 6th in certain years) until פֶּסַח:
וְתֵן בְּרָכָה	וְתֵן טַל וּמָטָר לִבְרָכָה

עַל־פְּנֵי הָאֲדָמָה, וְשַׂבְּעֵנוּ מִטּוּבֶךָ, וּבָרֵךְ שְׁנָתֵנוּ כַּשָּׁנִים הַטּוֹבוֹת. בָּרוּךְ אַתָּה יהוה, מְבָרֵךְ הַשָּׁנִים.

▷ Bless this year for us Hashem our God and all types of crops. Please bless this year's produce so it will be the best possible. Blessed are You, Hashem, who blesses the years.

Asking God to bring our people back to our land

1   **תְּקַע** בְּשׁוֹפָר גָּדוֹל לְחֵרוּתֵנוּ, וְשָׂא נֵס לְקַבֵּץ גָּלֻיּוֹתֵינוּ,

2   וְקַבְּצֵנוּ יַחַד מֵאַרְבַּע כַּנְפוֹת הָאָרֶץ. בָּרוּךְ אַתָּה יהוה,

3   מְקַבֵּץ, נִדְחֵי עַמּוֹ יִשְׂרָאֵל.

▷   With shofar sounds and waving banners, gather in the Jewish people to our land from the four corners of the earth. Blessed are You, Hashem, who gathers in His scattered people, Israel.

Asking for justice

4   **הָשִׁיבָה** שׁוֹפְטֵינוּ כְּבָרִאשׁוֹנָה, וְיוֹעֲצֵינוּ כְּבַתְּחִלָּה, וְהָסֵר

5   מִמֶּנּוּ יָגוֹן וַאֲנָחָה, וּמְלֹךְ עָלֵינוּ אַתָּה יהוה לְבַדְּךָ בְּחֶסֶד

6   וּבְרַחֲמִים, וְצַדְּקֵנוּ בַּמִּשְׁפָּט. בָּרוּךְ אַתָּה יהוה,

◆ From רֹאשׁ הַשָּׁנָה to יוֹם כִּפּוּר:	◆ During the rest of the year
7 הַמֶּלֶךְ הַמִּשְׁפָּט.	מֶלֶךְ, אוֹהֵב צְדָקָה וּמִשְׁפָּט.

▷   Please bring back our judges and leaders, as they were long ago, and make us happy. We want You to be our only Ruler. Blessed are You, Hashem, the King who loves righteousness and justice.

Asking God to protect us from those who want to harm our people

8   **וְלַמַּלְשִׁינִים** אַל־תְּהִי תִקְוָה, וְכָל הָרִשְׁעָה כְּרֶגַע תֹּאבֵד,

9   וְכָל אוֹיְבֶיךָ מְהֵרָה יִכָּרֵתוּ, וּמַלְכוּת זָדוֹן מְהֵרָה תְעַקֵּר

10   וּתְשַׁבֵּר וּתְמַגֵּר וְתַכְנִיעַ בִּמְהֵרָה בְיָמֵינוּ. בָּרוּךְ אַתָּה יהוה,

11   שֹׁבֵר אוֹיְבִים וּמַכְנִיעַ זֵדִים.

▷   Let there be no hope for all the wicked people and those who want to harm the Jewish people. May all Your enemies be quickly and completely destroyed. Blessed are You, Hashem, who destroys enemies and humbles arrogant people.

Asking for good people to be rewarded

עַל־הַצַּדִּיקִים וְעַל־הַחֲסִידִים, וְעַל־זִקְנֵי עַמְּךָ בֵּית 1

יִשְׂרָאֵל, וְעַל־פְּלֵיטַת סוֹפְרֵיהֶם, וְעַל־גֵּרֵי הַצֶּדֶק וְעָלֵינוּ, 2

יֶהֱמוּ רַחֲמֶיךָ יהוה אֱלֹהֵינוּ, וְתֵן שָׂכָר טוֹב לְכָל הַבּוֹטְחִים 3

בְּשִׁמְךָ בֶּאֱמֶת, וְשִׂים חֶלְקֵנוּ עִמָּהֶם לְעוֹלָם, וְלֹא נֵבוֹשׁ כִּי־ 4

בְּךָ בָטָחְנוּ. בָּרוּךְ אַתָּה יהוה, מִשְׁעָן וּמִבְטָח לַצַּדִּיקִים. 5

▷ Please reward all the good, righteous and wise Jewish people including all
converts to Judaism. We trust You, so please look after us in everything we
do. Blessed are You, Hashem, who supports the righteous people who trust
in You.

Asking for the rebuilding of Jerusalem

וְלִירוּשָׁלַיִם עִירְךָ בְּרַחֲמִים תָּשׁוּב, וְתִשְׁכּוֹן בְּתוֹכָהּ 6

כַּאֲשֶׁר דִּבַּרְתָּ, וּבְנֵה אוֹתָהּ בְּקָרוֹב בְּיָמֵינוּ בִּנְיַן עוֹלָם, וְכִסֵּא 7

דָוִד מְהֵרָה לְתוֹכָהּ תָּכִין. בָּרוּךְ אַתָּה יהוה, בּוֹנֵה יְרוּשָׁלָיִם. 8

▷ Please return to Jerusalem, Your city and live there, as You promised,
rebuilding it as the capital of the House of David. Blessed are You, Hashem,
who builds Jerusalem.

Asking God to send the מָשִׁיחַ, a descendant of King David

אֶת־צֶמַח דָּוִד עַבְדְּךָ מְהֵרָה תַצְמִיחַ, וְקַרְנוֹ תָּרוּם

בִּישׁוּעָתֶךָ, כִּי לִישׁוּעָתְךָ קִוִּינוּ כָּל־הַיּוֹם. בָּרוּךְ אַתָּה יהוה,

מַצְמִיחַ קֶרֶן יְשׁוּעָה.

▷ Bring back the kingdom of David, which we wait for every day. Blessed are You, Hashem, who makes salvation grow.

Asking God to accept our prayers

שְׁמַע קוֹלֵנוּ יהוה אֱלֹהֵינוּ, חוּס וְרַחֵם עָלֵינוּ, וְקַבֵּל

בְּרַחֲמִים וּבְרָצוֹן אֶת־תְּפִלָּתֵנוּ, כִּי אֵל שׁוֹמֵעַ תְּפִלּוֹת

וְתַחֲנוּנִים, אָתָּה. וּמִלְּפָנֶיךָ מַלְכֵּנוּ, רֵיקָם אַל תְּשִׁיבֵנוּ, כִּי

אַתָּה שׁוֹמֵעַ תְּפִלַּת עַמְּךָ יִשְׂרָאֵל בְּרַחֲמִים. בָּרוּךְ אַתָּה

יהוה, שׁוֹמֵעַ תְּפִלָּה.

▷ Please listen to our voice, Hashem our God. Have pity on us, accept our prayers and do not turn us away empty-handed, because You listen carefully to our prayers. Blessed are You, Hashem, who listens to prayers.

Asking God to bring back the בֵּית הַמִּקְדָּשׁ and its service

רְצֵה יהוה אֱלֹהֵינוּ בְּעַמְּךָ יִשְׂרָאֵל וּבִתְפִלָּתָם, וְהָשֵׁב אֶת־

הָעֲבוֹדָה לִדְבִיר בֵּיתֶךָ. וְאִשֵּׁי יִשְׂרָאֵל וּתְפִלָּתָם בְּאַהֲבָה

תְקַבֵּל בְּרָצוֹן, וּתְהִי לְרָצוֹן תָּמִיד עֲבוֹדַת יִשְׂרָאֵל עַמֶּךָ.

▷ Be kind, Hashem our God, to Your people Israel and bring back the services and offerings in the Beit HaMikdash. Please always accept Israel's offerings and prayers.

◆ This extra prayer, called 'יַעֲלֶה וְיָבֹא' is said on רֹאשׁ חֹדֶשׁ and חוֹל הַמּוֹעֵד.
We ask God to remember us especially at these times.

1 **אֱלֹהֵֽינוּ** וֵאלֹהֵי אֲבוֹתֵֽינוּ, יַעֲלֶה, וְיָבֹא, וְיַגִּֽיעַ, וְיֵרָאֶה,

2 וְיֵרָצֶה, וְיִשָּׁמַע, וְיִפָּקֵד, וְיִזָּכֵר זִכְרוֹנֵֽנוּ וּפִקְדוֹנֵֽנוּ, וְזִכְרוֹן

3 אֲבוֹתֵֽינוּ, וְזִכְרוֹן מָשִׁיחַ בֶּן דָּוִד עַבְדֶּֽךָ, וְזִכְרוֹן יְרוּשָׁלַֽיִם

4 עִיר קָדְשֶֽׁךָ, וְזִכְרוֹן כָּל־עַמְּךָ בֵּית יִשְׂרָאֵל לְפָנֶֽיךָ, לִפְלֵיטָה

5 וּלְטוֹבָה, וּלְחֵן וּלְחֶֽסֶד וּלְרַחֲמִים, וּלְחַיִּים וּלְשָׁלוֹם בְּיוֹם

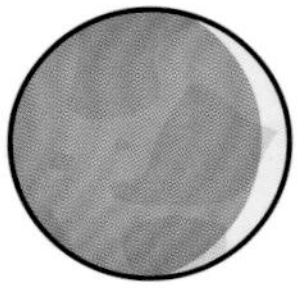

On סֻכּוֹת: On פֶּסַח: On רֹאשׁ חֹדֶשׁ:

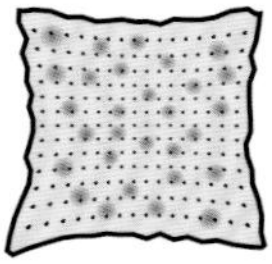

חַג הַסֻּכּוֹת   חַג הַמַּצּוֹת   רֹאשׁ הַחֹֽדֶשׁ   6

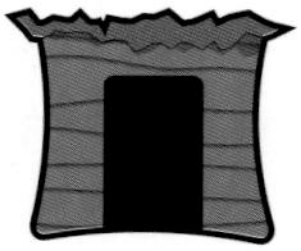

7 הַזֶּה. זָכְרֵֽנוּ יהוה אֱלֹהֵֽינוּ בּוֹ לְטוֹבָה, וּפָקְדֵֽנוּ בוֹ לִבְרָכָה,

8 וְהוֹשִׁיעֵֽנוּ בוֹ לְחַיִּים. וּבִדְבַר יְשׁוּעָה וְרַחֲמִים, חוּס וְחָנֵּֽנוּ

9 וְרַחֵם עָלֵֽינוּ וְהוֹשִׁיעֵֽנוּ, כִּי אֵלֶֽיךָ עֵינֵֽינוּ, כִּי אֵל מֶֽלֶךְ חַנּוּן

10 וְרַחוּם אָֽתָּה.

▷ Hashem and God of our ancestors, please remember us, our ancestors, the
Messiah, son of David, Jerusalem and all of our nation. Give us a peaceful
and good life on this Rosh Chodesh / Pesach / Sukkot. Remember us for
good, blessing and life, as You are a generous God.

11 **וְתֶחֱזֶֽינָה** עֵינֵֽינוּ בְּשׁוּבְךָ לְצִיּוֹן בְּרַחֲמִים. בָּרוּךְ אַתָּה

12 יהוה, הַמַּחֲזִיר שְׁכִינָתוֹ לְצִיּוֹן.

▷ Let us see Your return to Zion. Blessed are You, Hashem, who returns His
presence to Zion.

Thanking God for the daily miracles in our lives

◆ During your silent עֲמִידָה only say the following. Bow for the first five words. Stand up straight before you say God's name.

1 **מוֹדִים** אֲנַחְנוּ לָךְ, שָׁאַתָּה הוּא יהוה

2 אֱלֹהֵינוּ וֵאלֹהֵי אֲבוֹתֵינוּ לְעוֹלָם וָעֶד.

3 צוּר חַיֵּינוּ, מָגֵן יִשְׁעֵנוּ אַתָּה הוּא לְדוֹר

4 וָדוֹר. נוֹדֶה לְּךָ וּנְסַפֵּר תְּהִלָּתֶךָ עַל חַיֵּינוּ

5 הַמְּסוּרִים בְּיָדֶךָ, וְעַל נִשְׁמוֹתֵינוּ הַפְּקוּדוֹת לָךְ,

6 וְעַל נִסֶּיךָ שֶׁבְּכָל-יוֹם עִמָּנוּ, וְעַל נִפְלְאוֹתֶיךָ

7 וְטוֹבוֹתֶיךָ שֶׁבְּכָל-עֵת, עֶרֶב וָבֹקֶר וְצָהֳרָיִם. הַטּוֹב

8 כִּי לֹא-כָלוּ רַחֲמֶיךָ, וְהַמְרַחֵם כִּי לֹא-תַמּוּ חֲסָדֶיךָ,

9 מֵעוֹלָם קִוִּינוּ לָךְ.

▷ We thank You, for You look after us in every generation. Our lives are in Your hands and Your miracles are with us throughout the day. You are good and kind, so we always trust in You.

◆ During the repetition by the שְׁלִיחַ צִבּוּר, everyone else says this paragraph quietly, bowing for the first five words. Stand up straight before you say God's name:

10 **מוֹדִים** אֲנַחְנוּ לָךְ, שָׁאַתָּה הוּא יהוה אֱלֹהֵינוּ וֵאלֹהֵי

11 אֲבוֹתֵינוּ, אֱלֹהֵי כָל-בָּשָׂר, יוֹצְרֵנוּ, יוֹצֵר בְּרֵאשִׁית. בְּרָכוֹת

12 וְהוֹדָאוֹת לְשִׁמְךָ הַגָּדוֹל וְהַקָּדוֹשׁ, עַל שֶׁהֶחֱיִיתָנוּ וְקִיַּמְתָּנוּ.

13 כֵּן תְּחַיֵּינוּ וּתְקַיְּמֵנוּ, וְתֶאֱסוֹף גָּלֻיּוֹתֵינוּ לְחַצְרוֹת קָדְשֶׁךָ,

14 לִשְׁמוֹר חֻקֶּיךָ וְלַעֲשׂוֹת רְצוֹנֶךָ, וּלְעָבְדְּךָ בְּלֵבָב שָׁלֵם, עַל

15 שֶׁאֲנַחְנוּ מוֹדִים לָךְ. בָּרוּךְ אֵל הַהוֹדָאוֹת.

✦ A special prayer for חֲנֻכָּה:

עַל הַנִּסִּים, וְעַל הַפֻּרְקָן, וְעַל הַגְּבוּרוֹת, וְעַל הַתְּשׁוּעוֹת, 1

וְעַל הַמִּלְחָמוֹת, שֶׁעָשִׂיתָ לַאֲבוֹתֵינוּ בַּיָּמִים 2

הָהֵם בַּזְּמַן הַזֶּה. 3

בִּימֵי מַתִּתְיָהוּ בֶּן־יוֹחָנָן כֹּהֵן גָּדוֹל חַשְׁמוֹנַאי 4

וּבָנָיו, כְּשֶׁעָמְדָה מַלְכוּת יָוָן הָרְשָׁעָה עַל־עַמְּךָ 5

יִשְׂרָאֵל, לְהַשְׁכִּיחָם תּוֹרָתֶךָ, וּלְהַעֲבִירָם מֵחֻקֵּי 6

רְצוֹנֶךָ. וְאַתָּה בְּרַחֲמֶיךָ הָרַבִּים, עָמַדְתָּ לָהֶם בְּעֵת צָרָתָם, 7

רַבְתָּ אֶת־רִיבָם, דַּנְתָּ אֶת־דִּינָם, נָקַמְתָּ אֶת־נִקְמָתָם. מָסַרְתָּ 8

גִּבּוֹרִים בְּיַד חַלָּשִׁים, וְרַבִּים בְּיַד מְעַטִּים, וּטְמֵאִים בְּיַד 9

טְהוֹרִים, וּרְשָׁעִים בְּיַד צַדִּיקִים, וְזֵדִים בְּיַד עוֹסְקֵי תוֹרָתֶךָ. 10

וּלְךָ עָשִׂיתָ שֵׁם גָּדוֹל וְקָדוֹשׁ בְּעוֹלָמֶךָ, וּלְעַמְּךָ יִשְׂרָאֵל עָשִׂיתָ 11

תְּשׁוּעָה גְדוֹלָה וּפֻרְקָן כְּהַיּוֹם הַזֶּה. וְאַחַר כֵּן בָּאוּ בָנֶיךָ לִדְבִיר 12

בֵּיתֶךָ, וּפִנּוּ אֶת־הֵיכָלֶךָ, וְטִהֲרוּ אֶת־מִקְדָּשֶׁךָ, וְהִדְלִיקוּ נֵרוֹת 13

בְּחַצְרוֹת קָדְשֶׁךָ, וְקָבְעוּ שְׁמוֹנַת יְמֵי חֲנֻכָּה אֵלּוּ, לְהוֹדוֹת 14

וּלְהַלֵּל לְשִׁמְךָ הַגָּדוֹל. 15

▷ For all the miracles, for the liberation, for the mighty deeds, for the victories in battles which You performed for our ancestors in those days, at this time of year.

In the days of the Hasmonean High Priest, Mattityahu son of Yochanan, and his sons, the wicked kingdom of ancient Greece rose up against Israel, Your people, to force them to break the laws of Your will. Then You in Your great mercy, stood up for them in their time of trouble. You took their side, You judged their grievance and You avenged them. You delivered the strong into the hands of the weak, the many into the hands of the few, the impure into the hands of the pure, the wicked into the hands of the good, the arrogant into the hands of those who kept Your Torah. You made a great and holy reputation in Your world for Yourself and for Israel, Your people, You performed a great victory and liberation that lasts to this very day. Afterwards, Your children entered the Holiest of Holies in Your House, cleaned Your Temple, purified Your Holy Place and lit lights in Your Holy Courtyards. They fixed these eight days of Chanukkah for giving thanks and praise to Your great name.

◆ A special prayer for פּוּרִים:

1   **עַל** הַנִּסִּים, וְעַל הַפֻּרְקָן, וְעַל הַגְּבוּרוֹת, וְעַל הַתְּשׁוּעוֹת,

2   וְעַל הַמִּלְחָמוֹת, שֶׁעָשִׂיתָ לַאֲבוֹתֵינוּ בַּיָּמִים הָהֵם בַּזְּמַן הַזֶּה.

3   **בִּימֵי** מָרְדְּכַי וְאֶסְתֵּר בְּשׁוּשַׁן הַבִּירָה, כְּשֶׁעָמַד

4   עֲלֵיהֶם הָמָן הָרָשָׁע, בִּקֵּשׁ לְהַשְׁמִיד לַהֲרוֹג וּלְאַבֵּד

5   אֶת־כָּל־הַיְּהוּדִים, מִנַּעַר וְעַד זָקֵן, טַף וְנָשִׁים בְּיוֹם

6   אֶחָד, בִּשְׁלוֹשָׁה־עָשָׂר לְחֹדֶשׁ שְׁנֵים־עָשָׂר, הוּא־חֹדֶשׁ

7   אֲדָר, וּשְׁלָלָם לָבוֹז. וְאַתָּה בְּרַחֲמֶיךָ הָרַבִּים הֵפַרְתָּ אֶת־עֲצָתוֹ,

8   וְקִלְקַלְתָּ אֶת־מַחֲשַׁבְתּוֹ, וַהֲשֵׁבוֹתָ גְּמוּלוֹ בְּרֹאשׁוֹ, וְתָלוּ אוֹתוֹ

9   וְאֶת־בָּנָיו עַל־הָעֵץ.

▷   For all the miracles, for the liberation, for the mighty deeds, for the victories in battles which You performed for our ancestors in those days, at this time of year.

In the days of Mordechai and Esther, in Shushan the capital, wicked Haman opposed them. He tried to destroy, to kill and wipe out all the Jews, young and old, babies and women, on one day, the thirteenth day of the twelfth month, which is Adar, and also to take all their belongings as loot. But You, in Your great mercy, upset his intentions and destroyed his plan and made his scheme rebound on his own head, so that he and his sons were hanged on the gallows.

וְעַל כֻּלָּם יִתְבָּרַךְ וְיִתְרוֹמַם שִׁמְךָ מַלְכֵּנוּ תָּמִיד לְעוֹלָם וָעֶד. ₁

▷ For all these things, Your name should be blessed and praised.

◆ From רֹאשׁ הַשָּׁנָה to יוֹם כִּפּוּר we add this line:

וּכְתוֹב לְחַיִּים טוֹבִים כָּל־בְּנֵי בְרִיתֶךָ. ₂

◆ Bend your knees as you say 'בָּרוּךְ', bow as you say 'אַתָּה', stand up straight before you say God's name.

וְכֹל הַחַיִּים יוֹדוּךָ סֶּלָה, וִיהַלְלוּ אֶת־שִׁמְךָ בֶּאֱמֶת, הָאֵל ₃

יְשׁוּעָתֵנוּ וְעֶזְרָתֵנוּ סֶלָה. ׳בָּרוּךְ אַתָּה יהוה, הַטּוֹב שִׁמְךָ וּלְךָ ₄

נָאֶה לְהוֹדוֹת. ₅

▷ Let all that lives thank You, Selah! and praise Your name in truth, God, our Saviour and Help, Selah! Blessed are You, Hashem, whose name is "The Good One" and to whom thanks are due.

◆ בִּרְכַּת כֹּהֲנִים (the Kohanim's Blessing), is only said by the שְׁלִיחַ צִבּוּר when he repeats the עֲמִידָה:

אֱלֹהֵינוּ וֵאלֹהֵי אֲבוֹתֵינוּ, בָּרְכֵנוּ בַּבְּרָכָה הַמְשֻׁלֶּשֶׁת, בַּתּוֹרָה ₆

הַכְּתוּבָה עַל יְדֵי מֹשֶׁה עַבְדֶּךָ, הָאֲמוּרָה מִפִּי אַהֲרֹן וּבָנָיו, ₇

כֹּהֲנִים עַם קְדוֹשֶׁךָ, כָּאָמוּר. ₈

יְבָרֶכְךָ יהוה, וְיִשְׁמְרֶךָ. ₉

יָאֵר יהוה פָּנָיו אֵלֶיךָ וִיחֻנֶּךָּ. ₁₀

יִשָּׂא יהוה פָּנָיו אֵלֶיךָ וְיָשֵׂם לְךָ שָׁלוֹם. ₁₁

Asking God for peace

שִׂים שָׁלוֹם, טוֹבָה, וּבְרָכָה, חֵן, וָחֶסֶד וְרַחֲמִים עָלֵינוּ וְעַל ₁₂

כָּל־יִשְׂרָאֵל עַמֶּךָ. בָּרְכֵנוּ אָבִינוּ, כֻּלָּנוּ כְּאֶחָד בְּאוֹר פָּנֶיךָ, כִּי ₁₃

בְּאוֹר פָּנֶיךָ נָתַתָּ לָּנוּ, יהוה אֱלֹהֵינוּ, תּוֹרַת חַיִּים וְאַהֲבַת חֶסֶד, וּצְדָקָה, וּבְרָכָה, וְרַחֲמִים, וְחַיִּים, וְשָׁלוֹם. וְטוֹב בְּעֵינֶיךָ לְבָרֵךְ אֶת־עַמְּךָ יִשְׂרָאֵל, בְּכָל־עֵת וּבְכָל־שָׁעָה בִּשְׁלוֹמֶךָ.

▷ Give us and all Israel peace, blessing, grace, kindness and care. Through Your light You have given us the Torah and a love of kindness, good deeds, blessings, life and peace. Please bless Your people, Israel, with peace all the time.

✦ During the rest of the year:

בָּרוּךְ אַתָּה יהוה, הַמְבָרֵךְ אֶת עַמּוֹ יִשְׂרָאֵל בַּשָּׁלוֹם.

✦ From רֹאשׁ הַשָּׁנָה to יוֹם כִּפּוּר:

בְּסֵפֶר חַיִּים בְּרָכָה וְשָׁלוֹם, וּפַרְנָסָה טוֹבָה, נִזָּכֵר וְנִכָּתֵב לְפָנֶיךָ, אֲנַחְנוּ וְכָל־עַמְּךָ בֵּית יִשְׂרָאֵל, לְחַיִּים טוֹבִים וּלְשָׁלוֹם. בָּרוּךְ אַתָּה יהוה, עֹשֵׂה הַשָּׁלוֹם.

אֱלֹהַי, נְצוֹר לְשׁוֹנִי מֵרָע, וּשְׂפָתַי מִדַּבֵּר מִרְמָה, וְלִמְקַלְלַי נַפְשִׁי תִדּוֹם, וְנַפְשִׁי כֶּעָפָר לַכֹּל תִּהְיֶה. פְּתַח לִבִּי בְּתוֹרָתֶךָ, וּבְמִצְוֹתֶיךָ תִּרְדּוֹף נַפְשִׁי. וְכֹל הַחוֹשְׁבִים עָלַי רָעָה, מְהֵרָה הָפֵר עֲצָתָם וְקַלְקֵל מַחְשְׁבוֹתָם. עֲשֵׂה לְמַעַן שְׁמֶךָ, עֲשֵׂה לְמַעַן יְמִינֶךָ, עֲשֵׂה לְמַעַן קְדֻשָּׁתֶךָ, עֲשֵׂה לְמַעַן תּוֹרָתֶךָ. לְמַעַן יֵחָלְצוּן יְדִידֶיךָ, הוֹשִׁיעָה יְמִינְךָ וַעֲנֵנִי.

✦ At this point you may add your own personal prayer in any language.

יִהְיוּ לְרָצוֹן אִמְרֵי־פִי וְהֶגְיוֹן לִבִּי לְפָנֶיךָ, יהוה צוּרִי וְגוֹאֲלִי.

◆ Take three steps back.
Say 'עֹשֶׂה שָׁלוֹם בִּמְרוֹמָיו' while bowing to your left.
Say 'הוּא יַעֲשֶׂה שָׁלוֹם עָלֵינוּ' while bowing to the right.
Say 'וְעַל־כָּל־יִשְׂרָאֵל, וְאִמְרוּ אָמֵן' while bowing forward.

1 עֹשֶׂה שָׁלוֹם בִּמְרוֹמָיו, הוּא יַעֲשֶׂה שָׁלוֹם עָלֵינוּ, וְעַל־כָּל־

2 יִשְׂרָאֵל, וְאִמְרוּ אָמֵן.

▷ My God, keep my tongue and lips from saying harmful things. When people say damaging things about me, let me remain calm and humble. Help me to love Your Torah and to be eager to carry out Your mitzvot. If anyone wishes to harm me, prevent their plans from working. Do all this to show Your strength and to bring honour to Your reputation and to Your Holy Torah. Please answer my prayer. Let the words which I say and the thoughts which I send from my heart be pleasing to You, Hashem, my constant Protector. Heavenly Peacemaker, send peace for all of us and for all the Jewish people. Amen.

3 **יְהִי** רָצוֹן מִלְּפָנֶיךָ יהוה אֱלֹהֵינוּ וֵאלֹהֵי אֲבוֹתֵינוּ, שֶׁיִּבָּנֶה בֵּית

4 הַמִּקְדָּשׁ בִּמְהֵרָה בְיָמֵינוּ, וְתֵן חֶלְקֵנוּ בְּתוֹרָתֶךָ. וְשָׁם נַעֲבָדְךָ

5 בְּיִרְאָה, כִּימֵי עוֹלָם וּכְשָׁנִים קַדְמוֹנִיּוֹת. וְעָרְבָה לַיהוה מִנְחַת

6 יְהוּדָה וִירוּשָׁלָיִם, כִּימֵי עוֹלָם וּכְשָׁנִים קַדְמוֹנִיּוֹת.

◆ Wait a few moments, then take three steps forward.

◆ On רֹאשׁ חֹדֶשׁ and חֲנֻכָּה we say הַלֵּל at this point on page 189.

אָבִינוּ מַלְכֵּנוּ
Avinu Malkeinu

ⓘ **Between Rosh Hashanah and Yom Kippur we say 'אָבִינוּ מַלְכֵּנוּ'. It is also said – in slightly altered form – on other public fasts. We ask for forgiveness for our sins and pray for our own needs and for those of all the Jewish people.**

✦ The אֲרוֹן הַקֹּדֶשׁ is opened. Stand.

1 **אָבִינוּ מַלְכֵּנוּ, חָטָאנוּ לְפָנֶיךָ.**

2 אָבִינוּ מַלְכֵּנוּ, אֵין לָנוּ מֶלֶךְ אֶלָּא אָתָּה.

3 אָבִינוּ מַלְכֵּנוּ, עֲשֵׂה עִמָּנוּ לְמַעַן שְׁמֶךָ.

✦ From רֹאשׁ הַשָּׁנָה to יוֹם כִּפּוּר we say this line.

4 אָבִינוּ מַלְכֵּנוּ, חַדֵּשׁ עָלֵינוּ שָׁנָה טוֹבָה.

✦ On fast days we say this line.

5 אָבִינוּ מַלְכֵּנוּ, בָּרֵךְ עָלֵינוּ שָׁנָה טוֹבָה.

6 אָבִינוּ מַלְכֵּנוּ, בַּטֵּל מֵעָלֵינוּ כָּל־גְּזֵרוֹת קָשׁוֹת.

7 אָבִינוּ מַלְכֵּנוּ, בַּטֵּל מַחְשְׁבוֹת שׂוֹנְאֵינוּ.

8 אָבִינוּ מַלְכֵּנוּ, הָפֵר עֲצַת אוֹיְבֵינוּ.

9 אָבִינוּ מַלְכֵּנוּ, כַּלֵּה כָּל צַר וּמַשְׂטִין מֵעָלֵינוּ.

10 אָבִינוּ מַלְכֵּנוּ, סְתוֹם פִּיּוֹת מַשְׂטִינֵנוּ וּמְקַטְרִיגֵנוּ.

11 אָבִינוּ מַלְכֵּנוּ, כַּלֵּה דֶּבֶר וְחֶרֶב וְרָעָב וּשְׁבִי וּמַשְׁחִית מִבְּנֵי בְרִיתֶךָ.

12 אָבִינוּ מַלְכֵּנוּ, מְנַע מַגֵּפָה מִנַּחֲלָתֶךָ.

13 אָבִינוּ מַלְכֵּנוּ, סְלַח וּמְחַל לְכָל־עֲוֹנוֹתֵינוּ.

14 אָבִינוּ מַלְכֵּנוּ, מְחֵה וְהַעֲבֵר פְּשָׁעֵינוּ וְחַטֹּאתֵינוּ מִנֶּגֶד עֵינֶיךָ.

15 אָבִינוּ מַלְכֵּנוּ, מְחוֹק בְּרַחֲמֶיךָ הָרַבִּים כָּל שִׁטְרֵי חוֹבוֹתֵינוּ.

✦ Each of the next nine lines is said aloud first by the שְׁלִיחַ צִבּוּר and then by everyone.

16 אָבִינוּ מַלְכֵּנוּ, הַחֲזִירֵנוּ בִּתְשׁוּבָה שְׁלֵמָה לְפָנֶיךָ.

1   אָבִינוּ מַלְכֵּנוּ, שְׁלַח רְפוּאָה שְׁלֵמָה לְחוֹלֵי עַמֶּךָ.

2   אָבִינוּ מַלְכֵּנוּ, קְרַע רֽוֹעַ גְּזַר דִּינֵנוּ.

3   אָבִינוּ מַלְכֵּנוּ, זָכְרֵנוּ בְּזִכָּרוֹן טוֹב לְפָנֶיךָ.

4   אָבִינוּ מַלְכֵּנוּ, כָּתְבֵנוּ בְּסֵפֶר חַיִּים טוֹבִים.

5   אָבִינוּ מַלְכֵּנוּ, כָּתְבֵנוּ בְּסֵפֶר גְּאֻלָּה וִישׁוּעָה.

6   אָבִינוּ מַלְכֵּנוּ, כָּתְבֵנוּ בְּסֵפֶר פַּרְנָסָה וְכַלְכָּלָה.

7   אָבִינוּ מַלְכֵּנוּ, כָּתְבֵנוּ בְּסֵפֶר זְכֻיּוֹת.

8   אָבִינוּ מַלְכֵּנוּ, כָּתְבֵנוּ בְּסֵפֶר סְלִיחָה וּמְחִילָה.

9   אָבִינוּ מַלְכֵּנוּ, הַצְמַח לָנוּ יְשׁוּעָה בְּקָרוֹב.

10   אָבִינוּ מַלְכֵּנוּ, הָרֵם קֶרֶן יִשְׂרָאֵל עַמֶּךָ.

11   אָבִינוּ מַלְכֵּנוּ, הָרֵם קֶרֶן מְשִׁיחֶךָ.

12   אָבִינוּ מַלְכֵּנוּ, מַלֵּא יָדֵינוּ מִבִּרְכוֹתֶיךָ.

13   אָבִינוּ מַלְכֵּנוּ, מַלֵּא אֲסָמֵינוּ שָׂבָע.

14   אָבִינוּ מַלְכֵּנוּ, שְׁמַע קוֹלֵנוּ, חוּס וְרַחֵם עָלֵינוּ.

15   אָבִינוּ מַלְכֵּנוּ, קַבֵּל בְּרַחֲמִים וּבְרָצוֹן אֶת־תְּפִלָּתֵנוּ.

16   אָבִינוּ מַלְכֵּנוּ, פְּתַח שַׁעֲרֵי שָׁמַיִם לִתְפִלָּתֵנוּ.

17   אָבִינוּ מַלְכֵּנוּ, זְכוֹר כִּי עָפָר אֲנָחְנוּ.

18   אָבִינוּ מַלְכֵּנוּ, נָא אַל תְּשִׁיבֵנוּ רֵיקָם מִלְּפָנֶיךָ.

19   אָבִינוּ מַלְכֵּנוּ, תְּהֵא הַשָּׁעָה הַזֹּאת שְׁעַת רַחֲמִים וְעֵת רָצוֹן

20   מִלְּפָנֶיךָ.

21   אָבִינוּ מַלְכֵּנוּ, חֲמוֹל עָלֵינוּ וְעַל עוֹלָלֵנוּ וְטַפֵּנוּ.

אָבִינוּ מַלְכֵּנוּ, עֲשֵׂה לְמַעַן הֲרוּגִים עַל שֵׁם קָדְשֶׁךָ.

אָבִינוּ מַלְכֵּנוּ, עֲשֵׂה לְמַעַן טְבוּחִים עַל יִחוּדֶךָ.

אָבִינוּ מַלְכֵּנוּ, עֲשֵׂה לְמַעַן בָּאֵי בָאֵשׁ וּבַמַּיִם עַל קִדּוּשׁ שְׁמֶךָ.

אָבִינוּ מַלְכֵּנוּ, נְקוֹם לְעֵינֵינוּ נִקְמַת דַּם עֲבָדֶיךָ הַשָּׁפוּךְ.

אָבִינוּ מַלְכֵּנוּ, עֲשֵׂה לְמַעַנְךָ אִם לֹא לְמַעֲנֵנוּ.

אָבִינוּ מַלְכֵּנוּ, עֲשֵׂה לְמַעַנְךָ וְהוֹשִׁיעֵנוּ.

אָבִינוּ מַלְכֵּנוּ, עֲשֵׂה לְמַעַן רַחֲמֶיךָ הָרַבִּים.

אָבִינוּ מַלְכֵּנוּ, עֲשֵׂה לְמַעַן שִׁמְךָ הַגָּדוֹל הַגִּבּוֹר וְהַנּוֹרָא,

שֶׁנִּקְרָא עָלֵינוּ.

↻ אָבִינוּ מַלְכֵּנוּ, חָנֵּנוּ וַעֲנֵנוּ, כִּי אֵין בָּנוּ מַעֲשִׂים, עֲשֵׂה עִמָּנוּ

צְדָקָה וָחֶסֶד וְהוֹשִׁיעֵנוּ.

▷ Our Father our King, we have sinned against You.

Our Father our King, we have no king but You.

Our Father our King, be kind to us for the sake of Your name.

Our Father our King, bring us back to You in complete repentance.

Our Father our King, make all the sick people completely well.

Our Father our King, let the new year be good for us.

Our Father our King, write our names in the Book of Good Life.

Our Father our King, write our names in the Book of Salvation.

Our Father our King, write our names in the Book of Secure Living.

Our Father our King, write our names in the Book of Merit.

Our Father our King, write our names in the Book of Pardon and Forgiveness.

Our Father our King, be merciful to us and answer us, for we have no good deeds of our own. Treat us with charity and kindness and save us.

✦ The אֲרוֹן הַקֹּדֶשׁ is closed.

ⓘ   תַּחֲנוּן is a prayer in which we humbly ask God to have mercy on us. Although it is not in this סִדּוּר, you will find it in a standard סִדּוּר. It is said on most ordinary weekdays at this point in the service. On Mondays and Thursdays, it takes a longer form. It is not said on joyous days.

קְרִיאַת הַתּוֹרָה
Torah Reading

On Mondays and Thursdays and on certain other special days such as Rosh Chodesh, we read from the סֵפֶר תּוֹרָה. In an adult service the Torah is read with a מִנְיָן.

◆ The אֲרוֹן הַקֹּדֶשׁ is opened. Stand.

1 **וַיְהִי בִּנְסֹעַ** הָאָרֹן, וַיֹּאמֶר מֹשֶׁה, קוּמָה יהוה וְיָפֻצוּ

2 אֹיְבֶיךָ, וְיָנֻסוּ מְשַׂנְאֶיךָ מִפָּנֶיךָ. כִּי מִצִּיּוֹן תֵּצֵא תוֹרָה, וּדְבַר

3 יהוה מִירוּשָׁלָיִם. בָּרוּךְ שֶׁנָּתַן תּוֹרָה לְעַמּוֹ יִשְׂרָאֵל בִּקְדֻשָּׁתוֹ.

◆ The סֵפֶר תּוֹרָה is passed to the שְׁלִיחַ צִבּוּר who then faces the אֲרוֹן הַקֹּדֶשׁ, raises the סֵפֶר תּוֹרָה at little, bows slightly and says:

4 **גַּדְּלוּ לַיהוה אִתִּי, וּנְרוֹמְמָה שְׁמוֹ יַחְדָּו.**

◆ The שְׁלִיחַ צִבּוּר now takes the סֵפֶר תּוֹרָה to the בִּימָה while everyone says:

5 **לְךָ** יהוה הַגְּדֻלָּה וְהַגְּבוּרָה וְהַתִּפְאֶרֶת וְהַנֵּצַח וְהַהוֹד, כִּי

6 כֹל בַּשָּׁמַיִם וּבָאָרֶץ, לְךָ יהוה הַמַּמְלָכָה וְהַמִּתְנַשֵּׂא לְכֹל

7 לְרֹאשׁ. רוֹמְמוּ יהוה אֱלֹהֵינוּ וְהִשְׁתַּחֲווּ לַהֲדֹם רַגְלָיו, קָדוֹשׁ

8 הוּא. רוֹמְמוּ יהוה אֱלֹהֵינוּ וְהִשְׁתַּחֲווּ לְהַר קָדְשׁוֹ, כִּי קָדוֹשׁ

9 יהוה אֱלֹהֵינוּ.

On ordinary Mondays and Thursdays the first part of that week's סִדְרָה is read. You will find this in a חוּמָשׁ, on the Siddur Shevet Asher website www.tribesiddur.net and at the back of a standard סִדּוּר.

(1)

◆ Boys, if you are given an עֲלִיָּה לַתּוֹרָה, that is, you are called to the תּוֹרָה, you should make your way to the בִּימָה by the shortest route. The בַּעַל קְרִיאָה will show you the פָּרָשָׁה (section) in the סֵפֶר תּוֹרָה. Look at it, touch the סֵפֶר תּוֹרָה as shown with a corner of your טַלִית and kiss it (picture 1). Hold the עֲצֵי חַיִּים (rollers) (picture 2) and say:

(2)

◆ Bow slightly when you say 'בָּרְכוּ', straighten up at 'יהוה'.

בָּרְכוּ אֶת יהוה הַמְבֹרָךְ.   1

◆ Everyone else replies:

בָּרוּךְ יהוה הַמְבֹרָךְ לְעוֹלָם וָעֶד.   2

◆ You say, bowing slightly when saying 'בָּרוּךְ':

בָּרוּךְ יהוה הַמְבֹרָךְ לְעוֹלָם וָעֶד.   3

בָּרוּךְ אַתָּה יהוה אֱלֹהֵינוּ מֶלֶךְ הָעוֹלָם, אֲשֶׁר־בָּחַר בָּנוּ מִכָּל־   4

הָעַמִּים, וְנָתַן לָנוּ אֶת־תּוֹרָתוֹ. בָּרוּךְ אַתָּה יהוה, נוֹתֵן הַתּוֹרָה.   5

(3)

◆ Let go of the left hand עֵץ חַיִּים, keep hold of the right one and follow the reading in the סֵפֶר תּוֹרָה (picture 3). When the בַּעַל קְרִיאָה has finished reading your פָּרָשָׁה (section), touch the סֵפֶר תּוֹרָה as shown with a corner of your טַלִית and kiss it. Close the סֵפֶר תּוֹרָה. Keeping hold of both עֲצֵי חַיִּים, say:

בָּרוּךְ אַתָּה יהוה אֱלֹהֵינוּ מֶלֶךְ הָעוֹלָם,   6

אֲשֶׁר נָתַן־לָנוּ תּוֹרַת־אֱמֶת, וְחַיֵּי עוֹלָם נָטַע   7

בְּתוֹכֵנוּ. בָּרוּךְ אַתָּה יהוה, נוֹתֵן הַתּוֹרָה.   8

◆ Someone who has recovered from a serious illness, has arrived safely after a hazardous journey or has survived a dangerous experience, says:

1 בָּרוּךְ אַתָּה יהוה אֱלֹהֵינוּ מֶלֶךְ הָעוֹלָם, הַגּוֹמֵל לְחַיָּבִים

2 טוֹבוֹת, שֶׁגְּמָלַנִי כָּל־טוֹב.

◆ Everyone responds:

3 אָמֵן. מִי שֶׁגְּמָלְךָ כָּל־טוֹב, הוּא יִגְמָלְךָ כָּל־טוֹב, סֶלָה.

הַגְבָּהָה

Lifting the Sefer Torah

◆ We stand while the סֵפֶר תּוֹרָה is lifted up for all to see. Say:

4 **וְזֹאת** הַתּוֹרָה אֲשֶׁר־שָׂם מֹשֶׁה לִפְנֵי בְּנֵי יִשְׂרָאֵל, עַל־פִּי

5 יהוה בְּיַד־מֹשֶׁה.

▷ This is the Torah which Moshe placed before the Jewish people at Hashem's command by the hand of Moshe.

גְּלִילָה
Rolling up the Sefer Torah

✦ The סֵפֶר תּוֹרָה is then rolled up and is dressed.

ⓘ **The following prayer is said during גְּלִילָה, but is not said on special days, such as Rosh Chodesh, Chanukkah or Purim.**

אַחֵינוּ כָּל־בֵּית־יִשְׂרָאֵל, הַנְּתוּנִים בְּצָרָה וּבְשִׁבְיָה,
הָעוֹמְדִים בֵּין בַּיָּם וּבֵין בַּיַּבָּשָׁה, הַמָּקוֹם יְרַחֵם עֲלֵיהֶם
וְיוֹצִיאֵם מִצָּרָה לִרְוָחָה, וּמֵאֲפֵלָה לְאוֹרָה, וּמִשִּׁעְבּוּד
לִגְאֻלָּה, הַשְׁתָּא בַּעֲגָלָא וּבִזְמַן קָרִיב. וְנֹאמַר אָמֵן.

▷ As for our community, the entire family of Jewish people, who are in trouble or captivity, at sea or on land – let Hashem, who is everywhere, be merciful to them and lead them from trouble to safety, from darkness to light, from slavery to freedom, now, quickly and soon. Amen.

✦ The אֲרוֹן הַקֹּדֶשׁ is opened and everyone stands. The שְׁלִיחַ צִבּוּר takes the סֵפֶר תּוֹרָה and says.

יְהַלְלוּ אֶת־שֵׁם יהוה, כִּי נִשְׂגָּב שְׁמוֹ לְבַדּוֹ.

✦ Everyone else says:

הוֹדוֹ עַל אֶרֶץ וְשָׁמָיִם. וַיָּרֶם קֶרֶן לְעַמּוֹ, תְּהִלָּה לְכָל־חֲסִידָיו,
לִבְנֵי יִשְׂרָאֵל עַם קְרוֹבוֹ, הַלְלוּיָהּ.

✦ While everyone says 'לְדָוִד מִזְמוֹר' the שְׁלִיחַ צִבּוּר returns the סֵפֶר תּוֹרָה to the אֲרוֹן הַקֹּדֶשׁ.

לְדָוִד מִזְמוֹר, לַיהוה הָאָרֶץ וּמְלוֹאָהּ, תֵּבֵל וְיֹשְׁבֵי בָהּ.
כִּי־הוּא עַל יַמִּים יְסָדָהּ, וְעַל נְהָרוֹת יְכוֹנְנֶהָ. מִי־יַעֲלֶה בְהַר
יהוה, וּמִי־יָקוּם בִּמְקוֹם קָדְשׁוֹ. נְקִי כַפַּיִם וּבַר לֵבָב, אֲשֶׁר
לֹא־נָשָׂא לַשָּׁוְא נַפְשִׁי וְלֹא נִשְׁבַּע לְמִרְמָה. יִשָּׂא בְרָכָה מֵאֵת
יהוה, וּצְדָקָה מֵאֱלֹהֵי יִשְׁעוֹ. זֶה דּוֹר דֹּרְשָׁיו, מְבַקְשֵׁי פָנֶיךָ,

יַעֲקֹב, סֶלָה. שְׂאוּ שְׁעָרִים רָאשֵׁיכֶם, וְהִנָּשְׂאוּ פִּתְחֵי עוֹלָם, וְיָבוֹא מֶלֶךְ הַכָּבוֹד. מִי זֶה מֶלֶךְ הַכָּבוֹד, יהוה עִזּוּז וְגִבּוֹר, יהוה גִּבּוֹר מִלְחָמָה. שְׂאוּ שְׁעָרִים רָאשֵׁיכֶם, וּשְׂאוּ פִּתְחֵי עוֹלָם, וְיָבֹא מֶלֶךְ הַכָּבוֹד. מִי הוּא זֶה מֶלֶךְ הַכָּבוֹד, יהוה צְבָאוֹת הוּא מֶלֶךְ הַכָּבוֹד, סֶלָה.

✦ While the סֵפֶר תּוֹרָה is placed in the אֲרוֹן הַקֹּדֶשׁ, we say this:

וּבְנֻחֹה יֹאמַר, שׁוּבָה יהוה רִבְבוֹת אַלְפֵי יִשְׂרָאֵל. קוּמָה יהוה לִמְנוּחָתֶךָ, אַתָּה וַאֲרוֹן עֻזֶּךָ. כֹּהֲנֶיךָ יִלְבְּשׁוּ צֶדֶק, וַחֲסִידֶיךָ יְרַנֵּנוּ. בַּעֲבוּר דָּוִד עַבְדֶּךָ אַל־תָּשֵׁב פְּנֵי מְשִׁיחֶךָ. כִּי לֶקַח טוֹב נָתַתִּי לָכֶם, תּוֹרָתִי אַל־תַּעֲזֹבוּ. עֵץ־חַיִּים הִיא לַמַּחֲזִיקִים בָּהּ, וְתֹמְכֶיהָ מְאֻשָּׁר. דְּרָכֶיהָ דַרְכֵי־נֹעַם, וְכָל־נְתִיבוֹתֶיהָ שָׁלוֹם.

הֲשִׁיבֵנוּ יהוה אֵלֶיךָ וְנָשׁוּבָה, חַדֵּשׁ יָמֵינוּ כְּקֶדֶם.

✦ The אֲרוֹן הַקֹּדֶשׁ is closed. You will find ’אַשְׁרֵי‘ – ’וּבָא לְצִיּוֹן‘ in a standard סִדּוּר. This starts סִיּוּם תְּפִלָּה, the end of the service.

✦ We stand for ’עָלֵינוּ‘. Bow when you say ’וַאֲנַחְנוּ כּוֹרְעִים וּמִשְׁתַּחֲוִים וּמוֹדִים‘.

עָלֵינוּ לְשַׁבֵּחַ לַאֲדוֹן הַכֹּל, לָתֵת גְּדֻלָּה לְיוֹצֵר בְּרֵאשִׁית, שֶׁלֹּא עָשָׂנוּ כְּגוֹיֵי הָאֲרָצוֹת, וְלֹא שָׂמָנוּ כְּמִשְׁפְּחוֹת הָאֲדָמָה. שֶׁלֹּא שָׂם חֶלְקֵנוּ כָּהֶם, וְגֹרָלֵנוּ כְּכָל־הֲמוֹנָם. ✦וַאֲנַחְנוּ כּוֹרְעִים וּמִשְׁתַּחֲוִים וּמוֹדִים, לִפְנֵי מֶלֶךְ מַלְכֵי הַמְּלָכִים הַקָּדוֹשׁ בָּרוּךְ הוּא. שֶׁהוּא נוֹטֶה שָׁמַיִם וְיוֹסֵד אָרֶץ, וּמוֹשַׁב יְקָרוֹ בַּשָּׁמַיִם מִמַּעַל, וּשְׁכִינַת עֻזּוֹ בְּגָבְהֵי מְרוֹמִים. הוּא אֱלֹהֵינוּ, אֵין עוֹד. אֱמֶת מַלְכֵּנוּ, אֶפֶס זוּלָתוֹ, כַּכָּתוּב בְּתוֹרָתוֹ, וְיָדַעְתָּ הַיּוֹם

1 וַהֲשֵׁבֹתָ אֶל־לְבָבֶךָ, כִּי יהוה הוּא הָאֱלֹהִים בַּשָּׁמַיִם מִמַּעַל
2 וְעַל־הָאָרֶץ מִתָּחַת, אֵין עוֹד.

3 עַל־כֵּן נְקַוֶּה לְּךָ יהוה אֱלֹהֵינוּ לִרְאוֹת מְהֵרָה בְּתִפְאֶרֶת
4 עֻזֶּךָ, לְהַעֲבִיר גִּלּוּלִים מִן הָאָרֶץ, וְהָאֱלִילִים כָּרוֹת יִכָּרֵתוּן,
5 לְתַקֵּן עוֹלָם בְּמַלְכוּת שַׁדַּי. וְכָל־בְּנֵי בָשָׂר יִקְרְאוּ בִשְׁמֶךָ,
6 לְהַפְנוֹת אֵלֶיךָ כָּל־רִשְׁעֵי אָרֶץ. יַכִּירוּ וְיֵדְעוּ כָּל־יוֹשְׁבֵי תֵבֵל,
7 כִּי לְךָ תִּכְרַע כָּל־בֶּרֶךְ, תִּשָּׁבַע כָּל־לָשׁוֹן. לְפָנֶיךָ יהוה אֱלֹהֵינוּ
8 יִכְרְעוּ וְיִפֹּלוּ, וְלִכְבוֹד שִׁמְךָ יְקָר יִתֵּנוּ. וִיקַבְּלוּ כֻלָּם אֶת־עוֹל
9 מַלְכוּתֶךָ, וְתִמְלֹךְ עֲלֵיהֶם מְהֵרָה לְעוֹלָם וָעֶד. כִּי הַמַּלְכוּת
10 שֶׁלְּךָ הִיא וּלְעוֹלְמֵי עַד תִּמְלוֹךְ בְּכָבוֹד, כַּכָּתוּב בְּתוֹרָתֶךָ,
11 יהוה יִמְלֹךְ לְעוֹלָם וָעֶד. ◖ וְנֶאֱמַר, וְהָיָה יהוה לְמֶלֶךְ עַל־
12 כָּל־הָאָרֶץ, בַּיּוֹם הַהוּא יִהְיֶה יהוה אֶחָד וּשְׁמוֹ אֶחָד.

▷ It is our privilege to praise Hashem, God of everything, who made us different from the other nations. We kneel and bow to Him and thank Him for being our true God and King, over all the universe, the One and Only.

We hope that we shall live to see all false gods and idols removed, when You are recognised as God by all the peoples of the Earth. Then everyone will keep Your laws and You will be King over Your perfect world for ever.

◆ The שִׁיר שֶׁל יוֹם, a different psalm for each day, is found in a standard סִדּוּר.

◆ During the month of אֱלוּל, the שׁוֹפָר is blown. This chapter of תְּהִלִּים is said throughout
אֱלוּל until and including Shemini Atzeret as it describes themes for this time.

1 לְדָוִד, יהוה אוֹרִי וְיִשְׁעִי, מִמִּי אִירָא, יהוה מָעוֹז חַיַּי, מִמִּי

2 אֶפְחָד. בִּקְרֹב עָלַי מְרֵעִים לֶאֱכֹל אֶת בְּשָׂרִי, צָרַי וְאֹיְבַי לִי,

3 הֵמָּה כָשְׁלוּ וְנָפָלוּ. אִם תַּחֲנֶה עָלַי מַחֲנֶה, לֹא יִירָא לִבִּי, אִם

4 תָּקוּם עָלַי מִלְחָמָה, בְּזֹאת אֲנִי בוֹטֵחַ. אַחַת שָׁאַלְתִּי מֵאֵת

5 יהוה, אוֹתָהּ אֲבַקֵּשׁ, שִׁבְתִּי בְּבֵית יהוה כָּל יְמֵי חַיַּי, לַחֲזוֹת

6 בְּנֹעַם יהוה, וּלְבַקֵּר בְּהֵיכָלוֹ. כִּי יִצְפְּנֵנִי בְּסֻכֹּה בְּיוֹם רָעָה,

7 יַסְתִּרֵנִי בְּסֵתֶר אָהֳלוֹ, בְּצוּר יְרוֹמְמֵנִי. וְעַתָּה יָרוּם רֹאשִׁי

8 עַל אֹיְבַי סְבִיבוֹתַי, וְאֶזְבְּחָה בְאָהֳלוֹ זִבְחֵי תְרוּעָה, אָשִׁירָה

9 וַאֲזַמְּרָה לַיהוה. שְׁמַע יהוה קוֹלִי אֶקְרָא, וְחָנֵּנִי וַעֲנֵנִי. לְךָ

10 אָמַר לִבִּי בַּקְּשׁוּ פָנָי, אֶת פָּנֶיךָ יהוה אֲבַקֵּשׁ. אַל תַּסְתֵּר פָּנֶיךָ

11 מִמֶּנִּי, אַל תַּט בְּאַף עַבְדֶּךָ, עֶזְרָתִי הָיִיתָ, אַל תִּטְּשֵׁנִי וְאַל

12 תַּעַזְבֵנִי, אֱלֹהֵי יִשְׁעִי. כִּי אָבִי וְאִמִּי עֲזָבוּנִי, וַיהוה יַאַסְפֵנִי.

13 הוֹרֵנִי יהוה דַּרְכֶּךָ, וּנְחֵנִי בְּאֹרַח מִישׁוֹר, לְמַעַן שׁוֹרְרָי.

14 אַל תִּתְּנֵנִי בְּנֶפֶשׁ צָרָי, כִּי קָמוּ בִי עֵדֵי שֶׁקֶר, וִיפֵחַ חָמָס.

15 ↻ לוּלֵא הֶאֱמַנְתִּי לִרְאוֹת בְּטוּב יהוה בְּאֶרֶץ חַיִּים. קַוֵּה אֶל

16 יהוה, חֲזַק וְיַאֲמֵץ לִבֶּךָ, וְקַוֵּה אֶל יהוה.

ⓘ Counting the עֹמֶר is best done at night. However, the עֹמֶר may still be counted
during the following day, but without the בְּרָכָה. Turn to page 85.

מִנְחָה לְחוֹל

Weekday Afternoon Service

ⓘ מִנְחָה is said during the afternoon or evening while it is still light. Yitzchak was the first to pray at this time. In the בֵּית הַמִּקְדָּשׁ, one of the daily sacrifices was offered at מִנְחָה time. After the destruction of the בֵּית הַמִּקְדָּשׁ, the עֲמִידָה replaced this offering. The עֲמִידָה is the main prayer of מִנְחָה. This diagram shows the structure of מִנְחָה.

אַשְׁרֵי

עֲמִידָה

Depending on the day, say

תַּחֲנוּן

עָלֵינוּ

1 **אַשְׁרֵי** יוֹשְׁבֵי בֵיתֶךָ, עוֹד יְהַלְלוּךָ סֶּלָה.

2 אַשְׁרֵי הָעָם שֶׁכָּכָה לּוֹ, אַשְׁרֵי הָעָם שֶׁיהוה אֱלֹהָיו.

3 תְּהִלָּה לְדָוִד,

4 **אֲ**רוֹמִמְךָ אֱלוֹהַי הַמֶּלֶךְ, וַאֲבָרְכָה שִׁמְךָ לְעוֹלָם וָעֶד.

5 **בְּ**כָל יוֹם אֲבָרְכֶךָּ, וַאֲהַלְלָה שִׁמְךָ לְעוֹלָם וָעֶד.

6 **גָּ**דוֹל יהוה וּמְהֻלָּל מְאֹד, וְלִגְדֻלָּתוֹ אֵין חֵקֶר.

7 **דּ**וֹר לְדוֹר יְשַׁבַּח מַעֲשֶׂיךָ, וּגְבוּרֹתֶיךָ יַגִּידוּ.

8 **הֲ**דַר כְּבוֹד הוֹדֶךָ, וְדִבְרֵי נִפְלְאֹתֶיךָ אָשִׂיחָה.

9 **וֶ**עֱזוּז נוֹרְאוֹתֶיךָ יֹאמֵרוּ, וּגְדֻלָּתְךָ אֲסַפְּרֶנָּה.

10 **זֵ**כֶר רַב־טוּבְךָ יַבִּיעוּ, וְצִדְקָתְךָ יְרַנֵּנוּ.

11 **חַ**נּוּן וְרַחוּם יהוה, אֶרֶךְ אַפַּיִם וּגְדָל־חָסֶד.

12 **ט**וֹב יהוה לַכֹּל, וְרַחֲמָיו עַל כָּל מַעֲשָׂיו.

13 **י**וֹדוּךָ יהוה כָּל מַעֲשֶׂיךָ, וַחֲסִידֶיךָ יְבָרְכוּכָה.

14 **כְּ**בוֹד מַלְכוּתְךָ יֹאמֵרוּ, וּגְבוּרָתְךָ יְדַבֵּרוּ.

15 **לְ**הוֹדִיעַ לִבְנֵי הָאָדָם גְּבוּרֹתָיו, וּכְבוֹד הֲדַר מַלְכוּתוֹ.

16 **מַ**לְכוּתְךָ מַלְכוּת כָּל עֹלָמִים, וּמֶמְשַׁלְתְּךָ בְּכָל דּוֹר וָדֹר.

17 **ס**וֹמֵךְ יהוה לְכָל הַנֹּפְלִים, וְזוֹקֵף לְכָל הַכְּפוּפִים.

18 **עֵ**ינֵי כֹל אֵלֶיךָ יְשַׂבֵּרוּ, וְאַתָּה נוֹתֵן לָהֶם אֶת אָכְלָם בְּעִתּוֹ.

✦ When saying this verse, think about how God cares for all His creatures.

19 **פּ**וֹתֵחַ אֶת יָדֶךָ, וּמַשְׂבִּיעַ לְכָל־חַי רָצוֹן.

20 **צַ**דִּיק יהוה בְּכָל דְּרָכָיו, וְחָסִיד בְּכָל מַעֲשָׂיו.

21 **קָ**רוֹב יהוה לְכָל קֹרְאָיו, לְכֹל אֲשֶׁר יִקְרָאֻהוּ בֶאֱמֶת.

1   רְצוֹן יְרֵאָיו יַעֲשֶׂה, וְאֶת שַׁוְעָתָם יִשְׁמַע, וְיוֹשִׁיעֵם.

2   שׁוֹמֵר יהוה אֶת כָּל אֹהֲבָיו, וְאֵת כָּל־הָרְשָׁעִים יַשְׁמִיד.

3   ◄ תְּהִלַּת יהוה יְדַבֶּר פִּי, וִיבָרֵךְ כָּל־בָּשָׂר שֵׁם קָדְשׁוֹ לְעוֹלָם

4   וָעֶד. וַאֲנַחְנוּ נְבָרֵךְ יָהּ, מֵעַתָּה וְעַד־עוֹלָם, הַלְלוּיָהּ.

עֲמִידָה
The Amidah

ⓘ Every service has an עֲמִידָה. Each עֲמִידָה has three parts: three בְּרָכוֹת at the beginning, a middle section and three בְּרָכוֹת at the end. The עֲמִידָה is also known as the שְׁמוֹנֶה עֶשְׂרֵה, which means 18. The original עֲמִידָה had 18 בְּרָכוֹת.
עֲמִידָה means 'standing', so when we say this prayer we stand with our feet together, facing Jerusalem where the בֵּית הַמִּקְדָּשׁ (the Temple) used to be. In a synagogue, we face the אֲרוֹן הַקֹּדֶשׁ (the Holy Ark).

◆ Take three steps back, then three steps forward, then stand with your feet together

5   **אֲדֹנָי, שְׂפָתַי תִּפְתָּח, וּפִי יַגִּיד תְּהִלָּתֶךָ.**

◆ Bend your knees as you say 'בָּרוּךְ', bow as you say 'אַתָּה', stand up straight before you say God's name.

יהוה   אַתָּה   בָּרוּךְ

6   **בָּרוּךְ** אַתָּה יהוה אֱלֹהֵינוּ וֵאלֹהֵי אֲבוֹתֵינוּ, אֱלֹהֵי אַבְרָהָם,

7   אֱלֹהֵי יִצְחָק, וֵאלֹהֵי יַעֲקֹב, הָאֵל הַגָּדוֹל הַגִּבּוֹר וְהַנּוֹרָא, אֵל

עֶלְיוֹן, גּוֹמֵל חֲסָדִים טוֹבִים וְקוֹנֵה הַכֹּל, וְזוֹכֵר חַסְדֵי אָבוֹת,

וּמֵבִיא גוֹאֵל לִבְנֵי בְנֵיהֶם, לְמַעַן שְׁמוֹ בְּאַהֲבָה.

◆ From רֹאשׁ הַשָּׁנָה to יוֹם כִּפּוּר we add this sentence, praying for God to give us a good life:

†זָכְרֵנוּ לְחַיִּים, מֶלֶךְ חָפֵץ בַּחַיִּים, וְכָתְבֵנוּ בְּסֵפֶר הַחַיִּים,

לְמַעַנְךָ אֱלֹהִים חַיִּים.

◆ Bend your knees as you say 'בָּרוּךְ', bow as you say 'אַתָּה', stand up straight before you say God's name.

מֶלֶךְ עוֹזֵר וּמוֹשִׁיעַ וּמָגֵן. †בָּרוּךְ אַתָּה יהוה, מָגֵן אַבְרָהָם.

אַתָּה גִּבּוֹר לְעוֹלָם אֲדֹנָי, מְחַיֵּה מֵתִים אַתָּה, רַב לְהוֹשִׁיעַ.

◆ From after שִׂמְחַת תּוֹרָה until פֶּסַח, add:

†מַשִּׁיב הָרוּחַ וּמוֹרִיד הַגָּשֶׁם.

מְכַלְכֵּל חַיִּים בְּחֶסֶד, מְחַיֵּה מֵתִים בְּרַחֲמִים רַבִּים, סוֹמֵךְ

נוֹפְלִים, וְרוֹפֵא חוֹלִים, וּמַתִּיר אֲסוּרִים, וּמְקַיֵּם אֱמוּנָתוֹ

לִישֵׁנֵי עָפָר. מִי כָמוֹךָ בַּעַל גְּבוּרוֹת, וּמִי דּוֹמֶה לָּךְ, מֶלֶךְ

מֵמִית וּמְחַיֶּה וּמַצְמִיחַ יְשׁוּעָה.

◆ From רֹאשׁ הַשָּׁנָה to יוֹם כִּפּוּר we add this line:

†מִי כָמוֹךָ אַב הָרַחֲמִים, זוֹכֵר יְצוּרָיו לְחַיִּים בְּרַחֲמִים.

וְנֶאֱמָן אַתָּה לְהַחֲיוֹת מֵתִים. בָּרוּךְ אַתָּה יהוה, מְחַיֵּה

הַמֵּתִים.

◆ In your silent Amidah, continue on page 58 line 1.

קְדוּשָׁה
Kedusha

(i) The next prayer, קְדוּשָׁה, is not said during your silent עֲמִידָה, but only when a שְׁלִיחַ צִבּוּר (prayer leader) repeats the עֲמִידָה aloud. קְדוּשָׁה is also said facing the אֲרוֹן הַקֹּדֶשׁ, with your feet together. When saying the words, 'קָדוֹשׁ', 'בָּרוּךְ', and 'יִמְלֹךְ', rise up on your toes.
In an adult service, the עֲמִידָה is repeated (with קְדוּשָׁה) only with a מִנְיָן.

Everyone, then שְׁלִיחַ צִבּוּר	**נְקַדֵּשׁ** אֶת־שִׁמְךָ בָּעוֹלָם, כְּשֵׁם שֶׁמַּקְדִּישִׁים	1
	אוֹתוֹ בִּשְׁמֵי מָרוֹם, כַּכָּתוּב עַל יַד נְבִיאֶךָ, וְקָרָא	2
	זֶה אֶל־זֶה וְאָמַר.	3
Everyone and שְׁלִיחַ צִבּוּר	◄קָדוֹשׁ ◄קָדוֹשׁ ◄קָדוֹשׁ יהוה צְבָאוֹת, מְלֹא כָל־	4
	הָאָרֶץ כְּבוֹדוֹ.	5
שְׁלִיחַ צִבּוּר	לְעֻמָּתָם בָּרוּךְ יֹאמֵרוּ.	6
Everyone and שְׁלִיחַ צִבּוּר	◄בָּרוּךְ כְּבוֹד־יהוה, מִמְּקוֹמוֹ.	7
שְׁלִיחַ צִבּוּר	וּבְדִבְרֵי קָדְשְׁךָ כָּתוּב לֵאמֹר.	8
Everyone and שְׁלִיחַ צִבּוּר	◄יִמְלֹךְ יהוה לְעוֹלָם, אֱלֹהַיִךְ צִיּוֹן לְדֹר וָדֹר,	9
	הַלְלוּיָהּ.	10
שְׁלִיחַ צִבּוּר	לְדוֹר וָדוֹר נַגִּיד גָּדְלֶךָ וּלְנֵצַח נְצָחִים קְדֻשָּׁתְךָ	11
	נַקְדִּישׁ, וְשִׁבְחֲךָ אֱלֹהֵינוּ מִפִּינוּ לֹא יָמוּשׁ	12
	לְעוֹלָם וָעֶד, כִּי אֵל מֶלֶךְ גָּדוֹל וְקָדוֹשׁ אָתָּה.	13
	בָּרוּךְ אַתָּה יהוה,	14

◆ From רֹאשׁ הַשָּׁנָה to יוֹם כִּפּוּר:	◆ During the rest of the year:	
הַמֶּלֶךְ הַקָּדוֹשׁ.	הָאֵל הַקָּדוֹשׁ.	15

◆ Continue your silent עֲמִידָה here:

Being aware of God's holiness

1 **אַתָּה** קָדוֹשׁ וְשִׁמְךָ קָדוֹשׁ, וּקְדוֹשִׁים בְּכָל־יוֹם יְהַלְלוּךָ

2 סֶּלָה. בָּרוּךְ אַתָּה יהוה,

◆ From רֹאשׁ הַשָּׁנָה to יוֹם כִּפּוּר:	◆ During the rest of the year:
3 הַמֶּלֶךְ הַקָּדוֹשׁ.	הָאֵל הַקָּדוֹשׁ.

ⓘ The middle section of the עֲמִידָה varies according to the occasion.
On weekdays it contains 13 בְּרָכוֹת asking God for our daily needs.

Asking God for wisdom

4 **אַתָּה** חוֹנֵן לְאָדָם דַּעַת, וּמְלַמֵּד לֶאֱנוֹשׁ בִּינָה. חָנֵּנוּ מֵאִתְּךָ

5 דֵּעָה בִּינָה וְהַשְׂכֵּל. בָּרוּךְ אַתָּה יהוה, חוֹנֵן הַדָּעַת.

Asking God to help improve ourselves

6 **הֲשִׁיבֵנוּ** אָבִינוּ לְתוֹרָתֶךָ, וְקָרְבֵנוּ מַלְכֵּנוּ לַעֲבוֹדָתֶךָ,

7 וְהַחֲזִירֵנוּ בִּתְשׁוּבָה שְׁלֵמָה לְפָנֶיךָ. בָּרוּךְ אַתָּה יהוה, הָרוֹצֶה

8 בִּתְשׁוּבָה.

Asking God for forgiveness for our sins

◆ Lightly strike the left side of your chest with your right fist while saying 'חָטָאנוּ' and 'פָּשַׁעְנוּ'.

9 **סְלַח־לָנוּ** אָבִינוּ כִּי ✦חָטָאנוּ, מְחַל־לָנוּ מַלְכֵּנוּ כִּי ✦פָשַׁעְנוּ, כִּי

10 מוֹחֵל וְסוֹלֵחַ אָתָּה. בָּרוּךְ אַתָּה יהוה, חַנּוּן, הַמַּרְבֶּה לִסְלוֹחַ.

Asking God to come to our rescue

11 **רְאֵה** בְעָנְיֵנוּ, וְרִיבָה רִיבֵנוּ, וּגְאָלֵנוּ מְהֵרָה לְמַעַן שְׁמֶךָ, כִּי

12 גּוֹאֵל חָזָק אָתָּה. בָּרוּךְ אַתָּה יהוה, גּוֹאֵל יִשְׂרָאֵל.

Asking God to heal us

1   **רְפָאֵנוּ** יהוה וְנֵרָפֵא, הוֹשִׁיעֵנוּ וְנִוָּשֵׁעָה, כִּי תְהִלָּתֵנוּ אָתָּה,

2   וְהַעֲלֵה רְפוּאָה שְׁלֵמָה לְכָל מַכּוֹתֵינוּ, *כִּי אֵל מֶלֶךְ רוֹפֵא נֶאֱמָן

3   וְרַחֲמָן אָתָּה. בָּרוּךְ אַתָּה יהוה, רוֹפֵא, חוֹלֵי עַמּוֹ יִשְׂרָאֵל.

◆ If you want to pray for someone who is ill, add this prayer to line 2:

4   **וִיהִי** רָצוֹן מִלְּפָנֶיךָ, יהוה אֱלֹהֵינוּ וֵאלֹהֵי אֲבוֹתֵינוּ, שֶׁתִּשְׁלַח

5   מְהֵרָה רְפוּאָה שְׁלֵמָה מִן הַשָּׁמַיִם, רְפוּאַת הַנֶּפֶשׁ וּרְפוּאַת הַגּוּף

For a man or a boy: לְחוֹלֶה	For a woman or girl: לְחוֹלָה
(now say his Hebrew name)	(now say her Hebrew name)
בֶּן	בַּת
(and now the name of his mother)	(and now the name of her mother)

6

7

8   בְּתוֹךְ שְׁאָר חוֹלֵי יִשְׂרָאֵל.

Asking for a successful year

9   **בָּרֵךְ** עָלֵינוּ יהוה אֱלֹהֵינוּ אֶת הַשָּׁנָה הַזֹּאת וְאֶת כָּל מִינֵי

10   תְבוּאָתָהּ לְטוֹבָה,

◆ From December 5th (or 6th in certain years) until פֶּסַח: ◆ During the rest of the year:

11   וְתֵן טַל וּמָטָר לִבְרָכָה   וְתֵן בְּרָכָה

12   עַל־פְּנֵי הָאֲדָמָה, וְשַׂבְּעֵנוּ מִטּוּבֶךָ, וּבָרֵךְ שְׁנָתֵנוּ כַּשָּׁנִים

13   הַטּוֹבוֹת. בָּרוּךְ אַתָּה יהוה, מְבָרֵךְ הַשָּׁנִים.

Asking God to bring our people back to our land

14   **תְּקַע** בְּשׁוֹפָר גָּדוֹל לְחֵרוּתֵנוּ, וְשָׂא נֵס לְקַבֵּץ גָּלֻיּוֹתֵינוּ,

15   וְקַבְּצֵנוּ יַחַד מֵאַרְבַּע כַּנְפוֹת הָאָרֶץ. בָּרוּךְ אַתָּה יהוה,

16   מְקַבֵּץ, נִדְחֵי עַמּוֹ יִשְׂרָאֵל.

Asking for justice

הָשִׁיבָה שׁוֹפְטֵינוּ כְּבָרִאשׁוֹנָה, וְיוֹעֲצֵינוּ כְּבַתְּחִלָּה, וְהָסֵר מִמֶּנּוּ יָגוֹן וַאֲנָחָה, וּמְלוֹךְ עָלֵינוּ אַתָּה יהוה לְבַדְּךָ בְּחֶסֶד וּבְרַחֲמִים, וְצַדְּקֵנוּ בַּמִּשְׁפָּט. בָּרוּךְ אַתָּה יהוה,

✦ During the rest of the year

מֶלֶךְ, אוֹהֵב צְדָקָה וּמִשְׁפָּט.

✦ From רֹאשׁ הַשָּׁנָה to יוֹם כִּפּוּר:

הַמֶּלֶךְ הַמִּשְׁפָּט.

Asking God to protect us from those who want to harm our people

וְלַמַּלְשִׁינִים אַל־תְּהִי תִקְוָה, וְכָל הָרִשְׁעָה כְּרֶגַע תֹּאבֵד, וְכָל אוֹיְבֶיךָ מְהֵרָה יִכָּרֵתוּ, וּמַלְכוּת זָדוֹן מְהֵרָה תְעַקֵּר וּתְשַׁבֵּר וּתְמַגֵּר וְתַכְנִיעַ בִּמְהֵרָה בְיָמֵינוּ. בָּרוּךְ אַתָּה יהוה, שֹׁבֵר אוֹיְבִים וּמַכְנִיעַ זֵדִים.

Asking for good people to be rewarded

עַל־הַצַּדִּיקִים וְעַל־הַחֲסִידִים, וְעַל־זִקְנֵי עַמְּךָ בֵּית יִשְׂרָאֵל, וְעַל־פְּלֵיטַת סוֹפְרֵיהֶם, וְעַל־גֵּרֵי הַצֶּדֶק וְעָלֵינוּ, יֶהֱמוּ רַחֲמֶיךָ יהוה אֱלֹהֵינוּ, וְתֵן שָׂכָר טוֹב לְכֹל הַבּוֹטְחִים בְּשִׁמְךָ בֶּאֱמֶת, וְשִׂים חֶלְקֵנוּ עִמָּהֶם לְעוֹלָם, וְלֹא נֵבוֹשׁ כִּי־בְךָ בָּטָחְנוּ. בָּרוּךְ אַתָּה יהוה, מִשְׁעָן וּמִבְטָח לַצַּדִּיקִים.

Asking for the rebuilding of Jerusalem

וְלִירוּשָׁלַיִם עִירְךָ בְּרַחֲמִים תָּשׁוּב, וְתִשְׁכּוֹן בְּתוֹכָהּ כַּאֲשֶׁר דִּבַּרְתָּ, וּבְנֵה אוֹתָהּ בְּקָרוֹב בְּיָמֵינוּ בִּנְיַן עוֹלָם, וְכִסֵּא דָוִד מְהֵרָה לְתוֹכָהּ תָּכִין. בָּרוּךְ אַתָּה יהוה, בּוֹנֵה יְרוּשָׁלָיִם.

Asking God to send the מָשִׁיחַ, a descendant of King David

1   **אֶת־צֶמַח** דָּוִד עַבְדְּךָ מְהֵרָה תַצְמִיחַ, וְקַרְנוֹ תָּרוּם

2   בִּישׁוּעָתֶךָ, כִּי לִישׁוּעָתְךָ קִוִּינוּ כָּל־הַיּוֹם. בָּרוּךְ אַתָּה יהוה,

3   מַצְמִיחַ קֶרֶן יְשׁוּעָה.

Asking God to accept our prayers

4   **שְׁמַע** קוֹלֵנוּ יהוה אֱלֹהֵינוּ, חוּס וְרַחֵם עָלֵינוּ, וְקַבֵּל

5   בְּרַחֲמִים וּבְרָצוֹן אֶת־תְּפִלָּתֵנוּ, כִּי אֵל שׁוֹמֵעַ תְּפִלּוֹת

6   וְתַחֲנוּנִים, אָתָּה. וּמִלְּפָנֶיךָ מַלְכֵּנוּ, רֵיקָם אַל תְּשִׁיבֵנוּ, כִּי

7   אַתָּה שׁוֹמֵעַ תְּפִלַּת עַמְּךָ יִשְׂרָאֵל בְּרַחֲמִים. בָּרוּךְ אַתָּה

8   יהוה, שׁוֹמֵעַ תְּפִלָּה.

Asking God to bring back the בֵּית הַמִּקְדָּשׁ (Temple) and its service

9   **רְצֵה** יהוה אֱלֹהֵינוּ בְּעַמְּךָ יִשְׂרָאֵל וּבִתְפִלָּתָם, וְהָשֵׁב אֶת־

10   הָעֲבוֹדָה לִדְבִיר בֵּיתֶךָ. וְאִשֵּׁי יִשְׂרָאֵל וּתְפִלָּתָם בְּאַהֲבָה

11   תְקַבֵּל בְּרָצוֹן, וּתְהִי לְרָצוֹן תָּמִיד עֲבוֹדַת יִשְׂרָאֵל עַמֶּךָ.

◆ This extra prayer, called 'יַעֲלֶה וְיָבֹא' is said on רֹאשׁ חֹדֶשׁ and חֹל הַמּוֹעֵד.
We ask God to remember us especially at these times.

12   **אֱלֹהֵינוּ** וֵאלֹהֵי אֲבוֹתֵינוּ, יַעֲלֶה, וְיָבֹא, וְיַגִּיעַ, וְיֵרָאֶה,

13   וְיֵרָצֶה, וְיִשָּׁמַע, וְיִפָּקֵד, וְיִזָּכֵר זִכְרוֹנֵנוּ וּפִקְדוֹנֵנוּ, וְזִכְרוֹן

14   אֲבוֹתֵינוּ, וְזִכְרוֹן מָשִׁיחַ בֶּן דָּוִד עַבְדֶּךָ, וְזִכְרוֹן יְרוּשָׁלַיִם

15   עִיר קָדְשֶׁךָ, וְזִכְרוֹן כָּל־עַמְּךָ בֵּית יִשְׂרָאֵל לְפָנֶיךָ, לִפְלֵיטָה

16   וּלְטוֹבָה, וּלְחֵן וּלְחֶסֶד וּלְרַחֲמִים, וּלְחַיִּים וּלְשָׁלוֹם בְּיוֹם

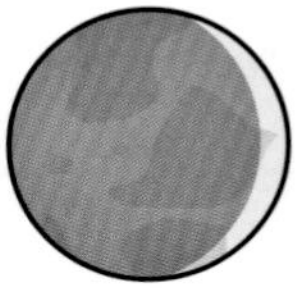

סֻכּוֹת On:	פֶּסַח On:	ראשׁ חֹדֶשׁ On:
חַג הַסֻּכּוֹת	חַג הַמַּצּוֹת	רֹאשׁ הַחֹדֶשׁ

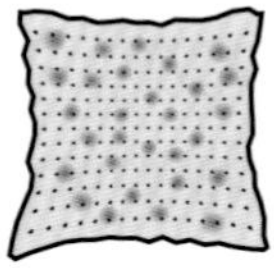

1

הַזֶּה. זָכְרֵנוּ יהוה אֱלֹהֵינוּ בּוֹ לְטוֹבָה, וּפָקְדֵנוּ בוֹ לִבְרָכָה,

2

וְהוֹשִׁיעֵנוּ בוֹ לְחַיִּים. וּבִדְבַר יְשׁוּעָה וְרַחֲמִים, חוּס וְחָנֵּנוּ

3

וְרַחֵם עָלֵינוּ וְהוֹשִׁיעֵנוּ, כִּי אֵלֶיךָ עֵינֵינוּ, כִּי אֵל מֶלֶךְ חַנּוּן

4

וְרַחוּם אָתָּה.

5

וְתֶחֱזֵינָה עֵינֵינוּ בְּשׁוּבְךָ לְצִיּוֹן בְּרַחֲמִים. בָּרוּךְ אַתָּה יהוה,

6

הַמַּחֲזִיר שְׁכִינָתוֹ לְצִיּוֹן.

7

Thanking God for the daily miracles in our lives

◆ During your silent עֲמִידָה only say the following. Bow for the first five words. Stand up straight before you say God's name.

מוֹדִים אֲנַחְנוּ לָךְ, שָׁאַתָּה הוּא יהוה אֱלֹהֵינוּ וֵאלֹהֵי

8

אֲבוֹתֵינוּ לְעוֹלָם וָעֶד. צוּר חַיֵּינוּ, מָגֵן יִשְׁעֵנוּ אַתָּה הוּא לְדוֹר

9

וָדוֹר. נוֹדֶה לְּךָ וּנְסַפֵּר תְּהִלָּתֶךָ עַל חַיֵּינוּ הַמְּסוּרִים בְּיָדֶךָ,

10

וְעַל נִשְׁמוֹתֵינוּ הַפְּקוּדוֹת לָךְ, וְעַל נִסֶּיךָ שֶׁבְּכָל־יוֹם עִמָּנוּ,

11

וְעַל נִפְלְאוֹתֶיךָ וְטוֹבוֹתֶיךָ שֶׁבְּכָל־עֵת, עֶרֶב וָבֹקֶר וְצָהֳרָיִם.

12

הַטּוֹב כִּי לֹא־כָלוּ רַחֲמֶיךָ, וְהַמְרַחֵם כִּי לֹא־תַמּוּ חֲסָדֶיךָ,

13

מֵעוֹלָם קִוִּינוּ לָךְ.

14

◆ During the repetition by the שְׁלִיחַ צִבּוּר, eveyone else says this paragraph quietly, bowing for the first five words. Stand up straight before you say God's name:

מוֹדִים אֲנַחְנוּ לָךְ, שָׁאַתָּה הוּא יהוה אֱלֹהֵינוּ וֵאלֹהֵי

אֲבוֹתֵינוּ, אֱלֹהֵי כָל־בָּשָׂר, יוֹצְרֵנוּ, יוֹצֵר בְּרֵאשִׁית. בְּרָכוֹת

וְהוֹדָאוֹת לְשִׁמְךָ הַגָּדוֹל וְהַקָּדוֹשׁ, עַל שֶׁהֶחֱיִיתָנוּ וְקִיַּמְתָּנוּ.

כֵּן תְּחַיֵּנוּ וּתְקַיְּמֵנוּ, וְתֶאֱסוֹף גָּלֻיּוֹתֵינוּ לְחַצְרוֹת קָדְשֶׁךָ,

לִשְׁמוֹר חֻקֶּיךָ וְלַעֲשׂוֹת רְצוֹנֶךָ, וּלְעָבְדְּךָ בְּלֵבָב שָׁלֵם, עַל

שֶׁאֲנַחְנוּ מוֹדִים לָךְ. בָּרוּךְ אֵל הַהוֹדָאוֹת.

◆ A special prayer for חֲנֻכָּה:

עַל הַנִּסִּים, וְעַל הַפֻּרְקָן, וְעַל הַגְּבוּרוֹת, וְעַל הַתְּשׁוּעוֹת,

וְעַל הַמִּלְחָמוֹת, שֶׁעָשִׂיתָ לַאֲבוֹתֵינוּ בַּיָּמִים הָהֵם בַּזְּמַן הַזֶּה.

בִּימֵי מַתִּתְיָהוּ בֶּן־יוֹחָנָן כֹּהֵן גָּדוֹל

חַשְׁמוֹנַאי וּבָנָיו, כְּשֶׁעָמְדָה מַלְכוּת יָוָן

הָרְשָׁעָה עַל־עַמְּךָ יִשְׂרָאֵל, לְהַשְׁכִּיחָם

תּוֹרָתֶךָ, וּלְהַעֲבִירָם מֵחֻקֵּי רְצוֹנֶךָ. וְאַתָּה

בְּרַחֲמֶיךָ הָרַבִּים, עָמַדְתָּ לָהֶם בְּעֵת

צָרָתָם, רַבְתָּ אֶת־רִיבָם, דַּנְתָּ אֶת־דִּינָם,

נָקַמְתָּ אֶת־נִקְמָתָם. מָסַרְתָּ גִבּוֹרִים בְּיַד חַלָּשִׁים, וְרַבִּים בְּיַד

מְעַטִּים, וּטְמֵאִים בְּיַד טְהוֹרִים, וּרְשָׁעִים בְּיַד צַדִּיקִים, וְזֵדִים

בְּיַד עוֹסְקֵי תוֹרָתֶךָ. וּלְךָ עָשִׂיתָ שֵׁם גָּדוֹל וְקָדוֹשׁ בְּעוֹלָמֶךָ,

וּלְעַמְּךָ יִשְׂרָאֵל עָשִׂיתָ תְּשׁוּעָה גְדוֹלָה וּפֻרְקָן כְּהַיּוֹם הַזֶּה.

וְאַחַר כֵּן בָּאוּ בָנֶיךָ לִדְבִיר בֵּיתֶךָ, וּפִנּוּ אֶת־הֵיכָלֶךָ, וְטִהֲרוּ אֶת־

מִקְדָּשֶׁךָ, וְהִדְלִיקוּ נֵרוֹת בְּחַצְרוֹת קָדְשֶׁךָ, וְקָבְעוּ שְׁמוֹנַת יְמֵי

חֲנֻכָּה אֵלּוּ, לְהוֹדוֹת וּלְהַלֵּל לְשִׁמְךָ הַגָּדוֹל.

◆ A special prayer for פּוּרִים:

עַל הַנִּסִּים, וְעַל הַפֻּרְקָן, וְעַל הַגְּבוּרוֹת, וְעַל הַתְּשׁוּעוֹת,

וְעַל הַמִּלְחָמוֹת, שֶׁעָשִׂיתָ לַאֲבוֹתֵינוּ בַּיָּמִים הָהֵם בַּזְּמַן הַזֶּה.

בִּימֵי מָרְדְּכַי וְאֶסְתֵּר בְּשׁוּשַׁן הַבִּירָה,

כְּשֶׁעָמַד עֲלֵיהֶם הָמָן הָרָשָׁע, בִּקֵּשׁ לְהַשְׁמִיד

לַהֲרוֹג וּלְאַבֵּד אֶת־כָּל־הַיְּהוּדִים, מִנַּעַר וְעַד

זָקֵן, טַף וְנָשִׁים בְּיוֹם אֶחָד, בִּשְׁלוֹשָׁה־עָשָׂר לְחֹדֶשׁ

שְׁנֵים־עָשָׂר, הוּא־חֹדֶשׁ אֲדָר, וּשְׁלָלָם לָבוֹז. וְאַתָּה בְּרַחֲמֶיךָ

הָרַבִּים הֵפַרְתָּ אֶת־עֲצָתוֹ, וְקִלְקַלְתָּ אֶת־מַחֲשַׁבְתּוֹ, וַהֲשֵׁבוֹתָ

גְּמוּלוֹ בְּרֹאשׁוֹ, וְתָלוּ אוֹתוֹ וְאֶת־בָּנָיו עַל־הָעֵץ.

וְעַל כֻּלָּם יִתְבָּרַךְ וְיִתְרוֹמַם שִׁמְךָ מַלְכֵּנוּ תָּמִיד לְעוֹלָם וָעֶד.

◆ From רֹאשׁ הַשָּׁנָה to יוֹם כִּפּוּר we add this line:

וּכְתוֹב לְחַיִּים טוֹבִים כָּל־בְּנֵי בְרִיתֶךָ.

◆ Bend your knees as you say 'בָּרוּךְ', bow as you say 'אַתָּה', stand up straight before you say God's name.

וְכֹל הַחַיִּים יוֹדוּךָ סֶּלָה, וִיהַלְלוּ אֶת־שִׁמְךָ בֶּאֱמֶת, הָאֵל

יְשׁוּעָתֵנוּ וְעֶזְרָתֵנוּ סֶלָה. ⁺בָּרוּךְ אַתָּה יהוה, הַטּוֹב שִׁמְךָ וּלְךָ

נָאֶה לְהוֹדוֹת.

✦ On Fast Days we say שִׂים שָׁלוֹם instead of שָׁלוֹם רָב (page 40).

Asking God for peace

שָׁלוֹם רָב עַל יִשְׂרָאֵל עַמְּךָ תָּשִׂים לְעוֹלָם, כִּי אַתָּה הוּא מֶלֶךְ אָדוֹן לְכָל הַשָּׁלוֹם. וְטוֹב בְּעֵינֶיךָ לְבָרֵךְ אֶת עַמְּךָ יִשְׂרָאֵל בְּכָל עֵת וּבְכָל שָׁעָה בִּשְׁלוֹמֶךָ.

✦ During the rest of the year:

בָּרוּךְ אַתָּה יהוה, הַמְבָרֵךְ אֶת עַמּוֹ יִשְׂרָאֵל בַּשָּׁלוֹם.

✦ From רֹאשׁ הַשָּׁנָה to יוֹם כִּפּוּר:

בְּסֵפֶר חַיִּים בְּרָכָה וְשָׁלוֹם, וּפַרְנָסָה טוֹבָה, נִזָּכֵר וְנִכָּתֵב לְפָנֶיךָ, אֲנַחְנוּ וְכָל־עַמְּךָ בֵּית יִשְׂרָאֵל, לְחַיִּים טוֹבִים וּלְשָׁלוֹם. בָּרוּךְ אַתָּה יהוה, עֹשֵׂה הַשָּׁלוֹם.

אֱלֹהַי, נְצוֹר לְשׁוֹנִי מֵרָע, וּשְׂפָתַי מִדַּבֵּר מִרְמָה, וְלִמְקַלְלַי נַפְשִׁי תִדּוֹם, וְנַפְשִׁי כֶּעָפָר לַכֹּל תִּהְיֶה. פְּתַח לִבִּי בְּתוֹרָתֶךָ, וּבְמִצְוֹתֶיךָ תִּרְדּוֹף נַפְשִׁי. וְכֹל הַחוֹשְׁבִים עָלַי רָעָה, מְהֵרָה הָפֵר עֲצָתָם וְקַלְקֵל מַחְשְׁבוֹתָם. עֲשֵׂה לְמַעַן שְׁמֶךָ, עֲשֵׂה לְמַעַן יְמִינֶךָ, עֲשֵׂה לְמַעַן קְדֻשָּׁתֶךָ, עֲשֵׂה לְמַעַן תּוֹרָתֶךָ. לְמַעַן יֵחָלְצוּן יְדִידֶיךָ, הוֹשִׁיעָה יְמִינְךָ וַעֲנֵנִי.

✦ At this point you may add your own personal prayer in any language.

יִהְיוּ לְרָצוֹן אִמְרֵי־פִי וְהֶגְיוֹן לִבִּי לְפָנֶיךָ, יהוה צוּרִי וְגוֹאֲלִי.

◆ Take three steps back.
  Say 'עֹשֶׂה שָׁלוֹם בִּמְרוֹמָיו' while bowing to your left.
  Say 'הוּא יַעֲשֶׂה שָׁלוֹם עָלֵינוּ' while bowing to the right.
  Say 'וְעַל־כָּל־יִשְׂרָאֵל, וְאִמְרוּ אָמֵן' while bowing forward.

עֹשֶׂה שָׁלוֹם בִּמְרוֹמָיו, הוּא יַעֲשֶׂה שָׁלוֹם עָלֵינוּ, וְעַל־כָּל־ 1

יִשְׂרָאֵל, וְאִמְרוּ אָמֵן. 2

יְהִי רָצוֹן מִלְּפָנֶיךָ יהוה אֱלֹהֵינוּ וֵאלֹהֵי אֲבוֹתֵינוּ, שֶׁיִּבָּנֶה בֵּית 3

הַמִּקְדָּשׁ בִּמְהֵרָה בְיָמֵינוּ, וְתֵן חֶלְקֵנוּ בְּתוֹרָתֶךָ. וְשָׁם נַעֲבָדְךָ 4

בְּיִרְאָה, כִּימֵי עוֹלָם וּכְשָׁנִים קַדְמוֹנִיּוֹת. וְעָרְבָה לַיהוה מִנְחַת 5

יְהוּדָה וִירוּשָׁלָיִם, כִּימֵי עוֹלָם וּכְשָׁנִים קַדְמוֹנִיּוֹת. 6

◆ Wait a few moments, then take three steps forward.

◆ From רֹאשׁ הַשָּׁנָה to יוֹם כִּפּוּר, we say 'אָבִינוּ מַלְכֵּנוּ' (p.43).

ⓘ You will find 'תַּחֲנוּן' in a standard סִדּוּר. It is said at this point on most ordinary
   weekdays in the service from Sunday to Thursday.

✦ We stand for 'עָלֵינוּ'. Bow when you say 'וַאֲנַחְנוּ כּוֹרְעִים וּמִשְׁתַּחֲוִים וּמוֹדִים':

עָלֵינוּ לְשַׁבֵּחַ לַאֲדוֹן הַכֹּל, לָתֵת גְּדֻלָּה לְיוֹצֵר בְּרֵאשִׁית, שֶׁלֹּא עָשָׂנוּ כְּגוֹיֵי הָאֲרָצוֹת, וְלֹא שָׂמָנוּ כְּמִשְׁפְּחוֹת הָאֲדָמָה. שֶׁלֹּא שָׂם חֶלְקֵנוּ כָּהֶם, וְגוֹרָלֵנוּ כְּכָל־הֲמוֹנָם. ✦וַאֲנַחְנוּ כּוֹרְעִים וּמִשְׁתַּחֲוִים וּמוֹדִים, לִפְנֵי מֶלֶךְ מַלְכֵי הַמְּלָכִים הַקָּדוֹשׁ בָּרוּךְ הוּא. שֶׁהוּא נוֹטֶה שָׁמַיִם וְיוֹסֵד אָרֶץ, וּמוֹשַׁב יְקָרוֹ בַּשָּׁמַיִם מִמַּעַל, וּשְׁכִינַת עֻזּוֹ בְּגָבְהֵי מְרוֹמִים. הוּא אֱלֹהֵינוּ, אֵין עוֹד. אֱמֶת מַלְכֵּנוּ, אֶפֶס זוּלָתוֹ, כַּכָּתוּב בְּתוֹרָתוֹ, וְיָדַעְתָּ הַיּוֹם וַהֲשֵׁבֹתָ אֶל־לְבָבֶךָ, כִּי יהוה הוּא הָאֱלֹהִים בַּשָּׁמַיִם מִמַּעַל וְעַל־הָאָרֶץ מִתָּחַת, אֵין עוֹד.

עַל־כֵּן נְקַוֶּה לְּךָ יהוה אֱלֹהֵינוּ לִרְאוֹת מְהֵרָה בְּתִפְאֶרֶת עֻזֶּךָ, לְהַעֲבִיר גִּלּוּלִים מִן הָאָרֶץ, וְהָאֱלִילִים כָּרוֹת יִכָּרֵתוּן, לְתַקֵּן עוֹלָם בְּמַלְכוּת שַׁדַּי. וְכָל־בְּנֵי בָשָׂר יִקְרְאוּ בִשְׁמֶךָ, לְהַפְנוֹת אֵלֶיךָ כָּל־רִשְׁעֵי אָרֶץ. יַכִּירוּ וְיֵדְעוּ כָּל־יוֹשְׁבֵי תֵבֵל, כִּי לְךָ תִּכְרַע כָּל־בֶּרֶךְ, תִּשָּׁבַע כָּל־לָשׁוֹן. לְפָנֶיךָ יהוה אֱלֹהֵינוּ יִכְרְעוּ וְיִפֹּלוּ, וְלִכְבוֹד שִׁמְךָ יְקָר יִתֵּנוּ. וִיקַבְּלוּ כֻלָּם אֶת־עוֹל מַלְכוּתֶךָ, וְתִמְלֹךְ עֲלֵיהֶם מְהֵרָה לְעוֹלָם וָעֶד. כִּי הַמַּלְכוּת שֶׁלְּךָ הִיא וּלְעוֹלְמֵי עַד תִּמְלוֹךְ בְּכָבוֹד, כַּכָּתוּב בְּתוֹרָתֶךָ, יהוה יִמְלֹךְ לְעוֹלָם וָעֶד. וְנֶאֱמַר, וְהָיָה יהוה לְמֶלֶךְ עַל־כָּל־הָאָרֶץ, בַּיּוֹם הַהוּא יִהְיֶה יהוה אֶחָד וּשְׁמוֹ אֶחָד.

מַעֲרִיב לְחוֹל

Weekday Evening Service

ⓘ מַעֲרִיב is the night-time service. Yaakov was the first to pray at this time. מַעֲרִיב is also known as עַרְבִית.

The תּוֹרָה commands us to say the שְׁמַע every night. The שְׁמַע and עֲמִידָה are the main prayers of מַעֲרִיב.

The diagram shows the structure of מַעֲרִיב.

קְרִיאַת שְׁמַע וּבִרְכוֹתֶיהָ

עֲמִידָה

עָלֵינוּ

1   **וְהוּא** רַחוּם יְכַפֵּר עָוֹן וְלֹא יַשְׁחִית, וְהִרְבָּה לְהָשִׁיב אַפּוֹ,

2   וְלֹא יָעִיר כָּל־חֲמָתוֹ. יהוה הוֹשִׁיעָה, הַמֶּלֶךְ יַעֲנֵנוּ בְיוֹם־קָרְאֵנוּ.

ⓘ In an adult service, 'בָּרְכוּ' is only said with a מִנְיָן. The next two lines are said while standing.

✦ The שְׁלִיחַ צִבּוּר (prayer leader) says this next line, bowing slightly while saying 'בָּרְכוּ'. Straighten up at יהוה.

3   בָּרְכוּ אֶת יהוה הַמְבֹרָךְ.

✦ Everyone, followed by the שְׁלִיחַ צִבּוּר, bows while saying 'בָּרוּךְ'.

4   בָּרוּךְ יהוה הַמְבֹרָךְ לְעוֹלָם וָעֶד.

קְרִיאַת שְׁמַע וּבִרְכוֹתֶיהָ
The Shema & its Blessings

ⓘ The first section of מַעֲרִיב is קְרִיאַת שְׁמַע וּבִרְכוֹתֶיהָ, 'The Reading of the Shema together with its Blessings'. There are two בְּרָכוֹת before שְׁמַע and, on weekdays, three afterwards. This is the first of these בְּרָכוֹת.

1 **בָּרוּךְ** אַתָּה יהוה אֱלֹהֵינוּ מֶלֶךְ הָעוֹלָם, אֲשֶׁר בִּדְבָרוֹ מַעֲרִיב
2 עֲרָבִים, בְּחָכְמָה פּוֹתֵחַ שְׁעָרִים, וּבִתְבוּנָה מְשַׁנֶּה עִתִּים
3 וּמַחֲלִיף אֶת הַזְּמַנִּים וּמְסַדֵּר אֶת הַכּוֹכָבִים בְּמִשְׁמְרוֹתֵיהֶם
4 בָּרָקִיעַ כִּרְצוֹנוֹ. בּוֹרֵא יוֹם וָלַיְלָה, גּוֹלֵל אוֹר מִפְּנֵי חֹשֶׁךְ וְחֹשֶׁךְ
5 מִפְּנֵי אוֹר. ⟲ וּמַעֲבִיר יוֹם וּמֵבִיא לָיְלָה, וּמַבְדִּיל בֵּין יוֹם וּבֵין
6 לָיְלָה, יהוה צְבָאוֹת שְׁמוֹ. אֵל חַי וְקַיָּם, תָּמִיד יִמְלוֹךְ עָלֵינוּ,
7 לְעוֹלָם וָעֶד. בָּרוּךְ אַתָּה יהוה, הַמַּעֲרִיב עֲרָבִים.

▷ We bless You, Hashem, who brings the evening, opens the gates of heaven, changes times, varies seasons and arranges the stars in their constellations in the skies, according to Your wisdom and understanding. You create light and darkness, day and night, and separate day from night. Blessed are You, Hashem, who brings on the evening.

ⓘ 'אַהֲבַת עוֹלָם' is the second בְּרָכָה before שְׁמַע.

8 **אַהֲבַת** עוֹלָם בֵּית יִשְׂרָאֵל עַמְּךָ אָהָבְתָּ. תּוֹרָה וּמִצְוֹת,
9 חֻקִּים וּמִשְׁפָּטִים, אוֹתָנוּ לִמַּדְתָּ. עַל כֵּן יהוה אֱלֹהֵינוּ,
10 בְּשָׁכְבֵּנוּ וּבְקוּמֵנוּ נָשִׂיחַ בְּחֻקֶּיךָ, וְנִשְׂמַח בְּדִבְרֵי תוֹרָתֶךָ,
11 וּבְמִצְוֹתֶיךָ לְעוֹלָם וָעֶד. ⟲ כִּי הֵם חַיֵּינוּ, וְאֹרֶךְ יָמֵינוּ, וּבָהֶם
12 נֶהְגֶּה יוֹמָם וָלַיְלָה. וְאַהֲבָתְךָ, אַל תָּסִיר מִמֶּנּוּ לְעוֹלָמִים.
13 בָּרוּךְ אַתָּה יהוה, אוֹהֵב עַמּוֹ יִשְׂרָאֵל.

▷ You have loved us with an everlasting love, Hashem, and taught us Your Torah and its laws. Therefore, when we lie down and get up, we shall discuss Your laws and joyfully devote ourselves to studying Your Torah and carrying out its mitzvot day and night. Never take Your love away from us! Blessed are You, Hashem, who loves His people, Israel.

ⓘ The שְׁמַע consists of three paragraphs from the תּוֹרָה. There is a מִצְוָה (commandment) to say the שְׁמַע every evening and morning. The message of line 2 is that we are to remember that Hashem is the one and only God.

שְׁמַע
The Shema

◆ Only add this line when praying without a מִנְיָן.

אֵל מֶלֶךְ נֶאֱמָן.   1

◆ Whilst saying the next line, cover your eyes with your right hand. This helps you to concentrate on the meaning of what you are saying.

שְׁמַע יִשְׂרָאֵל יהוה אֱלֹהֵינוּ יהוה | **אֶחָד**:   2

▷ Listen Israel: Hashem is our God, Hashem is the only One.

◆ Say this line in a whisper:

⁺בָּרוּךְ שֵׁם כְּבוֹד מַלְכוּתוֹ לְעוֹלָם וָעֶד.   3

▷ Let the name of His magnificent kingdom be blessed for ever and ever.

וְאָהַבְתָּ אֵת יהוה אֱלֹהֶיךָ בְּכָל־לְבָבְךָ וּבְכָל־נַפְשְׁךָ וּבְכָל־   4

מְאֹדֶךָ: וְהָיוּ הַדְּבָרִים הָאֵלֶּה אֲשֶׁר אָנֹכִי מְצַוְּךָ הַיּוֹם עַל־   5

לְבָבֶךָ: וְשִׁנַּנְתָּם לְבָנֶיךָ וְדִבַּרְתָּ בָּם בְּשִׁבְתְּךָ בְּבֵיתֶךָ וּבְלֶכְתְּךָ   6

בַדֶּרֶךְ וּבְשָׁכְבְּךָ וּבְקוּמֶךָ: וּקְשַׁרְתָּם לְאוֹת עַל־יָדֶךָ וְהָיוּ   7

לְטֹטָפֹת בֵּין עֵינֶיךָ: וּכְתַבְתָּם עַל־מְזֻזוֹת בֵּיתֶךָ וּבִשְׁעָרֶיךָ:   8

וְהָיָה אִם־שָׁמֹעַ תִּשְׁמְעוּ אֶל־מִצְוֹתַי אֲשֶׁר אָנֹכִי מְצַוֶּה   9

אֶתְכֶם הַיּוֹם לְאַהֲבָה אֶת־יהוה אֱלֹהֵיכֶם וּלְעָבְדוֹ בְּכָל־   10

1 לְבַבְכֶם וּבְכָל־נַפְשְׁכֶם: וְנָתַתִּי מְטַר־אַרְצְכֶם בְּעִתּוֹ יוֹרֶה

2 וּמַלְקוֹשׁ וְאָסַפְתָּ דְגָנֶךָ וְתִירֹשְׁךָ וְיִצְהָרֶךָ: וְנָתַתִּי עֵשֶׂב בְּשָׂדְךָ

3 לִבְהֶמְתֶּךָ וְאָכַלְתָּ וְשָׂבָעְתָּ: הִשָּׁמְרוּ לָכֶם פֶּן־יִפְתֶּה לְבַבְכֶם

4 וְסַרְתֶּם וַעֲבַדְתֶּם אֱלֹהִים אֲחֵרִים וְהִשְׁתַּחֲוִיתֶם לָהֶם: וְחָרָה

5 אַף־יְהוֹה בָּכֶם וְעָצַר אֶת־הַשָּׁמַיִם וְלֹא־יִהְיֶה מָטָר וְהָאֲדָמָה

6 לֹא תִתֵּן אֶת־יְבוּלָהּ וַאֲבַדְתֶּם מְהֵרָה מֵעַל הָאָרֶץ הַטֹּבָה אֲשֶׁר

7 יְהוֹה נֹתֵן לָכֶם: וְשַׂמְתֶּם אֶת־דְּבָרַי אֵלֶּה עַל־לְבַבְכֶם וְעַל־

8 נַפְשְׁכֶם וּקְשַׁרְתֶּם אֹתָם לְאוֹת עַל־יֶדְכֶם וְהָיוּ לְטוֹטָפֹת בֵּין

9 עֵינֵיכֶם: וְלִמַּדְתֶּם אֹתָם אֶת־בְּנֵיכֶם לְדַבֵּר בָּם בְּשִׁבְתְּךָ בְּבֵיתֶךָ

10 וּבְלֶכְתְּךָ בַדֶּרֶךְ וּבְשָׁכְבְּךָ וּבְקוּמֶךָ: וּכְתַבְתָּם עַל־מְזוּזוֹת בֵּיתֶךָ

11 וּבִשְׁעָרֶיךָ: לְמַעַן יִרְבּוּ יְמֵיכֶם וִימֵי בְנֵיכֶם עַל הָאֲדָמָה אֲשֶׁר

12 נִשְׁבַּע יְהוֹה לַאֲבֹתֵיכֶם לָתֵת לָהֶם כִּימֵי הַשָּׁמַיִם עַל־הָאָרֶץ:

13 **וַיֹּאמֶר** יְהוֹה אֶל־מֹשֶׁה לֵּאמֹר: דַּבֵּר אֶל־בְּנֵי יִשְׂרָאֵל וְאָמַרְתָּ

14 אֲלֵהֶם וְעָשׂוּ לָהֶם צִיצִת עַל־כַּנְפֵי בִגְדֵיהֶם לְדֹרֹתָם וְנָתְנוּ עַל־

15 צִיצִת הַכָּנָף פְּתִיל תְּכֵלֶת: וְהָיָה לָכֶם לְצִיצִת וּרְאִיתֶם אֹתוֹ

16 וּזְכַרְתֶּם אֶת־כָּל־מִצְוֺת יְהוֹה וַעֲשִׂיתֶם אֹתָם וְלֹא תָתוּרוּ

17 אַחֲרֵי לְבַבְכֶם וְאַחֲרֵי עֵינֵיכֶם אֲשֶׁר־אַתֶּם זֹנִים אַחֲרֵיהֶם:

18 לְמַעַן תִּזְכְּרוּ וַעֲשִׂיתֶם אֶת־כָּל־מִצְוֺתָי וִהְיִיתֶם קְדֹשִׁים

19 לֵאלֹהֵיכֶם: אֲנִי יְהוֹה אֱלֹהֵיכֶם אֲשֶׁר הוֹצֵאתִי אֶתְכֶם מֵאֶרֶץ

20 מִצְרַיִם לִהְיוֹת לָכֶם לֵאלֹהִים אֲנִי יְהוֹה אֱלֹהֵיכֶם: **אֱמֶת**

✦ אֱמֶת וֶאֱמוּנָה is the first בְּרָכָה after the שְׁמַע.

וֶאֱמוּנָה כָּל־זֹאת, וְקַיָּם עָלֵינוּ, כִּי הוּא יהוה אֱלֹהֵינוּ וְאֵין זוּלָתוֹ, וַאֲנַחְנוּ יִשְׂרָאֵל עַמּוֹ. הַפּוֹדֵנוּ מִיַּד מְלָכִים, מַלְכֵּנוּ הַגּוֹאֲלֵנוּ מִכַּף כָּל־הֶעָרִיצִים. הָאֵל הַנִּפְרָע לָנוּ מִצָּרֵינוּ, וְהַמְשַׁלֵּם גְּמוּל לְכָל־אֹיְבֵי נַפְשֵׁנוּ. הָעֹשֶׂה גְדֹלוֹת עַד־אֵין חֵקֶר, וְנִפְלָאוֹת עַד־אֵין מִסְפָּר. הַשָּׂם נַפְשֵׁנוּ בַּחַיִּים, וְלֹא־נָתַן לַמּוֹט רַגְלֵנוּ. הַמַּדְרִיכֵנוּ עַל בָּמוֹת אוֹיְבֵינוּ, וַיָּרֶם קַרְנֵנוּ עַל־כָּל־שׂוֹנְאֵינוּ. הָעֹשֶׂה־לָּנוּ נִסִּים וּנְקָמָה בְּפַרְעֹה, אוֹתוֹת וּמוֹפְתִים בְּאַדְמַת בְּנֵי־חָם. הַמַּכֶּה בְעֶבְרָתוֹ כָּל־בְּכוֹרֵי מִצְרָיִם, וַיּוֹצֵא אֶת־עַמּוֹ יִשְׂרָאֵל מִתּוֹכָם לְחֵרוּת עוֹלָם. הַמַּעֲבִיר בָּנָיו בֵּין גִּזְרֵי יַם־סוּף, אֶת־רוֹדְפֵיהֶם וְאֶת־שׂוֹנְאֵיהֶם בִּתְהוֹמוֹת טִבַּע. וְרָאוּ בָנָיו גְּבוּרָתוֹ, שִׁבְּחוּ וְהוֹדוּ לִשְׁמוֹ. וּמַלְכוּתוֹ בְּרָצוֹן קִבְּלוּ עֲלֵיהֶם. מֹשֶׁה וּבְנֵי יִשְׂרָאֵל לְךָ עָנוּ שִׁירָה בְּשִׂמְחָה רַבָּה, וְאָמְרוּ כֻלָּם,

מִי־כָמֹכָה בָּאֵלִם יהוה, מִי־כָּמֹכָה נֶאְדָּר בַּקֹּדֶשׁ, נוֹרָא תְהִלֹּת, עֹשֵׂה פֶלֶא. מַלְכוּתְךָ רָאוּ בָנֶיךָ בּוֹקֵעַ יָם לִפְנֵי מֹשֶׁה, זֶה אֵלִי עָנוּ, וְאָמְרוּ, יהוה יִמְלֹךְ לְעֹלָם וָעֶד. וְנֶאֱמַר, כִּי־פָדָה יהוה אֶת־יַעֲקֹב, וּגְאָלוֹ מִיַּד חָזָק מִמֶּנּוּ. בָּרוּךְ אַתָּה יהוה, גָּאַל יִשְׂרָאֵל.

✦ הַשְׁכִּיבֵנוּ is the second בְּרָכָה after the שְׁמַע.

הַשְׁכִּיבֵנוּ יהוה אֱלֹהֵינוּ לְשָׁלוֹם, וְהַעֲמִידֵנוּ מַלְכֵּנוּ לְחַיִּים, וּפְרוֹשׂ עָלֵינוּ סֻכַּת שְׁלוֹמֶךָ, וְתַקְּנֵנוּ בְּעֵצָה טוֹבָה מִלְּפָנֶיךָ,

וְהוֹשִׁיעֵנוּ לְמַעַן שְׁמֶךָ, וְהָגֵן בַּעֲדֵנוּ, וְהָסֵר מֵעָלֵינוּ אוֹיֵב, דֶּבֶר, וְחֶרֶב, וְרָעָב, וְיָגוֹן, וְהָסֵר שָׂטָן מִלְּפָנֵינוּ וּמֵאַחֲרֵינוּ, וּבְצֵל כְּנָפֶיךָ תַּסְתִּירֵנוּ, כִּי אֵל שׁוֹמְרֵנוּ וּמַצִּילֵנוּ אָתָּה, כִּי אֵל מֶלֶךְ חַנּוּן וְרַחוּם אָתָּה. וּשְׁמוֹר צֵאתֵנוּ וּבוֹאֵנוּ, לְחַיִּים וּלְשָׁלוֹם מֵעַתָּה וְעַד עוֹלָם. בָּרוּךְ אַתָּה יהוה, שׁוֹמֵר עַמּוֹ יִשְׂרָאֵל לָעַד.

▷ Let us lie down to sleep in peace, Hashem, and wake us up full of life. Spread over us the shelter of Your peace, guide us and save us from harm. Shield us from all evil and watch over our comings and goings, Hashem, our Guard and Protector. Blessed are You, Hashem, who guards His people Israel for ever.

✦ בָּרוּךְ יהוה לְעוֹלָם is an extra בְּרָכָה after the שְׁמַע.

בָּרוּךְ יהוה לְעוֹלָם, אָמֵן וְאָמֵן. בָּרוּךְ יהוה מִצִּיּוֹן, שֹׁכֵן יְרוּשָׁלָיִם, הַלְלוּיָהּ. בָּרוּךְ יהוה אֱלֹהִים אֱלֹהֵי יִשְׂרָאֵל, עֹשֵׂה נִפְלָאוֹת לְבַדּוֹ. וּבָרוּךְ שֵׁם כְּבוֹדוֹ לְעוֹלָם, וְיִמָּלֵא כְבוֹדוֹ אֶת־כָּל־הָאָרֶץ, אָמֵן וְאָמֵן. יְהִי כְבוֹד יהוה לְעוֹלָם, יִשְׂמַח יהוה בְּמַעֲשָׂיו. יְהִי שֵׁם יהוה מְבוֹרָךְ, מֵעַתָּה וְעַד עוֹלָם. כִּי לֹא־יִטֹּשׁ יהוה אֶת־עַמּוֹ בַּעֲבוּר שְׁמוֹ הַגָּדוֹל, כִּי הוֹאִיל יהוה לַעֲשׂוֹת אֶתְכֶם לוֹ לְעָם. וַיַּרְא כָּל־הָעָם וַיִּפְּלוּ עַל־פְּנֵיהֶם, וַיֹּאמְרוּ, יהוה הוּא הָאֱלֹהִים, יהוה הוּא הָאֱלֹהִים. וְהָיָה יהוה לְמֶלֶךְ עַל־כָּל־הָאָרֶץ, בַּיּוֹם הַהוּא יִהְיֶה יהוה אֶחָד וּשְׁמוֹ אֶחָד. יְהִי חַסְדְּךָ יהוה עָלֵינוּ, כַּאֲשֶׁר יִחַלְנוּ לָךְ. הוֹשִׁיעֵנוּ אֱלֹהֵי יִשְׁעֵנוּ, וְקַבְּצֵנוּ וְהַצִּילֵנוּ מִן־הַגּוֹיִם,

לְהוֹדוֹת לְשֵׁם קָדְשֶׁךָ, לְהִשְׁתַּבֵּחַ בִּתְהִלָּתֶךָ. כָּל־גּוֹיִם אֲשֶׁר עָשִׂיתָ יָבוֹאוּ וְיִשְׁתַּחֲווּ לְפָנֶיךָ אֲדֹנָי, וִיכַבְּדוּ לִשְׁמֶךָ. כִּי־גָדוֹל אַתָּה וְעֹשֵׂה נִפְלָאוֹת, אַתָּה אֱלֹהִים לְבַדֶּךָ. וַאֲנַחְנוּ עַמְּךָ וְצֹאן מַרְעִיתֶךָ, נוֹדֶה לְּךָ לְעוֹלָם, לְדוֹר וָדֹר נְסַפֵּר תְּהִלָּתֶךָ. בָּרוּךְ יהוה בַּיּוֹם, בָּרוּךְ יהוה בַּלָּיְלָה. בָּרוּךְ יהוה בְּשָׁכְבֵנוּ. בָּרוּךְ יהוה בְּקוּמֵנוּ. כִּי בְיָדְךָ נַפְשׁוֹת הַחַיִּים וְהַמֵּתִים. אֲשֶׁר בְּיָדוֹ נֶפֶשׁ כָּל־חָי, וְרוּחַ כָּל־בְּשַׂר־אִישׁ. בְּיָדְךָ אַפְקִיד רוּחִי, פָּדִיתָה אוֹתִי, יהוה אֵל אֱמֶת. אֱלֹהֵינוּ שֶׁבַּשָּׁמַיִם יַחֵד שִׁמְךָ, וְקַיֵּם מַלְכוּתְךָ תָּמִיד, וּמְלוֹךְ עָלֵינוּ לְעוֹלָם וָעֶד.

יִרְאוּ עֵינֵינוּ וְיִשְׂמַח לִבֵּנוּ וְתָגֵל נַפְשֵׁנוּ בִּישׁוּעָתְךָ בֶּאֱמֶת, בֶּאֱמוֹר לְצִיּוֹן מָלַךְ אֱלֹהָיִךְ. יהוה מֶלֶךְ, יהוה מָלָךְ, יהוה יִמְלוֹךְ לְעוֹלָם וָעֶד. כִּי הַמַּלְכוּת שֶׁלְּךָ הִיא, וּלְעוֹלְמֵי עַד תִּמְלוֹךְ בְּכָבוֹד, כִּי אֵין לָנוּ מֶלֶךְ אֶלָּא אָתָּה. בָּרוּךְ אַתָּה יהוה, הַמֶּלֶךְ בִּכְבוֹדוֹ תָּמִיד יִמְלוֹךְ עָלֵינוּ לְעוֹלָם וָעֶד, וְעַל כָּל־מַעֲשָׂיו.

עֲמִידָה
The Amidah

ⓘ Every service has an עֲמִידָה. Each עֲמִידָה has three parts: three בְּרָכוֹת at the beginning, a middle section and three בְּרָכוֹת at the end. The עֲמִידָה is also known as the שְׁמוֹנֶה עֶשְׂרֵה.
עֲמִידָה means 'standing', so when we say this prayer we stand with our feet together, facing Jerusalem where the בֵּית הַמִּקְדָשׁ (the Temple) used to be. In a synagogue, we face the אֲרוֹן הַקֹדֶשׁ (the Holy Ark).

◆ Take three steps back, then three steps forward, then stand with your feet together.

1 אֲדֹנָי, שְׂפָתַי תִּפְתָּח, וּפִי יַגִּיד תְּהִלָּתֶךָ.

◆ Bend your knees as you say 'בָּרוּךְ', bow as you say 'אַתָּה', stand up straight before you say God's name.

2 ⁺**בָּרוּךְ** אַתָּה יהוה אֱלֹהֵינוּ וֵאלֹהֵי אֲבוֹתֵינוּ, אֱלֹהֵי אַבְרָהָם,

3 אֱלֹהֵי יִצְחָק, וֵאלֹהֵי יַעֲקֹב, הָאֵל הַגָּדוֹל הַגִּבּוֹר וְהַנּוֹרָא, אֵל

4 עֶלְיוֹן, גּוֹמֵל חֲסָדִים טוֹבִים וְקוֹנֵה הַכֹּל, וְזוֹכֵר חַסְדֵי אָבוֹת,

5 וּמֵבִיא גוֹאֵל לִבְנֵי בְנֵיהֶם, לְמַעַן שְׁמוֹ בְּאַהֲבָה.

◆ From רֹאשׁ הַשָּׁנָה to יוֹם כִּפּוּר we add this sentence, praying for God to give us a good life:

6 ⁺זָכְרֵנוּ לְחַיִּים, מֶלֶךְ חָפֵץ בַּחַיִּים, וְכָתְבֵנוּ בְּסֵפֶר הַחַיִּים,

7 לְמַעַנְךָ אֱלֹהִים חַיִּים.

◆ Bend your knees as you say 'בָּרוּךְ', bow as you say 'אַתָּה', stand up straight before you say God's name.

8 מֶלֶךְ עוֹזֵר וּמוֹשִׁיעַ וּמָגֵן. ⁺בָּרוּךְ אַתָּה יהוה, מָגֵן אַבְרָהָם.

9 **אַתָּה** גִּבּוֹר לְעוֹלָם אֲדֹנָי, מְחַיֵּה מֵתִים אַתָּה, רַב לְהוֹשִׁיעַ.

◆ From after שִׂמְחַת תּוֹרָה until פֶּסַח, add:

10 ⁺מַשִּׁיב הָרוּחַ וּמוֹרִיד הַגָּשֶׁם.

11 מְכַלְכֵּל חַיִּים בְּחֶסֶד, מְחַיֵּה מֵתִים בְּרַחֲמִים רַבִּים, סוֹמֵךְ

12 נוֹפְלִים, וְרוֹפֵא חוֹלִים, וּמַתִּיר אֲסוּרִים, וּמְקַיֵּם אֱמוּנָתוֹ

לִישֵׁנֵי עָפָר. מִי כָמוֹךָ בַּעַל גְּבוּרוֹת, וּמִי דּוֹמֶה לָּךְ, מֶלֶךְ מֵמִית וּמְחַיֶּה וּמַצְמִיחַ יְשׁוּעָה.

✦ From רֹאשׁ הַשָּׁנָה to יוֹם כִּפּוּר we add this line:

✦מִי כָמוֹךָ אַב הָרַחֲמִים, זוֹכֵר יְצוּרָיו לַחַיִּים בְּרַחֲמִים.

וְנֶאֱמָן אַתָּה לְהַחֲיוֹת מֵתִים. בָּרוּךְ אַתָּה יהוה, מְחַיֵּה הַמֵּתִים.

Being aware of God's holiness

אַתָּה קָדוֹשׁ וְשִׁמְךָ קָדוֹשׁ, וּקְדוֹשִׁים בְּכָל־יוֹם יְהַלְלוּךָ סֶּלָה. בָּרוּךְ אַתָּה יהוה,

✦ During the rest of the year:

הָאֵל הַקָּדוֹשׁ.

✦ From רֹאשׁ הַשָּׁנָה to יוֹם כִּפּוּר:

הַמֶּלֶךְ הַקָּדוֹשׁ.

ⓘ **The middle section of the עֲמִידָה varies according to the occasion. On weekdays it contains 13 בְּרָכוֹת asking God for our daily needs.**

Asking God for wisdom

אַתָּה חוֹנֵן לְאָדָם דַּעַת, וּמְלַמֵּד לֶאֱנוֹשׁ בִּינָה. חָנֵּנוּ מֵאִתְּךָ דֵּעָה בִּינָה וְהַשְׂכֵּל. בָּרוּךְ אַתָּה יהוה, חוֹנֵן הַדָּעַת.

Asking God to help us improve ourselves

הֲשִׁיבֵנוּ אָבִינוּ לְתוֹרָתֶךָ, וְקָרְבֵנוּ מַלְכֵּנוּ לַעֲבוֹדָתֶךָ, וְהַחֲזִירֵנוּ בִּתְשׁוּבָה שְׁלֵמָה לְפָנֶיךָ. בָּרוּךְ אַתָּה יהוה, הָרוֹצֶה בִּתְשׁוּבָה.

Asking God for forgiveness for our sins

◆ Lightly strike the left side of your chest with your right fist while saying 'חָטָאנוּ' and 'פָּשָׁעְנוּ':

1   סְלַח־לָנוּ אָבִינוּ כִּי ⁺חָטָאנוּ, מְחַל־לָנוּ מַלְכֵּנוּ כִּי ⁺פָשָׁעְנוּ,

2   כִּי מוֹחֵל וְסוֹלֵחַ אָתָּה. בָּרוּךְ אַתָּה יהוה, חַנּוּן, הַמַּרְבֶּה לִסְלוֹחַ.

Asking God to come to our rescue

3   רְאֵה בְעָנְיֵנוּ, וְרִיבָה רִיבֵנוּ, וּגְאָלֵנוּ מְהֵרָה לְמַעַן שְׁמֶךָ, כִּי

4   גוֹאֵל חָזָק אָתָּה. בָּרוּךְ אַתָּה יהוה, גּוֹאֵל יִשְׂרָאֵל.

Asking God to heal us

5   רְפָאֵנוּ יהוה וְנֵרָפֵא, הוֹשִׁיעֵנוּ וְנִוָּשֵׁעָה, כִּי תְהִלָּתֵנוּ אָתָּה,

6   וְהַעֲלֵה רְפוּאָה שְׁלֵמָה לְכָל מַכּוֹתֵינוּ, ⁺כִּי אֵל מֶלֶךְ רוֹפֵא נֶאֱמָן

7   וְרַחֲמָן אָתָּה. בָּרוּךְ אַתָּה יהוה, רוֹפֵא, חוֹלֵי עַמּוֹ יִשְׂרָאֵל.

◆ If you want to pray for someone who is ill, add this prayer to line 6:

8   וִיהִי רָצוֹן מִלְּפָנֶיךָ, יהוה אֱלֹהֵינוּ וֵאלֹהֵי אֲבוֹתֵינוּ, שֶׁתִּשְׁלַח

9   מְהֵרָה רְפוּאָה שְׁלֵמָה מִן הַשָּׁמַיִם, רְפוּאַת הַנֶּפֶשׁ וּרְפוּאַת הַגּוּף

10   For a man or a boy: לַחוֹלֶה   For a woman or girl: לַחוֹלָה

(now say his Hebrew name)   (now say her Hebrew name)

11   בֶּן   בַּת

(and now the name of his mother)   (and now the name of her mother)

12   בְּתוֹךְ שְׁאָר חוֹלֵי יִשְׂרָאֵל.

Asking for a successful year

13   בָּרֵךְ עָלֵינוּ יהוה אֱלֹהֵינוּ אֶת הַשָּׁנָה הַזֹּאת וְאֶת כָּל מִינֵי

14   תְבוּאָתָהּ לְטוֹבָה,

◆ From December 4th (or 5th in certain years) until פֶּסַח: ◆ During the rest of the year:

15   וְתֵן טַל וּמָטָר לִבְרָכָה   וְתֵן בְּרָכָה

עַל־פְּנֵי הָאֲדָמָה, וְשַׂבְּעֵנוּ מִטּוּבֶךָ, וּבָרֵךְ שְׁנָתֵנוּ כַּשָּׁנִים הַטּוֹבוֹת. בָּרוּךְ אַתָּה יהוה, מְבָרֵךְ הַשָּׁנִים.

Asking God to bring our people back to our land

תְּקַע בְּשׁוֹפָר גָּדוֹל לְחֵרוּתֵנוּ, וְשָׂא נֵס לְקַבֵּץ גָּלֻיּוֹתֵינוּ, וְקַבְּצֵנוּ יַחַד מֵאַרְבַּע כַּנְפוֹת הָאָרֶץ. בָּרוּךְ אַתָּה יהוה, מְקַבֵּץ, נִדְחֵי עַמּוֹ יִשְׂרָאֵל.

Asking for justice

הָשִׁיבָה שׁוֹפְטֵינוּ כְּבָרִאשׁוֹנָה, וְיוֹעֲצֵינוּ כְּבַתְּחִלָּה, וְהָסֵר מִמֶּנּוּ יָגוֹן וַאֲנָחָה, וּמְלוֹךְ עָלֵינוּ אַתָּה יהוה לְבַדְּךָ בְּחֶסֶד וּבְרַחֲמִים, וְצַדְּקֵנוּ בַּמִּשְׁפָּט. בָּרוּךְ אַתָּה יהוה,

✦ During the rest of the year

מֶלֶךְ, אוֹהֵב צְדָקָה וּמִשְׁפָּט.

✦ From רֹאשׁ הַשָּׁנָה and יוֹם כִּפּוּר:

הַמֶּלֶךְ הַמִּשְׁפָּט.

Asking God to protect us from those who want to harm our people

וְלַמַּלְשִׁינִים אַל־תְּהִי תִקְוָה, וְכָל הָרִשְׁעָה כְּרֶגַע תֹּאבֵד, וְכָל אוֹיְבֶיךָ מְהֵרָה יִכָּרֵתוּ, וּמַלְכוּת זָדוֹן מְהֵרָה תְעַקֵּר וּתְשַׁבֵּר וּתְמַגֵּר וְתַכְנִיעַ בִּמְהֵרָה בְיָמֵינוּ. בָּרוּךְ אַתָּה יהוה, שֹׁבֵר אוֹיְבִים וּמַכְנִיעַ זֵדִים.

Asking for good people to be rewarded

עַל־הַצַּדִּיקִים וְעַל־הַחֲסִידִים, וְעַל־זִקְנֵי עַמְּךָ בֵּית יִשְׂרָאֵל, וְעַל־פְּלֵיטַת סוֹפְרֵיהֶם, וְעַל־גֵּרֵי הַצֶּדֶק וְעָלֵינוּ, יֶהֱמוּ רַחֲמֶיךָ יהוה אֱלֹהֵינוּ, וְתֵן שָׂכָר טוֹב לְכֹל הַבּוֹטְחִים

בְּשִׁמְךָ בֶּאֱמֶת, וְשִׂים חֶלְקֵנוּ עִמָּהֶם לְעוֹלָם, וְלֹא נֵבוֹשׁ כִּי־בְךָ בָּטָֽחְנוּ. בָּרוּךְ אַתָּה יהוה, מִשְׁעָן וּמִבְטָח לַצַּדִּיקִים.

Asking for the rebuilding of Jerusalem

וְלִירוּשָׁלַיִם עִירְךָ בְּרַחֲמִים תָּשׁוּב, וְתִשְׁכּוֹן בְּתוֹכָהּ כַּאֲשֶׁר דִּבַּֽרְתָּ, וּבְנֵה אוֹתָהּ בְּקָרוֹב בְּיָמֵינוּ בִּנְיַן עוֹלָם, וְכִסֵּא דָוִד מְהֵרָה לְתוֹכָהּ תָּכִין. בָּרוּךְ אַתָּה יהוה, בּוֹנֵה יְרוּשָׁלָֽיִם.

Asking God to send the מָשִׁיחַ, a descendant of King David

אֶת־צֶמַח דָּוִד עַבְדְּךָ מְהֵרָה תַצְמִיחַ, וְקַרְנוֹ תָּרוּם בִּישׁוּעָתֶךָ, כִּי לִישׁוּעָתְךָ קִוִּינוּ כָּל־הַיּוֹם. בָּרוּךְ אַתָּה יהוה, מַצְמִיחַ קֶרֶן יְשׁוּעָה.

Asking God to accept our prayers

שְׁמַע קוֹלֵנוּ יהוה אֱלֹהֵינוּ, חוּס וְרַחֵם עָלֵינוּ, וְקַבֵּל בְּרַחֲמִים וּבְרָצוֹן אֶת־תְּפִלָּתֵנוּ, כִּי אֵל שׁוֹמֵעַ תְּפִלּוֹת וְתַחֲנוּנִים, אָתָּה. וּמִלְּפָנֶיךָ מַלְכֵּנוּ, רֵיקָם אַל תְּשִׁיבֵנוּ, כִּי אַתָּה שׁוֹמֵעַ תְּפִלַּת עַמְּךָ יִשְׂרָאֵל בְּרַחֲמִים. בָּרוּךְ אַתָּה יהוה, שׁוֹמֵעַ תְּפִלָּה.

Asking God to bring back the בֵּית הַמִּקְדָּשׁ (Temple) and its service

רְצֵה יהוה אֱלֹהֵינוּ בְּעַמְּךָ יִשְׂרָאֵל וּבִתְפִלָּתָם, וְהָשֵׁב אֶת־הָעֲבוֹדָה לִדְבִיר בֵּיתֶךָ. וְאִשֵּׁי יִשְׂרָאֵל וּתְפִלָּתָם בְּאַהֲבָה תְּקַבֵּל בְּרָצוֹן, וּתְהִי לְרָצוֹן תָּמִיד עֲבוֹדַת יִשְׂרָאֵל עַמֶּךָ.

◆ This extra prayer, called 'יַעֲלֶה וְיָבֹא' is said on רֹאשׁ חֹדֶשׁ and חוֹל הַמּוֹעֵד.
We ask God to remember us especially at these times.

1   **אֱלֹהֵינוּ** וֵאלֹהֵי אֲבוֹתֵינוּ, יַעֲלֶה, וְיָבֹא, וְיַגִּיעַ, וְיֵרָאֶה,

2   וְיֵרָצֶה, וְיִשָּׁמַע, וְיִפָּקֵד, וְיִזָּכֵר זִכְרוֹנֵנוּ וּפִקְדוֹנֵנוּ, וְזִכְרוֹן

3   אֲבוֹתֵינוּ, וְזִכְרוֹן מָשִׁיחַ בֶּן דָּוִד עַבְדֶּךָ, וְזִכְרוֹן יְרוּשָׁלַיִם

4   עִיר קָדְשֶׁךָ, וְזִכְרוֹן כָּל־עַמְּךָ בֵּית יִשְׂרָאֵל לְפָנֶיךָ, לִפְלֵיטָה

5   וּלְטוֹבָה, וּלְחֵן וּלְחֶסֶד וּלְרַחֲמִים, וּלְחַיִּים וּלְשָׁלוֹם בְּיוֹם

On סֻכּוֹת: On פֶּסַח: On רֹאשׁ חֹדֶשׁ:

חַג הַסֻּכּוֹת   חַג הַמַּצּוֹת   רֹאשׁ הַחֹדֶשׁ   6

7   הַזֶּה. זָכְרֵנוּ יהוה אֱלֹהֵינוּ בּוֹ לְטוֹבָה, וּפָקְדֵנוּ בוֹ לִבְרָכָה,

8   וְהוֹשִׁיעֵנוּ בוֹ לְחַיִּים. וּבִדְבַר יְשׁוּעָה וְרַחֲמִים, חוּס וְחָנֵּנוּ

9   וְרַחֵם עָלֵינוּ וְהוֹשִׁיעֵנוּ, כִּי אֵלֶיךָ עֵינֵינוּ, כִּי אֵל מֶלֶךְ חַנּוּן

10   וְרַחוּם אָתָּה.

11   **וְתֶחֱזֶינָה** עֵינֵינוּ בְּשׁוּבְךָ לְצִיּוֹן בְּרַחֲמִים. בָּרוּךְ אַתָּה יהוה,

12   הַמַּחֲזִיר שְׁכִינָתוֹ לְצִיּוֹן.

Thanking God for the daily miracles in our lives

◆ Bow for the first five words. Stand up straight at God's name.

13   **מוֹדִים** אֲנַחְנוּ לָךְ, שָׁאַתָּה הוּא יהוה אֱלֹהֵינוּ וֵאלֹהֵי

14   אֲבוֹתֵינוּ לְעוֹלָם וָעֶד. צוּר חַיֵּינוּ, מָגֵן יִשְׁעֵנוּ אַתָּה הוּא לְדוֹר

וָדוֹר. נוֹדֶה לְּךָ וּנְסַפֵּר תְּהִלָּתֶךָ עַל חַיֵּינוּ הַמְּסוּרִים בְּיָדֶךָ,

וְעַל נִשְׁמוֹתֵינוּ הַפְּקוּדוֹת לָךְ, וְעַל נִסֶּיךָ שֶׁבְּכָל־יוֹם עִמָּנוּ,

וְעַל נִפְלְאוֹתֶיךָ וְטוֹבוֹתֶיךָ שֶׁבְּכָל־עֵת, עֶרֶב וָבֹקֶר וְצָהֳרָיִם.

הַטּוֹב כִּי לֹא־כָלוּ רַחֲמֶיךָ, וְהַמְרַחֵם כִּי לֹא־תַמּוּ חֲסָדֶיךָ,

מֵעוֹלָם קִוִּינוּ לָךְ.

◆ A special prayer for חֲנֻכָּה:

עַל הַנִּסִּים, וְעַל הַפֻּרְקָן, וְעַל הַגְּבוּרוֹת, וְעַל הַתְּשׁוּעוֹת,

וְעַל הַמִּלְחָמוֹת, שֶׁעָשִׂיתָ לַאֲבוֹתֵינוּ בַּיָּמִים הָהֵם בַּזְּמַן הַזֶּה.

בִּימֵי מַתִּתְיָהוּ בֶּן־יוֹחָנָן כֹּהֵן גָּדוֹל חַשְׁמוֹנַאי וּבָנָיו, כְּשֶׁעָמְדָה

מַלְכוּת יָוָן הָרְשָׁעָה עַל־עַמְּךָ יִשְׂרָאֵל, לְהַשְׁכִּיחָם תּוֹרָתֶךָ,

וּלְהַעֲבִירָם מֵחֻקֵּי רְצוֹנֶךָ. וְאַתָּה בְּרַחֲמֶיךָ הָרַבִּים, עָמַדְתָּ

לָהֶם בְּעֵת צָרָתָם, רַבְתָּ אֶת־רִיבָם, דַּנְתָּ אֶת־דִּינָם, נָקַמְתָּ אֶת־

נִקְמָתָם. מָסַרְתָּ גִבּוֹרִים בְּיַד חַלָּשִׁים, וְרַבִּים בְּיַד מְעַטִּים,

וּטְמֵאִים בְּיַד טְהוֹרִים, וּרְשָׁעִים בְּיַד צַדִּיקִים, וְזֵדִים בְּיַד

עוֹסְקֵי תוֹרָתֶךָ. וּלְךָ עָשִׂיתָ שֵׁם גָּדוֹל וְקָדוֹשׁ בְּעוֹלָמֶךָ, וּלְעַמְּךָ

יִשְׂרָאֵל עָשִׂיתָ תְּשׁוּעָה גְדוֹלָה וּפֻרְקָן כְּהַיּוֹם הַזֶּה. וְאַחַר כֵּן

בָּאוּ בָנֶיךָ לִדְבִיר בֵּיתֶךָ, וּפִנּוּ אֶת־הֵיכָלֶךָ, וְטִהֲרוּ אֶת־מִקְדָּשֶׁךָ,

וְהִדְלִיקוּ נֵרוֹת בְּחַצְרוֹת קָדְשֶׁךָ, וְקָבְעוּ שְׁמוֹנַת יְמֵי חֲנֻכָּה

אֵלּוּ, לְהוֹדוֹת וּלְהַלֵּל לְשִׁמְךָ הַגָּדוֹל.

◆ A special prayer for פּוּרִים:

1 **עַל** הַנִּסִּים, וְעַל הַפֻּרְקָן, וְעַל הַגְּבוּרוֹת, וְעַל הַתְּשׁוּעוֹת,

2 וְעַל הַמִּלְחָמוֹת, שֶׁעָשִׂיתָ לַאֲבוֹתֵינוּ בַּיָּמִים הָהֵם בַּזְּמַן הַזֶּה.

3 **בִּימֵי** מָרְדְּכַי וְאֶסְתֵּר בְּשׁוּשַׁן הַבִּירָה, כְּשֶׁעָמַד עֲלֵיהֶם הָמָן

4 הָרָשָׁע, בִּקֵּשׁ לְהַשְׁמִיד לַהֲרוֹג וּלְאַבֵּד אֶת־כָּל־הַיְּהוּדִים,

5 מִנַּעַר וְעַד זָקֵן, טַף וְנָשִׁים בְּיוֹם אֶחָד, בִּשְׁלוֹשָׁה־עָשָׂר

6 לְחֹדֶשׁ שְׁנֵים־עָשָׂר, הוּא־חֹדֶשׁ אֲדָר, וּשְׁלָלָם לָבוֹז. וְאַתָּה

7 בְּרַחֲמֶיךָ הָרַבִּים הֵפַרְתָּ אֶת־עֲצָתוֹ, וְקִלְקַלְתָּ אֶת־מַחֲשַׁבְתּוֹ,

8 וַהֲשֵׁבוֹתָ גְּמוּלוֹ בְּרֹאשׁוֹ, וְתָלוּ אוֹתוֹ וְאֶת־בָּנָיו עַל־הָעֵץ.

9 **וְעַל** כֻּלָּם יִתְבָּרַךְ וְיִתְרוֹמַם שִׁמְךָ מַלְכֵּנוּ תָּמִיד לְעוֹלָם וָעֶד.

◆ From רֹאשׁ הַשָּׁנָה to יוֹם כִּפּוּר we add this line:

10 וּכְתוֹב לְחַיִּים טוֹבִים כָּל־בְּנֵי בְרִיתֶךָ.

◆ Bend your knees as you say 'בָּרוּךְ', bow as you say 'אַתָּה', stand up straight before you say God's name.

11 **וְכֹל** הַחַיִּים יוֹדוּךָ סֶּלָה, וִיהַלְלוּ אֶת־שִׁמְךָ בֶּאֱמֶת, הָאֵל

12 יְשׁוּעָתֵנוּ וְעֶזְרָתֵנוּ סֶלָה. ־בָּרוּךְ אַתָּה יהוה, הַטּוֹב שִׁמְךָ וּלְךָ

13 נָאֶה לְהוֹדוֹת.

Asking God for peace

14 **שָׁלוֹם** רָב עַל יִשְׂרָאֵל עַמְּךָ תָּשִׂים לְעוֹלָם, כִּי אַתָּה

15 הוּא מֶלֶךְ אָדוֹן לְכָל הַשָּׁלוֹם. וְטוֹב בְּעֵינֶיךָ לְבָרֵךְ אֶת עַמְּךָ

16 יִשְׂרָאֵל בְּכָל עֵת וּבְכָל שָׁעָה בִּשְׁלוֹמֶךָ.

◆ During the rest of the year:

1 בָּרוּךְ אַתָּה יהוה,

2 הַמְבָרֵךְ אֶת עַמּוֹ

3 יִשְׂרָאֵל בַּשָּׁלוֹם.

◆ From רֹאשׁ הַשָּׁנָה to יוֹם כִּפּוּר:

בְּסֵפֶר חַיִּים בְּרָכָה וְשָׁלוֹם, וּפַרְנָסָה

4 טוֹבָה, נִזָּכֵר וְנִכָּתֵב לְפָנֶיךָ, אֲנַחְנוּ

וְכָל־עַמְּךָ בֵּית יִשְׂרָאֵל, לְחַיִּים

5 טוֹבִים וּלְשָׁלוֹם. בָּרוּךְ אַתָּה יהוה,

עֹשֶׂה הַשָּׁלוֹם.

6 **אֱלֹהַי,** נְצוֹר לְשׁוֹנִי מֵרָע, וּשְׂפָתַי מִדַּבֵּר מִרְמָה, וְלִמְקַלְלַי

7 נַפְשִׁי תִדּוֹם, וְנַפְשִׁי כֶּעָפָר לַכֹּל תִּהְיֶה. פְּתַח לִבִּי בְּתוֹרָתֶךָ,

8 וּבְמִצְוֹתֶיךָ תִּרְדּוֹף נַפְשִׁי. וְכָל הַחוֹשְׁבִים עָלַי רָעָה, מְהֵרָה

9 הָפֵר עֲצָתָם וְקַלְקֵל מַחֲשְׁבוֹתָם. עֲשֵׂה לְמַעַן שְׁמֶךָ,

10 עֲשֵׂה לְמַעַן יְמִינֶךָ, עֲשֵׂה לְמַעַן קְדֻשָּׁתֶךָ, עֲשֵׂה לְמַעַן

11 תּוֹרָתֶךָ. לְמַעַן יֵחָלְצוּן יְדִידֶיךָ, הוֹשִׁיעָה יְמִינְךָ וַעֲנֵנִי.

◆ At this point you may add your own personal prayer in any language.

12 יִהְיוּ לְרָצוֹן אִמְרֵי־פִי וְהֶגְיוֹן לִבִּי לְפָנֶיךָ, יהוה צוּרִי וְגוֹאֲלִי.

◆ Take three steps back.
Say 'עֹשֶׂה שָׁלוֹם בִּמְרוֹמָיו' while bowing to your left.
Say 'הוּא יַעֲשֶׂה שָׁלוֹם עָלֵינוּ' while bowing to the right.
Say 'וְעַל־כָּל־יִשְׂרָאֵל, וְאִמְרוּ אָמֵן' while bowing forward.

13 עֹשֶׂה שָׁלוֹם בִּמְרוֹמָיו, הוּא יַעֲשֶׂה שָׁלוֹם עָלֵינוּ, וְעַל־כָּל־

14 יִשְׂרָאֵל, וְאִמְרוּ אָמֵן.

15 **יְהִי** רָצוֹן מִלְּפָנֶיךָ יהוה אֱלֹהֵינוּ וֵאלֹהֵי אֲבוֹתֵינוּ, שֶׁיִּבָּנֶה בֵּית

16 הַמִּקְדָּשׁ בִּמְהֵרָה בְיָמֵינוּ, וְתֵן חֶלְקֵנוּ בְּתוֹרָתֶךָ. וְשָׁם נַעֲבָדְךָ

17 בְּיִרְאָה, כִּימֵי עוֹלָם וּכְשָׁנִים קַדְמוֹנִיּוֹת. וְעָרְבָה לַיהוה מִנְחַת

18 יְהוּדָה וִירוּשָׁלָיִם, כִּימֵי עוֹלָם וּכְשָׁנִים קַדְמוֹנִיּוֹת.

סְפִירַת הָעֹמֶר
Counting the Omer

(i) The עֹמֶר (Omer) was a measure of grain such as wheat or barley. In Temple times, on the second day of Pesach (which is not Yom Tov in Eretz Yisrael) an עֹמֶר of barley had to be specially harvested. The flour from the barley was made into an offering in the Temple. Once this offering, called the Omer, had been made, the rest of the newly harvested barley could be eaten.

The תּוֹרָה commands us to count the days and weeks from the second day of Pesach – the day of the עֹמֶר offering – until the day before Shavuot. This explains why these 49 days became known as the עֹמֶר.

Just as we count the days to an important event in our own lives, so we count the days from Pesach (the beginning of our freedom as a people) to Shavuot (the time of the giving of the תּוֹרָה). This shows us that God gave us our freedom so that we could keep his תּוֹרָה.

(i) **Counting the Omer.**

From the second night of Pesach until the night before Shavuot we count the עֹמֶר. We are, in fact, counting the days and weeks from the time בְּנֵי יִשְׂרָאֵל left Egypt until the time they received the תּוֹרָה.

Each night, we stand, say the בְּרָכָה and count the עֹמֶר by saying the appropriate sentence. On the second night of Pesach we say sentence number one; on the next night, sentence number two and so on.

If you forgot to count the עֹמֶר at night you may do so during the next day, but without the בְּרָכָה. If during that day, you still forgot to count, then you may continue counting the next number on the following night, but you may not say the בְּרָכָה again that year.

You must understand what you are counting, so it may be sensible to look at the translation of the בְּרָכָה, below, first.

הִנְנִי מְקַיֵּם מִצְוַת עֲשֵׂה שֶׁל־סְפִירַת הָעֹמֶר כְּמוֹ שֶׁכָּתוּב 1

בַּתּוֹרָה, וּסְפַרְתֶּם לָכֶם מִמָּחֳרַת הַשַּׁבָּת מִיּוֹם הֲבִיאֲכֶם אֶת־ 2

עֹמֶר הַתְּנוּפָה שֶׁבַע שַׁבָּתוֹת תְּמִימֹת תִּהְיֶינָה, עַד מִמָּחֳרַת 3

הַשַּׁבָּת הַשְּׁבִיעִית תִּסְפְּרוּ חֲמִשִּׁים יוֹם. 4

בָּרוּךְ אַתָּה יהוה אֱלֹהֵינוּ מֶלֶךְ הָעוֹלָם, אֲשֶׁר קִדְּשָׁנוּ 5

בְּמִצְוֹתָיו וְצִוָּנוּ, עַל סְפִירַת הָעֹמֶר. 6

▷ Blessed are You, Hashem our God, King of the universe, who has made us holy with His commandments and has commanded us to count the Omer.

---

1. הַיּוֹם יוֹם אֶחָד לָעֹמֶר.

▷ Today is the first day of the Omer.

---

2. הַיּוֹם שְׁנֵי יָמִים לָעֹמֶר.

▷ Today is the second day of the Omer.

3. הַיּוֹם שְׁלֹשָׁה יָמִים לָעֹמֶר.

▷ Today is the third day of the Omer.

4. הַיּוֹם אַרְבָּעָה יָמִים לָעֹמֶר.

▷ Today is the fourth day of the Omer.

5. הַיּוֹם חֲמִשָּׁה יָמִים לָעֹמֶר.

▷ Today is the fifth day of the Omer.

6. הַיּוֹם שִׁשָּׁה יָמִים לָעֹמֶר.

▷ Today is the sixth day of the Omer.

7. הַיּוֹם שִׁבְעָה יָמִים שֶׁהֵם שָׁבוּעַ אֶחָד לָעֹמֶר.

▷ Today is the seventh day, making one week of the Omer.

8. הַיּוֹם שְׁמוֹנָה יָמִים שֶׁהֵם שָׁבוּעַ אֶחָד וְיוֹם אֶחָד לָעֹמֶר.

▷ Today is the eighth day, making one week and one day of the Omer.

9. הַיּוֹם תִּשְׁעָה יָמִים שֶׁהֵם שָׁבוּעַ אֶחָד וּשְׁנֵי יָמִים לָעֹמֶר.

▷ Today is the ninth day, making one week and two days of the Omer.

10. הַיּוֹם עֲשָׂרָה יָמִים שֶׁהֵם שָׁבוּעַ אֶחָד וּשְׁלֹשָׁה יָמִים לָעֹמֶר.

▷ Today is the tenth day, making one week and three days of the Omer.

11. הַיּוֹם אַחַד עָשָׂר יוֹם שֶׁהֵם שָׁבוּעַ אֶחָד וְאַרְבָּעָה יָמִים לָעֹמֶר.

▷ Today is the eleventh day, making one week and four days of the Omer.

12. הַיּוֹם שְׁנֵים עָשָׂר יוֹם שֶׁהֵם שָׁבוּעַ אֶחָד וַחֲמִשָּׁה יָמִים לָעֹמֶר.

▷ Today is the twelfth day, making one week and five days of the Omer.

13. הַיּוֹם שְׁלֹשָׁה עָשָׂר יוֹם שֶׁהֵם שָׁבוּעַ אֶחָד וְשִׁשָּׁה יָמִים לָעֹמֶר.

▷ Today is the thirteenth day, making one week and six days of the Omer.

14. הַיּוֹם אַרְבָּעָה עָשָׂר יוֹם שֶׁהֵם שְׁנֵי שָׁבוּעוֹת לָעֹמֶר.

▷ Today is the fourteenth day, making two weeks of the Omer.

15. הַיּוֹם חֲמִשָּׁה עָשָׂר יוֹם שֶׁהֵם שְׁנֵי שָׁבוּעוֹת וְיוֹם אֶחָד לָעֹמֶר.

▷ Today is the fifteenth day, making two weeks and one day of the Omer.

16. הַיּוֹם שִׁשָּׁה עָשָׂר יוֹם שֶׁהֵם שְׁנֵי שָׁבוּעוֹת וּשְׁנֵי יָמִים לָעֹמֶר.

▷ Today is the sixteenth day, making two weeks and two days of the Omer.

17. הַיּוֹם שִׁבְעָה עָשָׂר יוֹם שֶׁהֵם שְׁנֵי שָׁבוּעוֹת וּשְׁלֹשָׁה יָמִים לָעֹמֶר.

▷ Today is the seventeenth day, making two weeks and three days of the Omer.

18. הַיּוֹם שְׁמוֹנָה עָשָׂר יוֹם שֶׁהֵם שְׁנֵי שָׁבוּעוֹת וְאַרְבָּעָה יָמִים לָעֹמֶר.

▷ Today is the eighteenth day, making two weeks and four days of the Omer.

19. הַיּוֹם תִּשְׁעָה עָשָׂר יוֹם שֶׁהֵם שְׁנֵי שָׁבוּעוֹת וַחֲמִשָּׁה יָמִים לָעֹמֶר.

▷ Today is the nineteenth day, making two weeks and five days of the Omer.

20. הַיּוֹם עֶשְׂרִים יוֹם שֶׁהֵם שְׁנֵי שָׁבוּעוֹת וְשִׁשָּׁה יָמִים לָעֹמֶר.

▷ Today is the twentieth day, making two weeks and six days of the Omer.

21. הַיּוֹם אֶחָד וְעֶשְׂרִים יוֹם שֶׁהֵם שְׁלֹשָׁה שָׁבוּעוֹת לָעֹמֶר.

▷ Today is the twenty-first day, making three weeks of the Omer.

22. הַיּוֹם שְׁנַיִם וְעֶשְׂרִים יוֹם שֶׁהֵם שְׁלֹשָׁה שָׁבוּעוֹת וְיוֹם אֶחָד לָעֹמֶר.

▷ Today is the twenty-second day, making three weeks and one day of the Omer.

23. הַיּוֹם שְׁלֹשָׁה וְעֶשְׂרִים יוֹם שֶׁהֵם שְׁלֹשָׁה שָׁבוּעוֹת וּשְׁנֵי יָמִים לָעֹמֶר.

▷ Today is the twenty-third day, making three weeks and two days of the Omer.

24. הַיּוֹם אַרְבָּעָה וְעֶשְׂרִים יוֹם שֶׁהֵם שְׁלֹשָׁה שָׁבוּעוֹת וּשְׁלֹשָׁה יָמִים לָעֹמֶר.

▷ Today is the twenty-fourth day, making three weeks and three days of the Omer.

25. הַיּוֹם חֲמִשָּׁה וְעֶשְׂרִים יוֹם שֶׁהֵם שְׁלֹשָׁה שָׁבוּעוֹת וְאַרְבָּעָה יָמִים לָעֹמֶר.

▷ Today is the twenty-fifth day, making three weeks and four days of the Omer.

26. הַיּוֹם שִׁשָּׁה וְעֶשְׂרִים יוֹם שֶׁהֵם שְׁלֹשָׁה שָׁבוּעוֹת וַחֲמִשָּׁה יָמִים לָעֹמֶר.

▷ Today is the twenty-sixth day, making three weeks and five days of the Omer.

27. הַיּוֹם שִׁבְעָה וְעֶשְׂרִים יוֹם שֶׁהֵם שְׁלֹשָׁה שָׁבוּעוֹת וְשִׁשָּׁה יָמִים לָעֹמֶר.

▷ Today is the twenty-seventh day, making three weeks and six days of the Omer.

28. הַיּוֹם שְׁמוֹנָה וְעֶשְׂרִים יוֹם שֶׁהֵם אַרְבָּעָה שָׁבוּעוֹת לָעֹמֶר.

▷ Today is the twenty-eighth day, making four weeks of the Omer.

29. הַיּוֹם תִּשְׁעָה וְעֶשְׂרִים יוֹם שֶׁהֵם אַרְבָּעָה שָׁבוּעוֹת וְיוֹם אֶחָד לָעֹמֶר.

▷ Today is the twenty-ninth day, making four weeks and one day of the Omer.

30. הַיּוֹם שְׁלֹשִׁים יוֹם שֶׁהֵם אַרְבָּעָה שָׁבוּעוֹת וּשְׁנֵי יָמִים לָעֹמֶר.

▷ Today is the thirtieth day, making four weeks and two days of the Omer.

31. הַיּוֹם אֶחָד וּשְׁלֹשִׁים יוֹם שֶׁהֵם אַרְבָּעָה שָׁבוּעוֹת וּשְׁלֹשָׁה יָמִים לָעֹמֶר.

▷ Today is the thirty-first day, making four weeks and three days of the Omer.

32. הַיּוֹם שְׁנַיִם וּשְׁלֹשִׁים יוֹם שֶׁהֵם אַרְבָּעָה שָׁבוּעוֹת וְאַרְבָּעָה יָמִים לָעֹמֶר.

▷ Today is the thirty-second day, making four weeks and four days of the Omer.

33. הַיּוֹם שְׁלֹשָׁה וּשְׁלֹשִׁים יוֹם שֶׁהֵם אַרְבָּעָה שָׁבוּעוֹת וַחֲמִשָּׁה יָמִים לָעֹמֶר.

▷ Today is the thirty-third day, making four weeks and five days of the Omer.

ⓘ Before going to sleep we say a בְּרָכָה, the first פָּרָשָׁה of שְׁמַע and other prayers. The full text is to be found in a standard סִדּוּר.

קְרִיאַת שְׁמַע עַל הַמִּטָּה
Bedtime Shema

1 **בָּרוּךְ** אַתָּה יהוה אֱלֹהֵינוּ מֶלֶךְ הָעוֹלָם. הַמַּפִּיל חֶבְלֵי שֵׁנָה

2 עַל־עֵינַי וּתְנוּמָה עַל־עַפְעַפָּי. וִיהִי רָצוֹן מִלְּפָנֶיךָ יהוה אֱלֹהַי

3 וֵאלֹהֵי אֲבוֹתַי שֶׁתַּשְׁכִּיבֵנִי לְשָׁלוֹם וְתַעֲמִידֵנִי לְשָׁלוֹם. וְאַל

4 יְבַהֲלוּנִי רַעְיוֹנַי וַחֲלוֹמוֹת רָעִים וְהִרְהוּרִים רָעִים. וּתְהִי

5 מִטָּתִי שְׁלֵמָה לְפָנֶיךָ. וְהָאֵר עֵינַי פֶּן־אִישַׁן הַמָּוֶת. כִּי אַתָּה

6 הַמֵּאִיר לְאִישׁוֹן בַּת־עָיִן. בָּרוּךְ אַתָּה יהוה. הַמֵּאִיר לָעוֹלָם

7 כֻּלּוֹ בִּכְבוֹדוֹ.

▷ Blessed are You, Hashem, for sending me to sleep. Let me sleep peacefully and wake up peacefully. Protect me from frightening thoughts and bad dreams. Fill my eyes with brightness etc.' to 'Keep the light of life in my eyes even when I am asleep.. Blessed are You, Hashem, who lights up the whole world with His splendour.

8 **שְׁמַע** יִשְׂרָאֵל יהוה אֱלֹהֵינוּ יהוה | אֶחָד:

◆ Say this line in a whisper:

9 ⁺בָּרוּךְ שֵׁם כְּבוֹד מַלְכוּתוֹ לְעוֹלָם וָעֶד.

10 **וְאָהַבְתָּ** אֵת יהוה אֱלֹהֶיךָ בְּכָל־לְבָבְךָ וּבְכָל־נַפְשְׁךָ וּבְכָל־

11 מְאֹדֶךָ: וְהָיוּ הַדְּבָרִים הָאֵלֶּה אֲשֶׁר אָנֹכִי מְצַוְּךָ הַיּוֹם עַל־

12 לְבָבֶךָ: וְשִׁנַּנְתָּם לְבָנֶיךָ וְדִבַּרְתָּ בָּם בְּשִׁבְתְּךָ בְּבֵיתֶךָ וּבְלֶכְתְּךָ

13 בַדֶּרֶךְ וּבְשָׁכְבְּךָ וּבְקוּמֶךָ: וּקְשַׁרְתָּם לְאוֹת עַל־יָדֶךָ וְהָיוּ

14 לְטֹטָפֹת בֵּין עֵינֶיךָ: וּכְתַבְתָּם עַל־מְזֻזוֹת בֵּיתֶךָ וּבִשְׁעָרֶיךָ:

ⓘ These prayers ask for God's protection while we sleep.

הַמַּלְאָךְ הַגֹּאֵל אֹתִי מִכָּל־רָע יְבָרֵךְ אֶת־הַנְּעָרִים, וְיִקָּרֵא בָהֶם שְׁמִי, וְשֵׁם אֲבֹתַי אַבְרָהָם וְיִצְחָק, וְיִדְגּוּ לָרֹב בְּקֶרֶב הָאָרֶץ.

יְבָרֶכְךָ יהוה וְיִשְׁמְרֶךָ.
יָאֵר יהוה פָּנָיו אֵלֶיךָ וִיחֻנֶּךָּ.
יִשָּׂא יהוה פָּנָיו אֵלֶיךָ, וְיָשֵׂם לְךָ שָׁלוֹם.

הִנֵּה לֹא יָנוּם וְלֹא יִישָׁן, שׁוֹמֵר יִשְׂרָאֵל.

בְּשֵׁם יהוה אֱלֹהֵי יִשְׂרָאֵל, מִימִינִי מִיכָאֵל, וּמִשְּׂמֹאלִי גַּבְרִיאֵל, וּמִלְּפָנַי אוּרִיאֵל, וּמֵאֲחוֹרַי רְפָאֵל, וְעַל רֹאשִׁי שְׁכִינַת אֵל.

אֲדוֹן עוֹלָם אֲשֶׁר מָלַךְ, בְּטֶרֶם כָּל־יְצִיר נִבְרָא.
לְעֵת נַעֲשָׂה בְחֶפְצוֹ כֹּל, אֲזַי מֶלֶךְ שְׁמוֹ נִקְרָא.
וְאַחֲרֵי כִּכְלוֹת הַכֹּל, לְבַדּוֹ יִמְלוֹךְ נוֹרָא.
וְהוּא הָיָה וְהוּא הֹוֶה, וְהוּא יִהְיֶה בְּתִפְאָרָה.
וְהוּא אֶחָד וְאֵין שֵׁנִי, לְהַמְשִׁיל לוֹ לְהַחְבִּירָה.
בְּלִי רֵאשִׁית בְּלִי תַכְלִית, וְלוֹ הָעֹז וְהַמִּשְׂרָה.
וְהוּא אֵלִי וְחַי גֹּאֲלִי, וְצוּר חֶבְלִי בְּעֵת צָרָה.
וְהוּא נִסִּי וּמָנוֹס לִי, מְנָת כּוֹסִי בְּיוֹם אֶקְרָא.
בְּיָדוֹ אַפְקִיד רוּחִי, בְּעֵת אִישַׁן וְאָעִירָה.
וְעִם־רוּחִי גְּוִיָּתִי, יהוה לִי וְלֹא אִירָא.

לֵיל שַׁבָּת

Friday Night

ⓘ שַׁבָּת is a day of rest and joy. Everything is special and the table is set with tablecloth, candles, wine and חַלּוֹת. We also beautify שַׁבָּת by saying special prayers. Candles are lit before the start of שַׁבָּת. It is usually a mitzvah performed by women, but if there is no woman present, a man should perform it.

◆ Light the candles, cover your eyes and then say this בְּרָכָה.

1 בָּרוּךְ אַתָּה יהוה אֱלֹהֵינוּ מֶלֶךְ הָעוֹלָם, אֲשֶׁר קִדְּשָׁנוּ

2 בְּמִצְוֹתָיו וְצִוָּנוּ, לְהַדְלִיק נֵר שֶׁל שַׁבָּת.

▷ Blessed are You, Hashem our God, King of the Universe, who has made us holy with His commandments and commanded us to light the Shabbat light.

קַבָּלַת שַׁבָּת
Welcoming Shabbat

Before Friday מַעֲרִיב we welcome שַׁבָּת by saying some joyful תְּהִלִּים (psalms) and by singing 'לְכָה דוֹדִי'. This is called קַבָּלַת שַׁבָּת and was originally said by a group of famous rabbis who would go out into the fields to greet שַׁבָּת. One of those rabbis wrote 'לְכָה דוֹדִי' as a song of welcome.
'לְכוּ נְרַנְּנָה' and 'לְכָה דוֹדִי' have been included for school assemblies. In the full service there are eight תְּהִלִּים and 'לְכָה דוֹדִי'. These, together with מַעֲרִיב for שַׁבָּת, will be found in a standard סִדּוּר.
'לְכוּ נְרַנְּנָה' is the first of these תְּהִלִּים.

The diagram shows the structure of the Friday evening service.

לְכוּ נְרַנְּנָה לַיהוה נָרִיעָה לְצוּר יִשְׁעֵנוּ. נְקַדְּמָה פָנָיו בְּתוֹדָה בִּזְמִרוֹת נָרִיעַ לוֹ. כִּי אֵל גָּדוֹל יהוה וּמֶלֶךְ גָּדוֹל עַל כָּל אֱלֹהִים. אֲשֶׁר בְּיָדוֹ מֶחְקְרֵי־אָרֶץ וְתוֹעֲפוֹת הָרִים לוֹ. אֲשֶׁר־לוֹ הַיָּם וְהוּא עָשָׂהוּ, וְיַבֶּשֶׁת יָדָיו יָצָרוּ. בֹּאוּ נִשְׁתַּחֲוֶה וְנִכְרָעָה, נִבְרְכָה לִפְנֵי־יהוה עֹשֵׂנוּ. כִּי הוּא אֱלֹהֵינוּ וַאֲנַחְנוּ עַם מַרְעִיתוֹ וְצֹאן יָדוֹ, הַיּוֹם אִם־בְּקֹלוֹ תִשְׁמָעוּ. אַל־תַּקְשׁוּ לְבַבְכֶם כִּמְרִיבָה, כְּיוֹם מַסָּה בַּמִּדְבָּר. אֲשֶׁר נִסּוּנִי אֲבוֹתֵיכֶם, בְּחָנוּנִי גַּם רָאוּ פָעֳלִי. אַרְבָּעִים שָׁנָה אָקוּט בְּדוֹר, וָאֹמַר עַם תֹּעֵי לֵבָב הֵם, וְהֵם לֹא־יָדְעוּ דְרָכָי. אֲשֶׁר נִשְׁבַּעְתִּי בְאַפִּי, אִם־יְבֹאוּן אֶל מְנוּחָתִי.

לְכָה דוֹדִי לִקְרַאת כַּלָּה,

פְּנֵי שַׁבָּת נְקַבְּלָה.

לְכָה דוֹדִי לִקְרַאת כַּלָּה, פְּנֵי שַׁבָּת נְקַבְּלָה.

▷ **Chorus:** Come my friend, to greet the bride,
Let us welcome Shabbat together.

שָׁמוֹר וְזָכוֹר בְּדִבּוּר אֶחָד,

הִשְׁמִיעָנוּ אֵל הַמְיֻחָד,

יהוה אֶחָד וּשְׁמוֹ אֶחָד,

לְשֵׁם וּלְתִפְאֶרֶת וְלִתְהִלָּה.

לְכָה דוֹדִי לִקְרַאת כַּלָּה, פְּנֵי שַׁבָּת נְקַבְּלָה.

▷ 'Keep' and 'Remember' in a single saying
the One and only God made us hear.
God is One and His name is One:
Such is His fame, His honour and His praise.

לִקְרַאת שַׁבָּת לְכוּ וְנֵלְכָה,

כִּי הִיא מְקוֹר הַבְּרָכָה,

מֵרֹאשׁ מִקֶּדֶם נְסוּכָה,

סוֹף מַעֲשֶׂה בְּמַחֲשָׁבָה תְּחִלָּה.

לְכָה דוֹדִי לִקְרַאת כַּלָּה, פְּנֵי שַׁבָּת נְקַבְּלָה.

מִקְדַּשׁ מֶלֶךְ עִיר מְלוּכָה,

קוּמִי צְאִי מִתּוֹךְ הַהֲפֵכָה,

רַב לָךְ שֶׁבֶת בְּעֵמֶק הַבָּכָא,
וְהוּא יַחֲמוֹל עָלַיִךְ חֶמְלָה.
לְכָה דוֹדִי לִקְרַאת כַּלָּה, פְּנֵי שַׁבָּת נְקַבְּלָה.

הִתְנַעֲרִי מֵעָפָר קוּמִי,
לִבְשִׁי בִּגְדֵי תִפְאַרְתֵּךְ עַמִּי,
עַל יַד בֶּן יִשַׁי בֵּית הַלַּחְמִי,
קָרְבָה אֶל נַפְשִׁי גְאָלָהּ.
לְכָה דוֹדִי לִקְרַאת כַּלָּה, פְּנֵי שַׁבָּת נְקַבְּלָה.

הִתְעוֹרְרִי הִתְעוֹרְרִי,
כִּי בָא אוֹרֵךְ קוּמִי אוֹרִי,
עוּרִי עוּרִי שִׁיר דַבֵּרִי,
כְּבוֹד יהוה עָלַיִךְ נִגְלָה.
לְכָה דוֹדִי לִקְרַאת כַּלָּה, פְּנֵי שַׁבָּת נְקַבְּלָה.

לֹא תֵבוֹשִׁי וְלֹא תִכָּלְמִי,
מַה תִּשְׁתּוֹחֲחִי וּמַה תֶּהֱמִי,
בָּךְ יֶחֱסוּ עֲנִיֵּי עַמִּי,
וְנִבְנְתָה עִיר עַל תִּלָּהּ.
לְכָה דוֹדִי לִקְרַאת כַּלָּה, פְּנֵי שַׁבָּת נְקַבְּלָה.

וְהָיוּ לִמְשִׁסָּה שֹׁאסָיִךְ, ₁

וְרָחֲקוּ כָּל מְבַלְּעָיִךְ, ₂

יָשִׂישׂ עָלַיִךְ אֱלֹהָיִךְ, ₃

כִּמְשׂוֹשׂ חָתָן עַל כַּלָּה. ₄

לְכָה דוֹדִי לִקְרַאת כַּלָּה, פְּנֵי שַׁבָּת נְקַבְּלָה. ₅

יָמִין וּשְׂמֹאל תִּפְרוֹצִי, ₆

וְאֶת־יהוה תַּעֲרִיצִי, ₇

עַל יַד אִישׁ בֶּן פַּרְצִי, ₈

וְנִשְׂמְחָה וְנָגִילָה. ₉

לְכָה דוֹדִי לִקְרַאת כַּלָּה, פְּנֵי שַׁבָּת נְקַבְּלָה. ₁₀

◆ We stand, turn and face the back of the room. Bow whilst saying 'בּוֹאִי כַלָּה'; turn and face forward, bow and again say 'בּוֹאִי כַלָּה'. This way we symbolically welcome שַׁבָּת, just like a bride at her wedding.

בּוֹאִי בְשָׁלוֹם עֲטֶרֶת בַּעְלָהּ, ₁₁

גַּם בְּשִׂמְחָה וּבְצָהֳלָה, ₁₂

תּוֹךְ אֱמוּנֵי עַם סְגֻלָּה, ₁₃

בּוֹאִי כַלָּה, בּוֹאִי כַלָּה. ₁₄

לְכָה דוֹדִי לִקְרַאת כַּלָּה, פְּנֵי שַׁבָּת נְקַבְּלָה. ₁₅

▷ Enter in peace O crown of her husband,
Come in with joy and cheerfulness
Among the faithful of Israel
Enter, bride; enter, bride!

The Jewish religion is based on 13 central beliefs. They are that:

1. God is the Creator
2. God is One
3. God has no body
4. God is everlasting
5. We must pray only to God
6. The prophets were true messengers of God
7. מֹשֶׁה was the greatest prophet
8. God gave him the whole תּוֹרָה
9. The תּוֹרָה cannot be changed
10. God knows everything we do and think
11. God rewards and punishes
12. The מָשִׁיחַ will come
13. The dead will live again.

יִגְדַּל is a poem each line of which describes these beliefs. The שְׁלִיחַ צִבּוּר sings the first line, everyone sings the next line and so on. Everyone repeats line 13.

1 **יִגְדַּל** אֱלֹהִים חַי וְיִשְׁתַּבַּח, נִמְצָא וְאֵין עֵת אֶל מְצִיאוּתוֹ.

2 אֶחָד וְאֵין יָחִיד כְּיִחוּדוֹ, נֶעְלָם וְגַם אֵין סוֹף לְאַחְדוּתוֹ.

3 אֵין לוֹ דְמוּת הַגּוּף וְאֵינוֹ גוּף, לֹא נַעֲרוֹךְ אֵלָיו קְדֻשָּׁתוֹ.

4 קַדְמוֹן לְכָל דָּבָר אֲשֶׁר נִבְרָא, רִאשׁוֹן וְאֵין רֵאשִׁית לְרֵאשִׁיתוֹ.

5 הִנּוֹ אֲדוֹן עוֹלָם לְכָל נוֹצָר, יוֹרֶה גְדֻלָּתוֹ וּמַלְכוּתוֹ.

6 שֶׁפַע נְבוּאָתוֹ נְתָנוֹ, אֶל אַנְשֵׁי סְגֻלָּתוֹ וְתִפְאַרְתּוֹ.

7 לֹא קָם בְּיִשְׂרָאֵל כְּמֹשֶׁה עוֹד, נָבִיא וּמַבִּיט אֶת תְּמוּנָתוֹ.

8 תּוֹרַת אֱמֶת נָתַן לְעַמּוֹ אֵל, עַל יַד נְבִיאוֹ נֶאֱמַן בֵּיתוֹ.

9 לֹא יַחֲלִיף הָאֵל וְלֹא יָמִיר דָּתוֹ, לְעוֹלָמִים לְזוּלָתוֹ.

10 צוֹפֶה וְיוֹדֵעַ סְתָרֵינוּ, מַבִּיט לְסוֹף דָּבָר בְּקַדְמָתוֹ.

11 גּוֹמֵל לְאִישׁ חֶסֶד כְּמִפְעָלוֹ, נוֹתֵן לְרָשָׁע רָע כְּרִשְׁעָתוֹ.

12 יִשְׁלַח לְקֵץ יָמִין מְשִׁיחֵנוּ, לִפְדּוֹת מְחַכֵּי קֵץ יְשׁוּעָתוֹ.

13 מֵתִים יְחַיֶּה אֵל בְּרוֹב חַסְדּוֹ, בָּרוּךְ עֲדֵי־עַד שֵׁם תְּהִלָּתוֹ.

(i) Each Friday night and each night of Yom Tov before Kiddush and at the meal just before Yom Kippur (before starting the meal), parents bless their children. The parent's hands are placed on each child's head and these blessings are said:

◆ For a boy

יְשִׂמְךָ אֱלֹהִים כְּאֶפְרַיִם וְכִמְנַשֶּׁה.   1

▷ May Hashem help you grow up to be like Ephraim and Menasheh.

(i) Ephraim and Menasheh got special blessings from Ya'akov.

◆ For a girl

יְשִׂמֵךְ אֱלֹהִים כְּשָׂרָה רִבְקָה רָחֵל וְלֵאָה.   2

▷ May Hashem help you grow up to be like Sarah, Rivkah, Rachel and Leah.

(i) They were our four 'National Mothers'.

◆ Continue the blessing for boys and girls:

יְבָרֶכְךָ יהוה וְיִשְׁמְרֶךָ.   3

יָאֵר יהוה פָּנָיו אֵלֶיךָ וִיחֻנֶּךָּ.   4

יִשָּׂא יהוה פָּנָיו אֵלֶיךָ, וְיָשֵׂם לְךָ שָׁלוֹם.   5

▷ May Hashem bless you and protect you.
May Hashem make His face shine on you and be kind to you.
May Hashem turn His face to you and give you peace.

There is a tradition that each Friday night two מַלְאָכִים (angels) escort us home from shul. If our home is ready for Shabbat, the good מַלְאָךְ says, 'May it be the same next Shabbat!' and the evil מַלְאָךְ must reply 'אָמֵן'. If the home is not ready, the evil מַלְאָךְ says 'May it be the same next Shabbat!' and the good מַלְאָךְ must reply 'אָמֵן'. Many people sing each verse three times.

1 **שָׁלוֹם עֲלֵיכֶם,** מַלְאֲכֵי הַשָּׁרֵת, מַלְאֲכֵי עֶלְיוֹן, מִמֶּלֶךְ
2 מַלְכֵי הַמְּלָכִים הַקָּדוֹשׁ בָּרוּךְ הוּא.

3 **בּוֹאֲכֶם** לְשָׁלוֹם, מַלְאֲכֵי הַשָּׁלוֹם, מַלְאֲכֵי עֶלְיוֹן, מִמֶּלֶךְ
4 מַלְכֵי הַמְּלָכִים הַקָּדוֹשׁ בָּרוּךְ הוּא.

5 **בָּרְכוּנִי** לְשָׁלוֹם, מַלְאֲכֵי הַשָּׁלוֹם, מַלְאֲכֵי עֶלְיוֹן, מִמֶּלֶךְ
6 מַלְכֵי הַמְּלָכִים הַקָּדוֹשׁ בָּרוּךְ הוּא.

7 **צֵאתְכֶם** לְשָׁלוֹם, מַלְאֲכֵי הַשָּׁלוֹם, מַלְאֲכֵי עֶלְיוֹן, מִמֶּלֶךְ
8 מַלְכֵי הַמְּלָכִים הַקָּדוֹשׁ בָּרוּךְ הוּא.

This biblical poem, written by King Solomon in the Book of Proverbs, praises the Jewish wife in beautiful language. It also hints at the idea of Shabbat.

9 **אֵשֶׁת חַיִל** מִי יִמְצָא, וְרָחֹק מִפְּנִינִים מִכְרָהּ.
10 **בָּ**טַח בָּהּ לֵב בַּעְלָהּ, וְשָׁלָל לֹא יֶחְסָר.
11 **גְּ**מָלַתְהוּ טוֹב וְלֹא רָע, כֹּל יְמֵי חַיֶּיהָ.
12 **דָּ**רְשָׁה צֶמֶר וּפִשְׁתִּים, וַתַּעַשׂ בְּחֵפֶץ כַּפֶּיהָ.
13 **הָ**יְתָה כָּאֳנִיּוֹת סוֹחֵר, מִמֶּרְחָק תָּבִיא לַחְמָהּ.
14 **וַ**תָּקָם בְּעוֹד לַיְלָה, וַתִּתֵּן טֶרֶף לְבֵיתָהּ, וְחֹק לְנַעֲרוֹתֶיהָ.
15 **זָ**מְמָה שָׂדֶה וַתִּקָּחֵהוּ, מִפְּרִי כַפֶּיהָ נָטְעָה כָּרֶם.

1 **חָ**גְרָה בְעוֹז מָתְנֶיהָ, וַתְּאַמֵּץ זְרוֹעֹתֶיהָ.

2 **טָ**עֲמָה כִּי־טוֹב סַחְרָהּ, לֹא־יִכְבֶּה בַלַּיְלָה נֵרָהּ.

3 **יָ**דֶיהָ שִׁלְּחָה בַכִּישׁוֹר, וְכַפֶּיהָ תָּמְכוּ פָלֶךְ.

4 **כַּ**פָּהּ פָּרְשָׂה לֶעָנִי, וְיָדֶיהָ שִׁלְּחָה לָאֶבְיוֹן.

5 **לֹ**א־תִירָא לְבֵיתָהּ מִשָּׁלֶג, כִּי כָל־בֵּיתָהּ לָבֻשׁ שָׁנִים.

6 **מַ**רְבַדִּים עָשְׂתָה־לָּהּ, שֵׁשׁ וְאַרְגָּמָן לְבוּשָׁהּ.

7 **נ**וֹדָע בַּשְּׁעָרִים בַּעְלָהּ, בְּשִׁבְתּוֹ עִם־זִקְנֵי־אָרֶץ.

8 **סָ**דִין עָשְׂתָה וַתִּמְכֹּר, וַחֲגוֹר נָתְנָה לַכְּנַעֲנִי.

9 **עֹ**ז וְהָדָר לְבוּשָׁהּ, וַתִּשְׂחַק לְיוֹם אַחֲרוֹן.

10 **פִּ**יהָ פָּתְחָה בְחָכְמָה, וְתוֹרַת־חֶסֶד עַל־לְשׁוֹנָהּ.

11 **צ**וֹפִיָּה הֲלִיכוֹת בֵּיתָהּ, וְלֶחֶם עַצְלוּת לֹא תֹאכֵל.

12 **קָ**מוּ בָנֶיהָ וַיְאַשְּׁרוּהָ, בַּעְלָהּ וַיְהַלְלָהּ.

13 **רַ**בּוֹת בָּנוֹת עָשׂוּ חָיִל, וְאַתְּ עָלִית עַל־כֻּלָּנָה.

14 **שֶׁ**קֶר הַחֵן וְהֶבֶל הַיֹּפִי, אִשָּׁה יִרְאַת־יהוה הִיא תִתְהַלָּל.

15 **תְּ**נוּ־לָהּ מִפְּרִי יָדֶיהָ, וִיהַלְלוּהָ בַשְּׁעָרִים מַעֲשֶׂיהָ.

ⓘ שַׁבָּת has to be honoured by doing special things, as well as by keeping away from creative weekday activity. We introduce שַׁבָּת by saying קִדּוּשׁ over a cup of kosher wine or grape juice. Usually one adult says קִדּוּשׁ on behalf of everyone. It is usually said by a man but should be said by a woman if no men are present. Hold the cup in your stronger hand, Usually everyone stands.

קִדּוּשׁ לְלֵיל שַׁבָּת

Kiddush for Shabbat Evening

◆ Say these four words quietly:

1   וַיְהִי־עֶרֶב וַיְהִי בְקֶר

2   **יוֹם הַשִּׁשִּׁי.** וַיְכֻלּוּ הַשָּׁמַיִם וְהָאָרֶץ וְכָל־צְבָאָם. וַיְכַל

3   אֱלֹהִים בַּיּוֹם הַשְּׁבִיעִי מְלַאכְתּוֹ אֲשֶׁר עָשָׂה, וַיִּשְׁבֹּת בַּיּוֹם

4   הַשְּׁבִיעִי מִכָּל־מְלַאכְתּוֹ אֲשֶׁר עָשָׂה. וַיְבָרֶךְ אֱלֹהִים אֶת־יוֹם

5   הַשְּׁבִיעִי וַיְקַדֵּשׁ אֹתוֹ, כִּי בוֹ שָׁבַת מִכָּל־מְלַאכְתּוֹ אֲשֶׁר־בָּרָא

6   אֱלֹהִים, לַעֲשׂוֹת.

7   **בָּרוּךְ** אַתָּה יהוה אֱלֹהֵינוּ מֶלֶךְ הָעוֹלָם, בּוֹרֵא פְּרִי הַגָּפֶן.

8   **בָּרוּךְ** אַתָּה יהוה אֱלֹהֵינוּ מֶלֶךְ הָעוֹלָם, אֲשֶׁר קִדְּשָׁנוּ

9   בְּמִצְוֹתָיו וְרָצָה בָנוּ, וְשַׁבַּת קָדְשׁוֹ בְּאַהֲבָה וּבְרָצוֹן הִנְחִילָנוּ,

10   זִכָּרוֹן לְמַעֲשֵׂה בְרֵאשִׁית. כִּי הוּא יוֹם תְּחִלָּה לְמִקְרָאֵי קֹדֶשׁ,

11   זֵכֶר לִיצִיאַת מִצְרָיִם. כִּי־בָנוּ בָחַרְתָּ, וְאוֹתָנוּ קִדַּשְׁתָּ, מִכָּל־

12   הָעַמִּים. וְשַׁבַּת קָדְשְׁךָ בְּאַהֲבָה וּבְרָצוֹן הִנְחַלְתָּנוּ. בָּרוּךְ

13   אַתָּה יהוה, מְקַדֵּשׁ הַשַּׁבָּת.

◆ The person making קִדּוּשׁ, followed by everyone else, drinks the wine or grape juice.

▷   It was evening and then it was morning…

… the Sixth Day. And now, heaven and earth and all that were in them were finished. By the Seventh Day, God had completed all His work which He had done, and on the Seventh Day He rested from all the work which He had done. God blessed the Seventh Day and made it holy, because on it He rested from all His work of creation which He had done.

Blessed are You, Hashem Our God, King of the universe, who creates the fruit of the vine.

Blessed are You, Hashem our God, King of the universe, who has made us holy with His commandments and who has been pleased with us, who has given us His holy Shabbat with love and kindness, as an inheritance, a reminder of the Creation. For that day was the first of the holy festivals, a reminder of the departure from Egypt. You chose us, from all the nations, to make us holy. You gave us Your holy Shabbat, with love and favour, as an inheritance. Blessed are You, Hashem, who makes Shabbat holy.

ⓘ   Whenever we eat bread we wash our hands in a special way. We always start Shabbat meals with חַלָה and so we have to wash our hands in this special way:

✦ First make sure your hands are properly clean.
Pour water from a container over your right hand
up to the wrist (a).
Now pour water over your left hand up to the wrist (b).
Pour water over each hand again.

✦ Slightly raise both hands and say this בְּרָכָה:

בָּרוּךְ אַתָּה יהוה אֱלֹהֵינוּ מֶלֶךְ הָעוֹלָם, אֲשֶׁר קִדְּשָׁנוּ   1

בְּמִצְוֹתָיו וְצִוָּנוּ עַל נְטִילַת יָדָיִם.   2

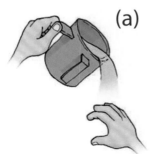

(a)

(b)

✦ Dry your hands and be careful not to speak until after you have eaten your first piece of חַלָה.

◆ Usually everyone sits down, the person saying 'הַמּוֹצִיא' (the blessing for bread) lifts the two חַלּוֹת, one above the other with both hands and says:

בָּרוּךְ אַתָּה יהוה אֱלֹהֵינוּ מֶלֶךְ הָעוֹלָם, הַמּוֹצִיא לֶחֶם מִן   1

הָאָרֶץ.   2

◆ The lower חַלָּה is cut and a piece is given to everyone. The person saying 'הַמּוֹצִיא' eats the חַלָּה first.

At the end of the meal we thank God for our food by saying בִּרְכַּת הַמָּזוֹן. You will find this on page 237.

זְמִירוֹת
Shabbat Table Songs

There is a joyous custom to sing special songs at the שַׁבָּת table. These songs are called זְמִירוֹת. Here is a selection:

We thank Hashem for teaching us to rest on שַׁבָּת.

מְנוּחָה וְשִׂמְחָה אוֹר לַיְּהוּדִים, 1

יוֹם שַׁבָּתוֹן יוֹם מַחֲמַדִּים, 2

שׁוֹמְרָיו וְזוֹכְרָיו הֵמָּה מְעִידִים, 3

כִּי לְשִׁשָּׁה כֹּל בְּרוּאִים וְעוֹמְדִים. 4

שָׁמֵי שָׁמַיִם אֶרֶץ וְיַמִּים, 5

כָּל צְבָא מָרוֹם גְּבוֹהִים וְרָמִים, 6

תַּנִּין וְאָדָם וְחַיַּת רְאֵמִים, 7

כִּי בְּיָהּ יְהֹוָה צוּר עוֹלָמִים. 8

הוּא אֲשֶׁר דִּבֶּר לְעַם סְגֻלָּתוֹ, 9

שָׁמוֹר לְקַדְּשׁוֹ מִבּוֹאוֹ וְעַד צֵאתוֹ, 10

שַׁבַּת קֹדֶשׁ יוֹם חֶמְדָּתוֹ, 11

כִּי בוֹ שָׁבַת אֵל מִכָּל מְלַאכְתּוֹ. 12

בְּמִצְוֹת שַׁבָּת אֵל יַחֲלִיצָךְ,   1

קוּם קְרָא אֵלָיו יָחִישׁ לְאַמְּצָךְ,   2

נִשְׁמַת כָּל חַי וְגַם נַעֲרִיצָךְ,   3

אֱכוֹל בְּשִׂמְחָה כִּי כְבָר רָצָךְ.   4

בְּמִשְׁנֶה לֶחֶם וְקִדּוּשׁ רַבָּה,   5

בְּרֹב מַטְעַמִּים וְרוּחַ נְדִיבָה,   6

יִזְכּוּ לְרַב טוּב הַמִּתְעַנְּגִים בָּהּ,   7

בְּבִיאַת גּוֹאֵל לְחַיֵּי הָעוֹלָם הַבָּא.   8

ⓘ   This song is written in Aramaic, the everyday language of Second Temple Israel. It tells of Hashem's greatness.

יָהּ רִבּוֹן עָלַם וְעָלְמַיָּא,   9

אַנְתְּ הוּא מַלְכָּא מֶלֶךְ מַלְכַיָּא,   10

עוֹבַד גְּבוּרְתֵּךְ וְתִמְהַיָּא,   11

שְׁפַר קָדָמָךְ לְהַחֲוָיָא.   12

יָהּ רִבּוֹן עָלַם וְעָלְמַיָּא, אַנְתְּ הוּא מַלְכָּא מֶלֶךְ מַלְכַיָּא.   13

שְׁבָחִין אֲסַדֵּר צַפְרָא וְרַמְשָׁא,   14

לָךְ אֱלָהָא קַדִּישָׁא דִּי בְרָא כָל נַפְשָׁא,   15

עִירִין קַדִּישִׁין וּבְנֵי אֱנָשָׁא, 1

חֵיוַת בָּרָא וְעוֹפֵי שְׁמַיָּא. 2

יָהּ רִבּוֹן עָלַם וְעָלְמַיָּא, אַנְתְּ הוּא מַלְכָּא מֶלֶךְ מַלְכַיָּא. 3

רַבְרְבִין עוֹבְדֵיךְ וְתַקִּיפִין, 4

מָכִיךְ רְמַיָּא וְזַקִּיף כְּפִיפִין, 5

לוּ יִחְיֶה גְּבַר שְׁנִין אַלְפִין, 6

לָא יֵעוֹל גְּבוּרְתֵּךְ בְּחֻשְׁבְּנַיָּא. 7

יָהּ רִבּוֹן עָלַם וְעָלְמַיָּא, אַנְתְּ הוּא מַלְכָּא מֶלֶךְ מַלְכַיָּא. 8

אֱלָהָא דִּי לֵהּ יְקַר וּרְבוּתָא, 9

פְּרוֹק יַת עָנָךְ מִפּוּם אַרְיָוָתָא, 10

וְאַפֵּיק יַת עַמֵּךְ מִגּוֹ גָלוּתָא, 11

עַמֵּךְ דִּי בְחַרְתְּ מִכָּל אֻמַּיָּא. 12

יָהּ רִבּוֹן עָלַם וְעָלְמַיָּא, אַנְתְּ הוּא מַלְכָּא מֶלֶךְ מַלְכַיָּא. 13

לְמִקְדָּשֵׁךְ תּוּב וּלְקֹדֶשׁ קֻדְשִׁין, 14

אֲתַר דִּי בֵהּ יֶחֱדוּן רוּחִין וְנַפְשִׁין, 15

וִיזַמְּרוּן לָךְ שִׁירִין וְרַחֲשִׁין, 16

בִּירוּשְׁלֵם קַרְתָּא דְשׁוּפְרַיָּא. 17

יָהּ רִבּוֹן עָלַם וְעָלְמַיָּא, אַנְתְּ הוּא מַלְכָּא מֶלֶךְ מַלְכַיָּא. 18

Even when we are sad, שַׁבָּת is a time of peace and joy.

יוֹם זֶה לְיִשְׂרָאֵל אוֹרָה וְשִׂמְחָה, שַׁבַּת מְנוּחָה.

צִוִּיתָ פִּקּוּדִים בְּמַעֲמַד הַר סִינַי,
שַׁבָּת וּמוֹעֲדִים לִשְׁמוֹר בְּכָל שָׁנַי,
לַעֲרֹךְ לְפָנַי מַשְׂאֵת וַאֲרוּחָה, שַׁבַּת מְנוּחָה.
יוֹם זֶה לְיִשְׂרָאֵל אוֹרָה וְשִׂמְחָה, שַׁבַּת מְנוּחָה.

חֶמְדַּת הַלְּבָבוֹת לְאֻמָּה שְׁבוּרָה,
לִנְפָשׁוֹת נִכְאָבוֹת נְשָׁמָה יְתֵרָה,
לְנֶפֶשׁ מְצֵרָה יָסִיר אֲנָחָה, שַׁבַּת מְנוּחָה.
יוֹם זֶה לְיִשְׂרָאֵל אוֹרָה וְשִׂמְחָה, שַׁבַּת מְנוּחָה.

קִדַּשְׁתָּ בֵּרַכְתָּ אוֹתוֹ מִכָּל יָמִים,
בְּשֵׁשֶׁת כִּלִּיתָ מְלֶאכֶת עוֹלָמִים,
בּוֹ מָצְאוּ עֲגוּמִים הַשְׁקֵט וּבִטְחָה, שַׁבַּת מְנוּחָה.
יוֹם זֶה לְיִשְׂרָאֵל אוֹרָה וְשִׂמְחָה, שַׁבַּת מְנוּחָה.

לְאִסּוּר מְלָאכָה צִוִּיתָנוּ נוֹרָא,
אֶזְכֶּה הוֹד מְלוּכָה אִם שַׁבָּת אֶשְׁמְרָה,

1 אַקְרִיב שַׁי לַמּוֹרָא, מִנְחָה מֶרְקָחָה, שַׁבָּת מְנוּחָה.

2 יוֹם זֶה לְיִשְׂרָאֵל אוֹרָה וְשִׂמְחָה, שַׁבָּת מְנוּחָה.

3 **חַדֵּשׁ** מִקְדָּשֵׁנוּ, זָכְרָה נֶחֱרֶבֶת,

4 טוּבְךָ, מוֹשִׁיעֵנוּ, תְּנָה לַנֶּעֱצֶבֶת,

5 בְּשַׁבָּת יוֹשֶׁבֶת בְּזֶמֶר וּשְׁבָחָה, שַׁבָּת מְנוּחָה.

6 יוֹם זֶה לְיִשְׂרָאֵל אוֹרָה וְשִׂמְחָה, שַׁבָּת מְנוּחָה.

We thank Hashem for our meal, for the land of Israel, for Zion and the Kingdom of David. We also hope for the coming of the Messiah.

7 **צוּר מִשֶּׁלּוֹ** אָכַלְנוּ בָּרְכוּ אֱמוּנַי,

8 שָׂבַעְנוּ וְהוֹתַרְנוּ כִּדְבַר יהוה.

9 צוּר מִשֶּׁלּוֹ אָכַלְנוּ בָּרְכוּ אֱמוּנַי, שָׂבַעְנוּ וְהוֹתַרְנוּ כִּדְבַר יהוה.

10 **הַזָּן** אֶת עוֹלָמוֹ רוֹעֵנוּ אָבִינוּ,

11 אָכַלְנוּ אֶת לַחְמוֹ וְיֵינוֹ שָׁתִינוּ,

13 עַל כֵּן נוֹדֶה לִשְׁמוֹ וּנְהַלְּלוֹ בְּפִינוּ,

14 אָמַרְנוּ וְעָנִינוּ אֵין קָדוֹשׁ כַּיהוה.

15 צוּר מִשֶּׁלּוֹ אָכַלְנוּ בָּרְכוּ אֱמוּנַי, שָׂבַעְנוּ וְהוֹתַרְנוּ כִּדְבַר יהוה.

בְּשִׁיר וְקוֹל תּוֹדָה נְבָרֵךְ לֵאלֹהֵינוּ,
עַל אֶרֶץ חֶמְדָּה טוֹבָה שֶׁהִנְחִיל לַאֲבוֹתֵינוּ,
מָזוֹן וְצֵדָה הִשְׂבִּיעַ לְנַפְשֵׁנוּ,
חַסְדּוֹ גָּבַר עָלֵינוּ וֶאֱמֶת יהוה.
צוּר מִשֶּׁלּוֹ אָכַלְנוּ בָּרְכוּ אֱמוּנַי, שָׂבַעְנוּ וְהוֹתַרְנוּ כִּדְבַר יהוה.

רַחֵם בְּחַסְדֶּךָ עַל עַמְּךָ צוּרֵנוּ,
עַל צִיּוֹן מִשְׁכַּן כְּבוֹדֶךָ זְבוּל בֵּית תִּפְאַרְתֵּנוּ,
בֶּן דָּוִד עַבְדֶּךָ יָבוֹא וְיִגְאָלֵנוּ,
רוּחַ אַפֵּינוּ מְשִׁיחַ יהוה.
צוּר מִשֶּׁלּוֹ אָכַלְנוּ בָּרְכוּ אֱמוּנַי, שָׂבַעְנוּ וְהוֹתַרְנוּ כִּדְבַר יהוה.

יִבָּנֶה הַמִּקְדָּשׁ עִיר צִיּוֹן תְּמַלֵּא,
וְשָׁם נָשִׁיר שִׁיר חָדָשׁ וּבִרְנָנָה נַעֲלֶה,
הָרַחֲמָן הַנִּקְדָּשׁ יִתְבָּרַךְ וְיִתְעַלֶּה,
עַל כּוֹס יַיִן מָלֵא כְּבִרְכַּת יהוה.
צוּר מִשֶּׁלּוֹ אָכַלְנוּ בָּרְכוּ אֱמוּנַי, שָׂבַעְנוּ וְהוֹתַרְנוּ כִּדְבַר יהוה.

On ordinary days there are three services: שַׁחֲרִית in the morning, מִנְחָה in the afternoon or evening and מַעֲרִיב at night. On Shabbat, Rosh Chodesh and on festivals, there is an extra service, called מוּסָף.

Avraham was the first to pray at שַׁחֲרִית time. In the בֵּית הַמִּקְדָּשׁ (the Temple) a sacrifice was offered every morning. After the destruction of the בֵּית הַמִּקְדָּשׁ, the עֲמִידָה replaced this offering. On Shabbat there was an extra sacrifice called מוּסָף and our מוּסָף service replaces this.

The תּוֹרָה commands us to say the שְׁמַע every morning (and evening). The main features of the Shabbat morning service are: the שְׁמַע, the עֲמִידָה of שַׁחֲרִית, the Torah reading and the עֲמִידָה of מוּסָף.

This diagram shows the structure of the Shabbat morning service.

בִּרְכוֹת הַשַּׁחַר
פְּסוּקֵי דְזִמְרָה
קְרִיאַת שְׁמַע וּבִרְכוֹתֶיהָ
שַׁחֲרִית עֲמִידָה
Depending on the day, say
הַלֵּל
קְרִיאַת הַתּוֹרָה
מוּסָף עֲמִידָה
סִיוּם תְּפִילה

שַׁחֲרִית לְשַׁבָּת

Shabbat Morning

ⓘ Turn to pages 3-11 for the first prayers. Then continue with פְּסוּקֵי דְזִמְרָה, below.

The second section of שַׁחֲרִית is known as פְּסוּקֵי דְזִמְרָה, 'Verses of Song'. We praise God for creating a wonderful universe and for protecting the Jewish people.

בָּרוּךְ שֶׁאָמַר is said standing. It is the בְּרָכָה at the start of פְּסוּקֵי דְזִמְרָה. To help us concentrate, we try not to speak to each other from בָּרוּךְ שֶׁאָמַר until after the עֲמִידָה.

◆ Boys: hold your front two צִיצִיּוֹת

1 **בָּרוּךְ** שֶׁאָמַר וְהָיָה הָעוֹלָם, בָּרוּךְ הוּא.

2 בָּרוּךְ עֹשֶׂה בְרֵאשִׁית,

3 בָּרוּךְ אוֹמֵר וְעוֹשֶׂה,

4 בָּרוּךְ גּוֹזֵר וּמְקַיֵּם,

5 בָּרוּךְ מְרַחֵם עַל הָאָרֶץ,

6 בָּרוּךְ מְרַחֵם עַל הַבְּרִיּוֹת,

7 בָּרוּךְ מְשַׁלֵּם שָׂכָר־טוֹב לִירֵאָיו,

8 בָּרוּךְ חַי לָעַד וְקַיָּם לָנֶצַח,

9 בָּרוּךְ פּוֹדֶה וּמַצִּיל,

10 בָּרוּךְ שְׁמוֹ.

11 בָּרוּךְ אַתָּה יהוה אֱלֹהֵינוּ מֶלֶךְ הָעוֹלָם, הָאֵל הָאָב הָרַחֲמָן

12 הַמְהֻלָּל בְּפִי עַמּוֹ, מְשֻׁבָּח וּמְפֹאָר בִּלְשׁוֹן חֲסִידָיו וַעֲבָדָיו,

13 וּבְשִׁירֵי דָוִד עַבְדֶּךָ. נְהַלֶּלְךָ יהוה אֱלֹהֵינוּ, בִּשְׁבָחוֹת וּבִזְמִירוֹת.

14 נְגַדֶּלְךָ וּנְשַׁבֵּחֲךָ וּנְפָאֶרְךָ וְנַזְכִּיר שִׁמְךָ וְנַמְלִיכְךָ, מַלְכֵּנוּ

15 אֱלֹהֵינוּ. ◖ יָחִיד, חֵי הָעוֹלָמִים, מֶלֶךְ מְשֻׁבָּח וּמְפֹאָר עֲדֵי־

16 עַד שְׁמוֹ הַגָּדוֹל. בָּרוּךְ אַתָּה יהוה, מֶלֶךְ מְהֻלָּל בַּתִּשְׁבָּחוֹת.

◆ Kiss the צִיצִיּוֹת and let them go.

This is one of the most important of the Tehillim, the Psalms. Each verse starts from line 4 alphabetically, except there is no verse for the letter 'nun'. It is the only one of the 150 psalms which is called 'A Psalm of David'. It is written in three groups of verses, the first about praising God, the next about how God is majestic and kind and the last about how God listens to our prayers.

אַשְׁרֵי יוֹשְׁבֵי בֵיתֶךָ, עוֹד יְהַלְלוּךָ סֶּלָה. 1

אַשְׁרֵי הָעָם שֶׁכָּכָה לּוֹ, אַשְׁרֵי הָעָם שֶׁיהוה אֱלֹהָיו. 2

תְּהִלָּה לְדָוִד, 3

אֲרוֹמִמְךָ אֱלוֹהַי הַמֶּלֶךְ, וַאֲבָרְכָה שִׁמְךָ לְעוֹלָם וָעֶד. 4

בְּכָל יוֹם אֲבָרְכֶךָּ, וַאֲהַלְלָה שִׁמְךָ לְעוֹלָם וָעֶד. 5

גָּדוֹל יהוה וּמְהֻלָּל מְאֹד, וְלִגְדֻלָּתוֹ אֵין חֵקֶר. 6

דּוֹר לְדוֹר יְשַׁבַּח מַעֲשֶׂיךָ, וּגְבוּרֹתֶיךָ יַגִּידוּ. 7

הֲדַר כְּבוֹד הוֹדֶךָ, וְדִבְרֵי נִפְלְאֹתֶיךָ אָשִׂיחָה. 8

וֶעֱזוּז נוֹרְאוֹתֶיךָ יֹאמֵרוּ, וּגְדֻלָּתְךָ אֲסַפְּרֶנָּה. 9

זֵכֶר רַב־טוּבְךָ יַבִּיעוּ, וְצִדְקָתְךָ יְרַנֵּנוּ. 10

חַנּוּן וְרַחוּם יהוה, אֶרֶךְ אַפַּיִם וּגְדָל־חָסֶד. 11

טוֹב יהוה לַכֹּל, וְרַחֲמָיו עַל כָּל מַעֲשָׂיו. 12

יוֹדוּךָ יהוה כָּל מַעֲשֶׂיךָ, וַחֲסִידֶיךָ יְבָרְכוּכָה. 13

כְּבוֹד מַלְכוּתְךָ יֹאמֵרוּ, וּגְבוּרָתְךָ יְדַבֵּרוּ. 14

לְהוֹדִיעַ לִבְנֵי הָאָדָם גְּבוּרֹתָיו, וּכְבוֹד הֲדַר מַלְכוּתוֹ. 15

מַלְכוּתְךָ מַלְכוּת כָּל עוֹלָמִים, וּמֶמְשַׁלְתְּךָ בְּכָל דּוֹר וָדֹר. 16

סוֹמֵךְ יהוה לְכָל הַנֹּפְלִים, וְזוֹקֵף לְכָל הַכְּפוּפִים. 17

עֵינֵי כֹל אֵלֶיךָ יְשַׂבֵּרוּ, וְאַתָּה נוֹתֵן לָהֶם אֶת אָכְלָם בְּעִתּוֹ. 18

✦ When saying this verse, think about how God cares for all His creatures.

פּוֹתֵחַ אֶת יָדֶךָ, וּמַשְׂבִּיעַ לְכָל־חַי רָצוֹן. 19

1 צַדִּיק יהוה בְּכָל דְּרָכָיו, וְחָסִיד בְּכָל מַעֲשָׂיו.

2 קָרוֹב יהוה לְכָל קֹרְאָיו, לְכֹל אֲשֶׁר יִקְרָאֻהוּ בֶאֱמֶת.

3 רְצוֹן יְרֵאָיו יַעֲשֶׂה, וְאֶת שַׁוְעָתָם יִשְׁמַע, וְיוֹשִׁיעֵם.

4 שׁוֹמֵר יהוה אֶת כָּל אֹהֲבָיו, וְאֵת כָּל־הָרְשָׁעִים יַשְׁמִיד.

5 ↻ תְּהִלַּת יהוה יְדַבֶּר פִּי, וִיבָרֵךְ כָּל־בָּשָׂר שֵׁם קָדְשׁוֹ

6 לְעוֹלָם וָעֶד. וַאֲנַחְנוּ נְבָרֵךְ יָהּ, מֵעַתָּה וְעַד־עוֹלָם, הַלְלוּיָהּ.

ⓘ After the Jewish people had crossed the Reed Sea on dry land, they sang this song, שִׁירַת הַיָּם, to thank God for miraculously saving them from the Egyptians. We stand for 'שִׁירַת הַיָּם'.

7 אָז יָשִׁיר־מֹשֶׁה וּבְנֵי יִשְׂרָאֵל אֶת־הַשִּׁירָה הַזֹּאת לַיהוָה וַיֹּאמְרוּ

8 לֵאמֹר אָשִׁירָה לַיהוָה כִּי־גָאֹה גָּאָה סוּס

9 וְרֹכְבוֹ רָמָה בַיָּם: עָזִּי וְזִמְרָת יָהּ וַיְהִי־לִי

10 לִישׁוּעָה זֶה אֵלִי וְאַנְוֵהוּ אֱלֹהֵי

11 אָבִי וַאֲרֹמְמֶנְהוּ: יְהוָה אִישׁ מִלְחָמָה יְהוָה

12 שְׁמוֹ: מַרְכְּבֹת פַּרְעֹה וְחֵילוֹ יָרָה בַיָּם וּמִבְחַר

13 שָׁלִשָׁיו טֻבְּעוּ בְיַם־סוּף: תְּהֹמֹת יְכַסְיֻמוּ יָרְדוּ בִמְצוֹלֹת

14 כְּמוֹ־אָבֶן: יְמִינְךָ יְהוָה נֶאְדָּרִי בַּכֹּחַ יְמִינְךָ

15 יְהוָה תִּרְעַץ אוֹיֵב: וּבְרֹב גְּאוֹנְךָ תַּהֲרֹס

16 קָמֶיךָ תְּשַׁלַּח חֲרֹנְךָ יֹאכְלֵמוֹ כַּקַּשׁ: וּבְרוּחַ

17 אַפֶּיךָ נֶעֶרְמוּ מַיִם נִצְּבוּ כְמוֹ־נֵד

18 נֹזְלִים קָפְאוּ תְהֹמֹת בְּלֶב־יָם: אָמַר

19 אוֹיֵב אֶרְדֹּף אַשִּׂיג אֲחַלֵּק שָׁלָל תִּמְלָאֵמוֹ

נַפְשִׁי אָרִיק חַרְבִּי תּוֹרִישֵׁמוֹ יָדִי: נָשַׁפְתָּ
בְרוּחֲךָ כִּסָּמוֹ יָם צָלְלוּ כַּעוֹפֶרֶת בְּמַיִם
אַדִּירִים: מִי־כָמֹכָה בָּאֵלִם יְהֹוָה מִי
כָּמֹכָה נֶאְדָּר בַּקֹּדֶשׁ נוֹרָא תְהִלֹּת עֹשֵׂה
פֶלֶא: נָטִיתָ יְמִינְךָ תִּבְלָעֵמוֹ אָרֶץ: נָחִיתָ
בְחַסְדְּךָ עַם־זוּ גָּאָלְתָּ נֵהַלְתָּ בְעָזְּךָ אֶל־נְוֵה
קָדְשֶׁךָ: שָׁמְעוּ עַמִּים יִרְגָּזוּן חִיל
אָחַז יֹשְׁבֵי פְּלָשֶׁת: אָז נִבְהֲלוּ אַלּוּפֵי
אֱדוֹם אֵילֵי מוֹאָב יֹאחֲזֵמוֹ רָעַד נָמֹגוּ
כֹּל יֹשְׁבֵי כְנָעַן: תִּפֹּל עֲלֵיהֶם אֵימָתָה
וָפַחַד בִּגְדֹל זְרוֹעֲךָ יִדְּמוּ כָּאָבֶן עַד־
יַעֲבֹר עַמְּךָ יְהֹוָה עַד־יַעֲבֹר עַם־זוּ
קָנִיתָ: תְּבִאֵמוֹ וְתִטָּעֵמוֹ בְּהַר נַחֲלָתְךָ מָכוֹן
לְשִׁבְתְּךָ פָּעַלְתָּ יְהֹוָה מִקְּדָשׁ אֲדֹנָי כּוֹנְנוּ
יָדֶיךָ: יְהֹוָה | יִמְלֹךְ לְעֹלָם וָעֶד: יהוה | יִמְלֹךְ לְעֹלָם וָעֶד.

כִּי בָא סוּס פַּרְעֹה בְּרִכְבּוֹ וּבְפָרָשָׁיו בַּיָּם, וַיָּשֶׁב יהוה עֲלֵהֶם אֶת־מֵי הַיָּם, וּבְנֵי יִשְׂרָאֵל הָלְכוּ בַיַּבָּשָׁה בְּתוֹךְ הַיָּם. כִּי לַיהוה הַמְּלוּכָה, וּמֹשֵׁל בַּגּוֹיִם. וְעָלוּ מוֹשִׁעִים בְּהַר צִיּוֹן, לִשְׁפֹּט אֶת־הַר עֵשָׂו, וְהָיְתָה לַיהוה הַמְּלוּכָה. וְהָיָה יהוה לְמֶלֶךְ עַל־כָּל־הָאָרֶץ, בַּיּוֹם הַהוּא יִהְיֶה יהוה אֶחָד וּשְׁמוֹ אֶחָד. וּבְתוֹרָתְךָ כָּתוּב לֵאמֹר, שְׁמַע יִשְׂרָאֵל יהוה אֱלֹהֵינוּ יהוה אֶחָד.

ⓘ On weekdays יִשְׁתַּבַּח is the בְּרָכָה that ends פְּסוּקֵי דְזִמְרָא. On Shabbat, נִשְׁמַת is added to this. Even though it does not mention שַׁבָּת, it has been a special prayer about God's miracles for about 2000 years.

נִשְׁמַת כָּל־חַי תְּבָרֵךְ אֶת־שִׁמְךָ יהוה אֱלֹהֵינוּ, וְרוּחַ כָּל־בָּשָׂר תְּפָאֵר וּתְרוֹמֵם זִכְרְךָ מַלְכֵּנוּ תָּמִיד. מִן־הָעוֹלָם וְעַד־הָעוֹלָם אַתָּה אֵל, וּמִבַּלְעָדֶיךָ אֵין לָנוּ מֶלֶךְ גּוֹאֵל וּמוֹשִׁיעַ. פּוֹדֶה וּמַצִּיל וּמְפַרְנֵס וּמְרַחֵם בְּכָל־עֵת צָרָה וְצוּקָה, אֵין לָנוּ מֶלֶךְ אֶלָּא אָתָּה. אֱלֹהֵי הָרִאשׁוֹנִים וְהָאַחֲרוֹנִים, אֱלוֹהַּ כָּל־בְּרִיּוֹת, אֲדוֹן כָּל־תּוֹלָדוֹת, הַמְהֻלָּל בְּרֹב הַתִּשְׁבָּחוֹת, הַמְנַהֵג עוֹלָמוֹ בְּחֶסֶד וּבְרִיּוֹתָיו בְּרַחֲמִים. וַיהוה לֹא־יָנוּם וְלֹא־יִישָׁן. הַמְעוֹרֵר יְשֵׁנִים, וְהַמֵּקִיץ נִרְדָּמִים, וְהַמֵּשִׂיחַ אִלְּמִים, וְהַמַּתִּיר אֲסוּרִים, וְהַסּוֹמֵךְ נוֹפְלִים, וְהַזּוֹקֵף כְּפוּפִים.

לְךָ לְבַדְּךָ אֲנַחְנוּ מוֹדִים.
אִלּוּ פִינוּ מָלֵא שִׁירָה כַּיָּם,
וּלְשׁוֹנֵנוּ רִנָּה כַּהֲמוֹן גַּלָּיו,
וְשִׂפְתוֹתֵינוּ שֶׁבַח כְּמֶרְחֲבֵי רָקִיעַ,
וְעֵינֵינוּ מְאִירוֹת כַּשֶּׁמֶשׁ וְכַיָּרֵחַ,
וְיָדֵינוּ פְרוּשׂוֹת כְּנִשְׁרֵי שָׁמָיִם,
וְרַגְלֵינוּ קַלּוֹת כָּאַיָּלוֹת,
אֵין אֲנַחְנוּ מַסְפִּיקִים לְהוֹדוֹת לְךָ,
יהוה אֱלֹהֵינוּ וֵאלֹהֵי אֲבוֹתֵינוּ,
וּלְבָרֵךְ אֶת־שְׁמֶךָ עַל־אַחַת מֵאֶלֶף אֶלֶף אַלְפֵי אֲלָפִים
וְרִבֵּי רְבָבוֹת פְּעָמִים הַטּוֹבוֹת שֶׁעָשִׂיתָ עִם אֲבוֹתֵינוּ וְעִמָּנוּ.

מִמִּצְרַיִם גְּאַלְתָּנוּ יהוה אֱלֹהֵינוּ, וּמִבֵּית עֲבָדִים פְּדִיתָנוּ. 1

בְּרָעָב זַנְתָּנוּ, וּבְשָׂבָע כִּלְכַּלְתָּנוּ, מֵחֶרֶב הִצַּלְתָּנוּ, וּמִדֶּבֶר 2

מִלַּטְתָּנוּ, וּמֵחֳלָיִם רָעִים וְנֶאֱמָנִים דִּלִּיתָנוּ. עַד־הֵנָּה עֲזָרוּנוּ 3

רַחֲמֶיךָ, וְלֹא־עֲזָבוּנוּ חֲסָדֶיךָ. וְאַל־תִּטְּשֵׁנוּ יהוה אֱלֹהֵינוּ 4

לָנֶצַח. עַל־כֵּן אֵבָרִים שֶׁפִּלַּגְתָּ בָּנוּ, וְרוּחַ וּנְשָׁמָה שֶׁנָּפַחְתָּ 5

בְּאַפֵּינוּ, וְלָשׁוֹן אֲשֶׁר שַׂמְתָּ בְּפִינוּ, הֵן הֵם יוֹדוּ וִיבָרְכוּ 6

וִישַׁבְּחוּ וִיפָאֲרוּ וִירוֹמְמוּ וְיַעֲרִיצוּ וְיַקְדִּישׁוּ וְיַמְלִיכוּ אֶת־ 7

שִׁמְךָ מַלְכֵּנוּ. כִּי כָל־פֶּה לְךָ יוֹדֶה, וְכָל־לָשׁוֹן לְךָ תִשָּׁבַע, וְכָל־ 8

בֶּרֶךְ לְךָ תִכְרַע, וְכָל־קוֹמָה לְפָנֶיךָ תִשְׁתַּחֲוֶה, וְכָל־לְבָבוֹת 9

יִירָאוּךָ, וְכָל־קֶרֶב וּכְלָיוֹת יְזַמְּרוּ לִשְׁמֶךָ, כַּדָּבָר שֶׁכָּתוּב, כָּל 10

עַצְמוֹתַי תֹּאמַרְנָה, יהוה מִי כָמוֹךָ, מַצִּיל עָנִי מֵחָזָק מִמֶּנּוּ, 11

וְעָנִי וְאֶבְיוֹן מִגֹּזְלוֹ. מִי יִדְמֶה־לָּךְ, וּמִי יִשְׁוֶה־לָּךְ, וּמִי יַעֲרָךְ־ 12

לָךְ. הָאֵל הַגָּדוֹל הַגִּבּוֹר וְהַנּוֹרָא, אֵל עֶלְיוֹן, קֹנֵה שָׁמַיִם 13

וָאָרֶץ. ☚ נְהַלֶּלְךָ וּנְשַׁבֵּחֲךָ וּנְפָאֶרְךָ וּנְבָרֵךְ אֶת־שֵׁם קָדְשֶׁךָ, 14

כָּאָמוּר, לְדָוִד, בָּרְכִי נַפְשִׁי אֶת־יהוה, וְכָל־קְרָבַי אֶת־שֵׁם 15

קָדְשׁוֹ. 16

הָאֵל בְּתַעֲצֻמוֹת עֻזֶּךָ, 17

הַגָּדוֹל בִּכְבוֹד שְׁמֶךָ, 18

הַגִּבּוֹר לָנֶצַח וְהַנּוֹרָא בְּנוֹרְאוֹתֶיךָ, 19

הַמֶּלֶךְ הַיּוֹשֵׁב עַל כִּסֵּא רָם וְנִשָּׂא. 20

✦ שׁוֹכֵן עַד is usually sung to a special tune, as it tells how we praise God.

1   **שׁוֹכֵן עַד,** מָרוֹם וְקָדוֹשׁ שְׁמוֹ. וְכָתוּב, רַנְּנוּ צַדִּיקִים

2   בַּיהוה, לַיְשָׁרִים נָאוָה תְהִלָּה.

3   ↩ בְּפִי יְשָׁרִים תִּתְהַלָּל.

4   וּבְדִבְרֵי צַדִּיקִים תִּתְבָּרַךְ.

5   וּבִלְשׁוֹן חֲסִידִים תִּתְרוֹמָם.

6   וּבְקֶרֶב קְדוֹשִׁים תִּתְקַדָּשׁ.

7   **וּבְמַקְהֲלוֹת** רִבְבוֹת עַמְּךָ בֵּית יִשְׂרָאֵל, בְּרִנָּה יִתְפָּאַר שִׁמְךָ

8   מַלְכֵּנוּ בְּכָל דּוֹר וָדוֹר. ↩ שֶׁכֵּן חוֹבַת כָּל־הַיְצוּרִים, לְפָנֶיךָ יהוה

9   אֱלֹהֵינוּ וֵאלֹהֵי אֲבוֹתֵינוּ, לְהוֹדוֹת לְהַלֵּל לְשַׁבֵּחַ לְפָאֵר לְרוֹמֵם

10   לְהַדֵּר לְבָרֵךְ לְעַלֵּה וּלְקַלֵּס, עַל־כָּל־דִּבְרֵי שִׁירוֹת וְתִשְׁבְּחוֹת דָּוִד

11   בֶּן־יִשַׁי עַבְדְּךָ מְשִׁיחֶךָ.

✦ We stand until after 'בָּרְכוּ'.

12   **יִשְׁתַּבַּח** שִׁמְךָ לָעַד מַלְכֵּנוּ, הָאֵל הַמֶּלֶךְ הַגָּדוֹל וְהַקָּדוֹשׁ,

13   בַּשָּׁמַיִם וּבָאָרֶץ. כִּי לְךָ נָאֶה יהוה אֱלֹהֵינוּ וֵאלֹהֵי אֲבוֹתֵינוּ,

14   שִׁיר וּשְׁבָחָה, הַלֵּל וְזִמְרָה, עֹז וּמֶמְשָׁלָה, נֶצַח גְּדֻלָּה

15   וּגְבוּרָה, תְּהִלָּה וְתִפְאֶרֶת, קְדֻשָּׁה וּמַלְכוּת, ↩ בְּרָכוֹת

16   וְהוֹדָאוֹת מֵעַתָּה וְעַד־עוֹלָם. בָּרוּךְ אַתָּה יהוה, אֵל מֶלֶךְ

17   גָּדוֹל בַּתִּשְׁבָּחוֹת, אֵל הַהוֹדָאוֹת, אֲדוֹן הַנִּפְלָאוֹת, הַבּוֹחֵר

18   בְּשִׁירֵי זִמְרָה, מֶלֶךְ, אֵל, חֵי הָעוֹלָמִים.

ⓘ 'בָּרְכוּ' calls on everyone to bless God and it is the start of the main part of שַׁחֲרִית. In an adult service, 'בָּרְכוּ' is only said with a מִנְיָן. These lines are said while standing.

✦ The שְׁלִיחַ צִבּוּר (prayer leader) says this next line, bowing while saying 'בָּרְכוּ'. Straighten up at 'יהוה'.

בָּרְכוּ אֶת יהוה הַמְבֹרָךְ.

✦ Everyone, followed by the שְׁלִיחַ צִבּוּר bows while saying 'בָּרוּךְ'.

בָּרוּךְ יהוה הַמְבֹרָךְ לְעוֹלָם וָעֶד.

קְרִיאַת שְׁמַע וּבִרְכוֹתֶיהָ
The Shema & its Blessings

ⓘ The third section of שַׁחֲרִית is קְרִיאַת שְׁמַע וּבִרְכוֹתֶיהָ, 'The Reading of the Shema together with its Blessings'. There are two בְּרָכוֹת before the שְׁמַע and one afterwards. 'יוֹצֵר אוֹר' is the first of these בְּרָכוֹת.

בָּרוּךְ אַתָּה יהוה אֱלֹהֵינוּ מֶלֶךְ הָעוֹלָם, יוֹצֵר אוֹר וּבוֹרֵא חֹשֶׁךְ, עֹשֶׂה שָׁלוֹם וּבוֹרֵא אֶת הַכֹּל.

▷ Blessed are You, Hashem, Producer of light and Creator of darkness, Maker of peace and Creator of everything.

הַכֹּל יוֹדוּךָ, וְהַכֹּל יְשַׁבְּחוּךָ, וְהַכֹּל יֹאמְרוּ אֵין קָדוֹשׁ כַּיהוה. הַכֹּל יְרוֹמְמוּךָ סֶּלָה, יוֹצֵר הַכֹּל. הָאֵל הַפּוֹתֵחַ בְּכָל־יוֹם דַּלְתוֹת שַׁעֲרֵי מִזְרָח, וּבוֹקֵעַ חַלּוֹנֵי רָקִיעַ, מוֹצִיא חַמָּה מִמְּקוֹמָהּ וּלְבָנָה מִמְּכוֹן שִׁבְתָּהּ, וּמֵאִיר לָעוֹלָם כֻּלּוֹ וּלְיוֹשְׁבָיו, שֶׁבָּרָא בְּמִדַּת רַחֲמִים. הַמֵּאִיר לָאָרֶץ וְלַדָּרִים עָלֶיהָ בְּרַחֲמִים, וּבְטוּבוֹ מְחַדֵּשׁ בְּכָל־יוֹם תָּמִיד מַעֲשֵׂה בְרֵאשִׁית. הַמֶּלֶךְ הַמְרוֹמָם לְבַדּוֹ מֵאָז, הַמְשֻׁבָּח וְהַמְפֹאָר

וְהַמִּתְנַשֵּׂא מִימוֹת עוֹלָם. אֱלֹהֵי עוֹלָם, בְּרַחֲמֶיךָ הָרַבִּים
רַחֵם עָלֵינוּ, אֲדוֹן עֻזֵּנוּ, צוּר מִשְׂגַּבֵּנוּ, מָגֵן יִשְׁעֵנוּ, מִשְׂגָּב
בַּעֲדֵנוּ.

אֵין כְּעֶרְכֶּךָ, וְאֵין זוּלָתֶךָ,
אֶפֶס בִּלְתֶּךָ, וּמִי דּוֹמֶה לָּךְ.
אֵין כְּעֶרְכְּךָ יהוה אֱלֹהֵינוּ בָּעוֹלָם הַזֶּה,
וְאֵין זוּלָתְךָ מַלְכֵּנוּ לְחַיֵּי הָעוֹלָם הַבָּא.
אֶפֶס בִּלְתְּךָ גּוֹאֲלֵנוּ לִימוֹת הַמָּשִׁיחַ,
וְאֵין דּוֹמֶה לְּךָ מוֹשִׁיעֵנוּ לִתְחִיַּת הַמֵּתִים.

Look at the first letter of each verse of this poem. It is an acrostic. Just like the angels, we praise the greatness and goodness of Hashem. We thank Him for creating the universe.

אֵל אָדוֹן עַל־כָּל־הַמַּעֲשִׂים,
בָּרוּךְ וּמְבֹרָךְ בְּפִי כָּל־נְשָׁמָה,
גָּדְלוֹ וְטוּבוֹ מָלֵא עוֹלָם,
דַּעַת וּתְבוּנָה סוֹבְבִים אוֹתוֹ.

הַמִּתְגָּאֶה עַל חַיּוֹת הַקֹּדֶשׁ,
וְנֶהְדָּר בְּכָבוֹד עַל הַמֶּרְכָּבָה,
זְכוּת וּמִישׁוֹר לִפְנֵי כִסְאוֹ,
חֶסֶד וְרַחֲמִים לִפְנֵי כְבוֹדוֹ.

טוֹבִים מְאוֹרוֹת שֶׁבָּרָא אֱלֹהֵינוּ,
יְצָרָם בְּדַעַת בְּבִינָה וּבְהַשְׂכֵּל,
כֹּחַ וּגְבוּרָה נָתַן בָּהֶם,
לִהְיוֹת מוֹשְׁלִים בְּקֶרֶב תֵּבֵל.

מְלֵאִים זִיו וּמְפִיקִים נֹגַהּ,
נָאֶה זִיוָם בְּכָל־הָעוֹלָם,
שְׂמֵחִים בְּצֵאתָם, וְשָׂשִׂים בְּבוֹאָם
עֹשִׂים בְּאֵימָה רְצוֹן קוֹנָם.

פְּאֵר וְכָבוֹד נוֹתְנִים לִשְׁמוֹ,
צָהֳלָה וְרִנָּה לְזֵכֶר מַלְכוּתוֹ,
קָרָא לַשֶּׁמֶשׁ וַיִּזְרַח אוֹר,
רָאָה וְהִתְקִין צוּרַת הַלְּבָנָה.

שֶׁבַח נוֹתְנִים־לוֹ כָּל צְבָא מָרוֹם.
תִּפְאֶרֶת וּגְדֻלָּה, שְׂרָפִים וְאוֹפַנִּים וְחַיּוֹת הַקֹּדֶשׁ.

לָאֵל אֲשֶׁר שָׁבַת מִכָּל־הַמַּעֲשִׂים, בַּיּוֹם הַשְּׁבִיעִי הִתְעַלָּה וְיָשַׁב עַל־כִּסֵּא כְבוֹדוֹ, תִּפְאֶרֶת עָטָה לְיוֹם הַמְּנוּחָה, עֹנֶג קָרָא לְיוֹם הַשַּׁבָּת. זֶה שֶׁבַח שֶׁל יוֹם הַשְּׁבִיעִי, שֶׁבּוֹ שָׁבַת אֵל מִכָּל־מְלַאכְתּוֹ. וְיוֹם הַשְּׁבִיעִי מְשַׁבֵּחַ וְאוֹמֵר, מִזְמוֹר שִׁיר

לְיוֹם הַשַּׁבָּת, טוֹב לְהוֹדוֹת לַיהוה. לְפִיכָךְ יְפָאֲרוּ וִיבָרְכוּ לָאֵל כָּל־יְצוּרָיו. שֶׁבַח יְקָר וּגְדֻלָּה יִתְּנוּ לָאֵל מֶלֶךְ יוֹצֵר כֹּל, הַמַּנְחִיל מְנוּחָה לְעַמּוֹ יִשְׂרָאֵל בִּקְדֻשָּׁתוֹ בְּיוֹם שַׁבַּת קֹדֶשׁ. שִׁמְךָ יהוה אֱלֹהֵינוּ יִתְקַדַּשׁ, וְזִכְרְךָ מַלְכֵּנוּ יִתְפָּאַר, בַּשָּׁמַיִם מִמַּעַל וְעַל־הָאָרֶץ מִתָּחַת. תִּתְבָּרַךְ מוֹשִׁיעֵנוּ עַל־שֶׁבַח מַעֲשֵׂה יָדֶיךָ, וְעַל מְאוֹרֵי־אוֹר שֶׁעָשִׂיתָ, יְפָאֲרוּךָ, סֶּלָה.

✦ Say the lines beginning קָדוֹשׁ and בָּרוּךְ aloud and together.

תִּתְבָּרַךְ צוּרֵנוּ מַלְכֵּנוּ וְגֹאֲלֵנוּ, בּוֹרֵא קְדוֹשִׁים. יִשְׁתַּבַּח שִׁמְךָ לָעַד מַלְכֵּנוּ, יוֹצֵר מְשָׁרְתִים, וַאֲשֶׁר מְשָׁרְתָיו כֻּלָּם עוֹמְדִים בְּרוּם עוֹלָם, וּמַשְׁמִיעִים בְּיִרְאָה יַחַד בְּקוֹל דִּבְרֵי אֱלֹהִים־חַיִּים וּמֶלֶךְ עוֹלָם. כֻּלָּם אֲהוּבִים, כֻּלָּם בְּרוּרִים, כֻּלָּם גִּבּוֹרִים, וְכֻלָּם עֹשִׂים בְּאֵימָה וּבְיִרְאָה רְצוֹן קוֹנָם. ⬅ וְכֻלָּם פּוֹתְחִים אֶת־פִּיהֶם בִּקְדֻשָּׁה וּבְטָהֳרָה, בְּשִׁירָה וּבְזִמְרָה, וּמְבָרְכִים וּמְשַׁבְּחִים וּמְפָאֲרִים וּמַעֲרִיצִים וּמַקְדִּישִׁים וּמַמְלִיכִים

אֶת־שֵׁם הָאֵל הַמֶּלֶךְ הַגָּדוֹל הַגִּבּוֹר וְהַנּוֹרָא קָדוֹשׁ הוּא. ⬅ וְכֻלָּם מְקַבְּלִים עֲלֵיהֶם עֹל מַלְכוּת שָׁמַיִם זֶה מִזֶּה, וְנוֹתְנִים רְשׁוּת זֶה לָזֶה, לְהַקְדִּישׁ לְיוֹצְרָם, בְּנַחַת רוּחַ בְּשָׂפָה בְרוּרָה וּבִנְעִימָה קְדֹשָׁה, כֻּלָּם כְּאֶחָד עוֹנִים וְאוֹמְרִים בְּיִרְאָה,

קָדוֹשׁ קָדוֹשׁ קָדוֹשׁ יהוה צְבָאוֹת, מְלֹא כָל־הָאָרֶץ כְּבוֹדוֹ.

1 ◖ וְהָאוֹפַנִּים וְחַיּוֹת הַקֹּדֶשׁ בְּרַעַשׁ גָּדוֹל מִתְנַשְּׂאִים לְעֻמַּת

2 שְׂרָפִים. לְעֻמָּתָם מְשַׁבְּחִים וְאוֹמְרִים,

3 **בָּרוּךְ כְּבוֹד־יְהוה מִמְּקוֹמוֹ.**

(i) לְאֵל בָּרוּךְ completes the first בְּרָכָה before the שְׁמַע. In it we praise Hashem for creating our wonderful universe.

4 **לְאֵל** בָּרוּךְ נְעִימוֹת יִתֵּנוּ. לְמֶלֶךְ אֵל חַי וְקַיָּם, זְמִירוֹת

5 יֹאמֵרוּ, וְתִשְׁבָּחוֹת יַשְׁמִיעוּ. כִּי הוּא לְבַדּוֹ פּוֹעֵל גְּבוּרוֹת,

6 עֹשֶׂה חֲדָשׁוֹת, בַּעַל מִלְחָמוֹת, זוֹרֵעַ צְדָקוֹת, מַצְמִיחַ

7 יְשׁוּעוֹת, בּוֹרֵא רְפוּאוֹת, נוֹרָא תְהִלּוֹת, אֲדוֹן הַנִּפְלָאוֹת.

8 הַמְחַדֵּשׁ בְּטוּבוֹ בְּכָל־יוֹם תָּמִיד מַעֲשֵׂה בְרֵאשִׁית. כָּאָמוּר,

9 לְעֹשֵׂה אוֹרִים גְּדֹלִים, כִּי לְעוֹלָם חַסְדּוֹ. ◖ אוֹר חָדָשׁ עַל־

10 צִיּוֹן תָּאִיר, וְנִזְכֶּה כֻלָּנוּ מְהֵרָה לְאוֹרוֹ. בָּרוּךְ אַתָּה יהוה,

11 יוֹצֵר הַמְּאוֹרוֹת.

▷ Hashem, You made so many creatures, including melachim (angels), who praise You every day and recognise You as their King. You daily renew the universe, including the sun. Blessed are You, Hashem, Creator of heavenly lights.

(i) אַהֲבָה רַבָּה is the second בְּרָכָה before the שְׁמַע.

12 **אַהֲבָה** רַבָּה אֲהַבְתָּנוּ יהוה אֱלֹהֵינוּ, חֶמְלָה גְדוֹלָה וִיתֵרָה

13 חָמַלְתָּ עָלֵינוּ. אָבִינוּ מַלְכֵּנוּ, בַּעֲבוּר אֲבוֹתֵינוּ שֶׁבָּטְחוּ

14 בְךָ, וַתְּלַמְּדֵם חֻקֵּי חַיִּים, כֵּן תְּחָנֵּנוּ וּתְלַמְּדֵנוּ. אָבִינוּ הָאָב

15 הָרַחֲמָן הַמְרַחֵם, רַחֵם עָלֵינוּ, וְתֵן בְּלִבֵּנוּ לְהָבִין וּלְהַשְׂכִּיל,

16 לִשְׁמֹעַ לִלְמֹד וּלְלַמֵּד, לִשְׁמֹר וְלַעֲשׂוֹת וּלְקַיֵּם אֶת־כָּל־דִּבְרֵי

תַלְמוּד תּוֹרָתֶךָ בְּאַהֲבָה. וְהָאֵר עֵינֵינוּ בְּתוֹרָתֶךָ, וְדַבֵּק לִבֵּנוּ בְּמִצְוֹתֶיךָ, וְיַחֵד לְבָבֵנוּ לְאַהֲבָה וּלְיִרְאָה אֶת שְׁמֶךָ, וְלֹא נֵבוֹשׁ לְעוֹלָם וָעֶד. כִּי בְשֵׁם קָדְשְׁךָ הַגָּדוֹל וְהַנּוֹרָא בָּטָחְנוּ, נָגִילָה וְנִשְׂמְחָה בִּישׁוּעָתֶךָ.

✦ Boys: hold the front two צִיצִיּוֹת of your טַלִּית קָטָן in your left hand. If you are wearing a טַלִּית גָּדוֹל, hold all four צִיצִיּוֹת.

וַהֲבִיאֵנוּ לְשָׁלוֹם מֵאַרְבַּע כַּנְפוֹת הָאָרֶץ, וְתוֹלִיכֵנוּ קוֹמְמִיּוּת לְאַרְצֵנוּ. כִּי אֵל פּוֹעֵל יְשׁוּעוֹת אָתָּה, וּבָנוּ בָחַרְתָּ מִכָּל־עַם וְלָשׁוֹן. וְקֵרַבְתָּנוּ לְשִׁמְךָ הַגָּדוֹל סֶלָה בֶּאֱמֶת, לְהוֹדוֹת לְךָ וּלְיַחֶדְךָ בְּאַהֲבָה. בָּרוּךְ אַתָּה יהוה, הַבּוֹחֵר בְּעַמּוֹ יִשְׂרָאֵל בְּאַהֲבָה.

▷ You have shown us great love and pity, Hashem. Be kind to us and teach us. Merciful Father, have mercy on us. Help us to learn and to teach Your Torah and love to carry out all its teachings. Help us to bring heart and mind together in love and respect for You, so that we are never ashamed.

Bring us in peace from the four corners of the earth and lead us proudly to our land. You have chosen us from among all the nations and truly You have brought us close to You, to thank You and to express that You are One. Blessed are You, Hashem, who has lovingly chosen His people, Israel.

שְׁמַע
The Shema

ⓘ **The שְׁמַע consists of three paragraphs from the תּוֹרָה. There is a מִצְוָה (commandment) to say the שְׁמַע every evening and morning. The message of line 2 is that we are to remember that Hashem is the one and only God.**

✦ Only add this line when praying without a מִנְיָן.

1 אֵל מֶלֶךְ נֶאֱמָן.

✦ Whilst saying the next line, cover your eyes with your right hand. This helps you to concentrate on the meaning of what you are saying.

2 **שְׁמַע יִשְׂרָאֵל יְהוָה אֱלֹהֵינוּ יְהוָה | אֶחָד:**

▷ Listen Israel: Hashem is our God, Hashem is the only One.

✦ Say this line in a whisper:

3 בָּרוּךְ שֵׁם כְּבוֹד מַלְכוּתוֹ לְעוֹלָם וָעֶד.

▷ Let the name of His magnificent kingdom be blessed for ever and ever.

4 **וְאָהַבְתָּ** אֵת יְהוָה אֱלֹהֶיךָ בְּכָל־לְבָבְךָ וּבְכָל־נַפְשְׁךָ וּבְכָל־

5 מְאֹדֶךָ: וְהָיוּ הַדְּבָרִים הָאֵלֶּה אֲשֶׁר אָנֹכִי מְצַוְּךָ הַיּוֹם עַל־

6 לְבָבֶךָ: וְשִׁנַּנְתָּם לְבָנֶיךָ וְדִבַּרְתָּ בָּם בְּשִׁבְתְּךָ בְּבֵיתֶךָ וּבְלֶכְתְּךָ

7 בַדֶּרֶךְ וּבְשָׁכְבְּךָ וּבְקוּמֶךָ: וּקְשַׁרְתָּם לְאוֹת עַל־יָדֶךָ וְהָיוּ

8 לְטֹטָפֹת בֵּין עֵינֶיךָ: וּכְתַבְתָּם עַל־מְזֻזוֹת בֵּיתֶךָ וּבִשְׁעָרֶיךָ:

▷ You shall love Hashem, your God, with all your heart, with all your soul and with everything you have. Let these words, which I command you today, be on your heart. Teach them carefully to your children, speak of them when you are sitting at home and when you are travelling, when you go to bed and when you get up. Tie them on your arm as a sign and as tefillin between your eyes. Write them on the doorposts of your house and on your gateposts.

(i) This paragraph teaches us about reward and punishment.

1 **וְהָיָה** אִם־שָׁמֹעַ תִּשְׁמְעוּ אֶל־מִצְוֹתַי אֲשֶׁר אָנֹכִי מְצַוֶּה

2 אֶתְכֶם הַיּוֹם לְאַהֲבָה אֶת־יהוה אֱלֹהֵיכֶם וּלְעָבְדוֹ בְּכָל־

3 לְבַבְכֶם וּבְכָל־נַפְשְׁכֶם: וְנָתַתִּי מְטַר־אַרְצְכֶם בְּעִתּוֹ יוֹרֶה

4 וּמַלְקוֹשׁ וְאָסַפְתָּ דְגָנֶךָ וְתִירֹשְׁךָ וְיִצְהָרֶךָ: וְנָתַתִּי עֵשֶׂב בְּשָׂדְךָ

5 לִבְהֶמְתֶּךָ וְאָכַלְתָּ וְשָׂבָעְתָּ: הִשָּׁמְרוּ לָכֶם פֶּן־יִפְתֶּה לְבַבְכֶם

6 וְסַרְתֶּם וַעֲבַדְתֶּם אֱלֹהִים אֲחֵרִים וְהִשְׁתַּחֲוִיתֶם לָהֶם: וְחָרָה

7 אַף־יהוה בָּכֶם וְעָצַר אֶת־הַשָּׁמַיִם וְלֹא־יִהְיֶה מָטָר וְהָאֲדָמָה

8 לֹא תִתֵּן אֶת־יְבוּלָהּ וַאֲבַדְתֶּם מְהֵרָה מֵעַל הָאָרֶץ הַטֹּבָה אֲשֶׁר

9 יהוה נֹתֵן לָכֶם: וְשַׂמְתֶּם אֶת־דְּבָרַי אֵלֶּה עַל־לְבַבְכֶם וְעַל־

10 נַפְשְׁכֶם וּקְשַׁרְתֶּם אֹתָם לְאוֹת עַל־יֶדְכֶם וְהָיוּ לְטוֹטָפֹת בֵּין

11 עֵינֵיכֶם: וְלִמַּדְתֶּם אֹתָם אֶת־בְּנֵיכֶם לְדַבֵּר בָּם בְּשִׁבְתְּךָ בְּבֵיתֶךָ

12 וּבְלֶכְתְּךָ בַדֶּרֶךְ וּבְשָׁכְבְּךָ וּבְקוּמֶךָ: וּכְתַבְתָּם עַל־מְזוּזוֹת בֵּיתֶךָ

13 וּבִשְׁעָרֶיךָ: לְמַעַן יִרְבּוּ יְמֵיכֶם וִימֵי בְנֵיכֶם עַל הָאֲדָמָה אֲשֶׁר

14 נִשְׁבַּע יהוה לַאֲבֹתֵיכֶם לָתֵת לָהֶם כִּימֵי הַשָּׁמַיִם עַל־הָאָרֶץ:

▷ Now if you carefully obey the commandments which I command you today – to love Hashem with all your heart and soul – then I will provide rain for your land in its proper season, both the early rain and the late rain, and you will be able to gather in your corn and your wine and your oil. I will provide grass in your fields for your cattle and you will eat and be satisfied. Be careful, in case your heart persuades you to turn away and leads you to worship and bow down to other gods. If you do, Hashem will be angry with you and close the heavens, so that the rain will not fall and the earth will not produce any crops and you will soon vanish from the good land which Hashem gives you. So place these words of mine on your hearts and on your souls, tie them on your arm as a sign and as tefillin between your eyes. Teach them to your children, speak of them when you are sitting at home and when you are travelling, when you go to bed and when you get up. Write them on the doorposts of your house and on your gateposts, so that you and your children may enjoy long lives in the land which Hashem promised your fathers to give them for as long as the heavens are above the earth.

ⓘ **This paragraph teaches us about צִיצִת and the Exodus from Egypt.**

✦ Each time you say 'צִיצִת', boys kiss your צִיצִיּוֹת.

וַיֹּ֣אמֶר יְהוָ֔ה אֶל־מֹשֶׁ֖ה לֵּאמֹֽר׃ דַּבֵּ֞ר אֶל־בְּנֵ֤י יִשְׂרָאֵל֙ וְאָמַרְתָּ֣
אֲלֵהֶ֔ם וְעָשׂ֨וּ לָהֶ֥ם ✦**צִיצִ֛ת** עַל־כַּנְפֵ֥י בִגְדֵיהֶ֖ם לְדֹרֹתָ֑ם וְנָֽתְנ֛וּ
עַל־✦**צִיצִ֥ת** הַכָּנָ֖ף פְּתִ֥יל תְּכֵֽלֶת׃ וְהָיָ֣ה לָכֶם֮ ✦**לְצִיצִת֒** וּרְאִיתֶ֣ם
אֹת֗וֹ וּזְכַרְתֶּם֙ אֶת־כָּל־מִצְוֺ֣ת יְהוָ֔ה וַעֲשִׂיתֶ֖ם אֹתָ֑ם וְלֹֽא תָת֜וּרוּ
אַחֲרֵ֤י לְבַבְכֶם֙ וְאַחֲרֵ֣י עֵֽינֵיכֶ֔ם אֲשֶׁר־אַתֶּ֥ם זֹנִ֖ים אַחֲרֵיהֶֽם׃
לְמַ֣עַן תִּזְכְּר֔וּ וַעֲשִׂיתֶ֖ם אֶת־כָּל־מִצְוֺתָ֑י וִהְיִיתֶ֥ם קְדֹשִׁ֖ים
לֵאלֹהֵיכֶֽם׃ אֲנִ֞י יְהוָ֣ה אֱלֹהֵיכֶ֗ם אֲשֶׁ֨ר הוֹצֵ֤אתִי אֶתְכֶם֙ מֵאֶ֣רֶץ
מִצְרַ֔יִם לִהְי֥וֹת לָכֶ֖ם לֵאלֹהִ֑ים אֲנִ֖י יְהוָ֥ה אֱלֹהֵיכֶֽם׃ **אֱמֶת**

✦ After saying 'אֱמֶת', kiss your צִיצִיּוֹת.

▷ Hashem spoke to Moshe, saying: 'Speak to the Jewish people and tell them that in every generation they must make tsitsit for the corners of their clothes and they must put a blue thread in the tsitsit at each corner. This shall be known to you as tsitsit and when you look at it you will remember and obey all God's commandments, and you will not be tempted by your heart and your eyes to misbehave. In this way you will remember and obey all My commandments and you will be holy to your God. I am Hashem, y our God, who brought you out of the land of Egypt in order to be your God. I am Hashem your God' – It is true…

(i) This is the בְּרָכָה after the שְׁמַע, describing our belief in God's miracles.

◆ After saying 'לָעַד', kiss your צִיצִיּוֹת and then let them go.

1   וְיַצִּיב וְנָכוֹן וְקַיָּם וְיָשָׁר וְנֶאֱמָן וְאָהוּב וְחָבִיב וְנֶחְמָד וְנָעִים

2   וְנוֹרָא וְאַדִּיר וּמְתֻקָּן וּמְקֻבָּל וְטוֹב וְיָפֶה הַדָּבָר הַזֶּה עָלֵינוּ

3   לְעוֹלָם וָעֶד. אֱמֶת אֱלֹהֵי עוֹלָם מַלְכֵּנוּ צוּר יַעֲקֹב, מָגֵן יִשְׁעֵנוּ,

4   לְדוֹר וָדוֹר הוּא קַיָּם, וּשְׁמוֹ קַיָּם, וְכִסְאוֹ נָכוֹן, וּמַלְכוּתוֹ

5   וֶאֱמוּנָתוֹ לָעַד קַיֶּמֶת. וּדְבָרָיו חָיִים וְקַיָּמִים, נֶאֱמָנִים וְנֶחֱמָדִים

6   לָעַד◆ וּלְעוֹלְמֵי עוֹלָמִים. ⟲   עַל־אֲבוֹתֵינוּ וְעָלֵינוּ, עַל־בָּנֵינוּ

7   וְעַל־דּוֹרוֹתֵינוּ, וְעַל־כָּל־דּוֹרוֹת זֶרַע יִשְׂרָאֵל עֲבָדֶיךָ.

8   עַל־הָרִאשׁוֹנִים וְעַל־הָאַחֲרוֹנִים, דָּבָר טוֹב וְקַיָּם לְעוֹלָם

9   וָעֶד, אֱמֶת וֶאֱמוּנָה חֹק וְלֹא יַעֲבֹר. אֱמֶת שָׁאַתָּה הוּא יהוה

10   אֱלֹהֵינוּ וֵאלֹהֵי אֲבוֹתֵינוּ, ⟲   מַלְכֵּנוּ מֶלֶךְ אֲבוֹתֵינוּ, גֹּאֲלֵנוּ

11   גֹּאֵל אֲבוֹתֵינוּ, יוֹצְרֵנוּ צוּר יְשׁוּעָתֵנוּ, פּוֹדֵנוּ וּמַצִּילֵנוּ מֵעוֹלָם

12   הוּא שְׁמֶךָ, אֵין אֱלֹהִים זוּלָתֶךָ.

13   עֶזְרַת אֲבוֹתֵינוּ אַתָּה הוּא מֵעוֹלָם, מָגֵן וּמוֹשִׁיעַ לִבְנֵיהֶם

14   אַחֲרֵיהֶם בְּכָל־דּוֹר וָדוֹר. בְּרוּם עוֹלָם מוֹשָׁבֶךָ, וּמִשְׁפָּטֶךָ

15   וְצִדְקָתְךָ עַד־אַפְסֵי אָרֶץ. אַשְׁרֵי אִישׁ שֶׁיִּשְׁמַע לְמִצְוֹתֶיךָ,

16   וְתוֹרָתְךָ וּדְבָרְךָ יָשִׂים עַל־לִבּוֹ. אֱמֶת אַתָּה הוּא אָדוֹן לְעַמֶּךָ

17   וּמֶלֶךְ גִּבּוֹר לָרִיב רִיבָם. אֱמֶת אַתָּה הוּא רִאשׁוֹן וְאַתָּה הוּא

18   אַחֲרוֹן, וּמִבַּלְעָדֶיךָ אֵין לָנוּ מֶלֶךְ גּוֹאֵל וּמוֹשִׁיעַ. מִמִּצְרַיִם

19   גְּאַלְתָּנוּ יהוה אֱלֹהֵינוּ, וּמִבֵּית עֲבָדִים פְּדִיתָנוּ. כָּל־בְּכוֹרֵיהֶם

1   הָרַגְתָּ, וּבְכוֹרְךָ גָּאֵלְתָּ, וְיַם־סוּף בָּקַעְתָּ, וְזֵדִים טִבַּעְתָּ, וִידִידִים

2   הֶעֱבַרְתָּ, וַיְכַסּוּ מַיִם צָרֵיהֶם, אֶחָד מֵהֶם לֹא נוֹתָר. עַל־זֹאת

3   שִׁבְּחוּ אֲהוּבִים וְרוֹמְמוּ אֵל, וְנָתְנוּ יְדִידִים זְמִירוֹת שִׁירוֹת

4   וְתִשְׁבָּחוֹת, בְּרָכוֹת וְהוֹדָאוֹת, לְמֶלֶךְ אֵל חַי וְקַיָּם, רָם וְנִשָּׂא,

5   גָּדוֹל וְנוֹרָא, מַשְׁפִּיל גֵּאִים, וּמַגְבִּיהַּ שְׁפָלִים, מוֹצִיא אֲסִירִים,

6   וּפוֹדֶה עֲנָוִים, וְעוֹזֵר דַּלִּים, וְעוֹנֶה לְעַמּוֹ בְּעֵת שַׁוְּעָם אֵלָיו.

◆ Stand and take three steps back, preparing for the עֲמִידָה.

7   ↻ תְּהִלּוֹת לְאֵל עֶלְיוֹן, בָּרוּךְ הוּא וּמְבוֹרָךְ. מֹשֶׁה וּבְנֵי

8   יִשְׂרָאֵל לְךָ עָנוּ שִׁירָה בְּשִׂמְחָה רַבָּה, וְאָמְרוּ כֻלָּם,

9   מִי־כָמֹכָה בָּאֵלִים יהוה, מִי כָּמֹכָה נֶאְדָּר בַּקֹּדֶשׁ, נוֹרָא

10   תְהִלֹּת עֹשֵׂה פֶלֶא. ↻ שִׁירָה חֲדָשָׁה שִׁבְּחוּ גְאוּלִים לְשִׁמְךָ

11   עַל־שְׂפַת הַיָּם, יַחַד כֻּלָּם הוֹדוּ וְהִמְלִיכוּ וְאָמְרוּ,

12   יהוה | יִמְלֹךְ לְעוֹלָם וָעֶד.

◆ You should end the next בְּרָכָה together with the Leader so as to be able to move
directly from the words גָּאַל יִשְׂרָאֵל to the עֲמִידָה, without needing to say Amen.

13   ↻ **צוּר יִשְׂרָאֵל**, קוּמָה בְּעֶזְרַת יִשְׂרָאֵל, וּפְדֵה כִנְאֻמֶךָ

14   יְהוּדָה וְיִשְׂרָאֵל. גֹּאֲלֵנוּ יהוה צְבָאוֹת שְׁמוֹ, קְדוֹשׁ יִשְׂרָאֵל.

15   בָּרוּךְ אַתָּה יהוה, גָּאַל יִשְׂרָאֵל.

▷   Our belief, which we have just declared in the Shema is true, wonderful,
beautiful and everlasting. We believe that Hashem is our God, was the God
of our fathers and will be the God of our children. He was, is and will always
be our King and our Redeemer. Hashem rescued us from the Egyptians and
will save us again. Blessed are You, Hashem, who redeems Israel.

עֲמִידָה
The Amidah

(i) Every service has an עֲמִידָה. Each עֲמִידָה has three parts: three בְּרָכוֹת at the beginning, a middle section and three בְּרָכוֹת at the end. עֲמִידָה means 'standing', so when we say this prayer we stand with our feet together, facing Jerusalem where the בֵּית הַמִּקְדָּשׁ (the Temple) used to be. In a synagogue, we face the אֲרוֹן הַקֹּדֶשׁ (the Holy Ark).

◆ Having taken three steps back, take three steps forwards, then stand with your feet together.

אֲדֹנָי, שְׂפָתַי תִּפְתָּח, וּפִי יַגִּיד תְּהִלָּתֶךָ.   1

יהוה   אַתָּה   בָּרוּךְ

▷   My Lord, open my lips and my mouth will sing Your praises.

◆ Bend your knees as you say 'בָּרוּךְ', bow as you say 'אַתָּה', stand up straight before you say God's name.

בָּרוּךְ אַתָּה יהוה אֱלֹהֵינוּ וֵאלֹהֵי אֲבוֹתֵינוּ, אֱלֹהֵי אַבְרָהָם,   2

אֱלֹהֵי יִצְחָק, וֵאלֹהֵי יַעֲקֹב, הָאֵל הַגָּדוֹל הַגִּבּוֹר וְהַנּוֹרָא, אֵל   3

עֶלְיוֹן, גּוֹמֵל חֲסָדִים טוֹבִים וְקוֹנֵה הַכֹּל, וְזוֹכֵר חַסְדֵי אָבוֹת,   4

וּמֵבִיא גוֹאֵל לִבְנֵי בְנֵיהֶם, לְמַעַן שְׁמוֹ בְּאַהֲבָה.   5

▷ Blessed are You, Hashem, our God and God of our fathers, the God of Avraham, the God of Yitzchak and the God of Yaakov; the great, mighty and awesome God. God most high, provider of loving acts, to whom all belong, who remembers the good deeds of our patriarchs and lovingly brings a redeemer to their children's children, for the sake of His name.

✦ From רֹאשׁ הַשָּׁנָה to יוֹם כִּפּוּר we add this sentence, praying for God to give us a good life:

1 ◆זָכְרֵנוּ לְחַיִּים, מֶלֶךְ חָפֵץ בַּחַיִּים, וְכָתְבֵנוּ בְּסֵפֶר הַחַיִּים,

2 לְמַעַנְךָ אֱלֹהִים חַיִּים.

▷ Remember us for life, King who delights in life and who writes us in the Book of Life, for Your sake, God of life.

✦ Bend your knees as you say 'בָּרוּךְ', bow as you say 'אַתָּה', stand up straight before you say God's name.

3 מֶלֶךְ עוֹזֵר וּמוֹשִׁיעַ וּמָגֵן. ◆בָּרוּךְ אַתָּה יהוה, מָגֵן אַבְרָהָם.

▷ King, Helper, Saviour, Shield. Blessed are You, Hashem, Shield of Avraham.

4 **אַתָּה** גִּבּוֹר לְעוֹלָם אֲדֹנָי, מְחַיֵּה מֵתִים אַתָּה, רַב לְהוֹשִׁיעַ.

✦ From after שִׂמְחַת תּוֹרָה until פֶּסַח, add:

5 ◆מַשִּׁיב הָרוּחַ וּמוֹרִיד הַגָּשֶׁם.

▷ He makes the wind blow and the rain fall.

---

6 מְכַלְכֵּל חַיִּים בְּחֶסֶד, מְחַיֵּה מֵתִים בְּרַחֲמִים רַבִּים, סוֹמֵךְ

7 נוֹפְלִים, וְרוֹפֵא חוֹלִים, וּמַתִּיר אֲסוּרִים, וּמְקַיֵּם אֱמוּנָתוֹ

8 לִישֵׁנֵי עָפָר. מִי כָמוֹךָ בַּעַל גְּבוּרוֹת, וּמִי דּוֹמֶה לָּךְ, מֶלֶךְ

9 מֵמִית וּמְחַיֶּה וּמַצְמִיחַ יְשׁוּעָה.

▷ He keeps us alive with kindness and looks after those who are sick. No one compares with You, a King who gives and takes life.

◆ From רֹאשׁ הַשָּׁנָה to יוֹם כִּפּוּר we add this line:

1 ‡מִי כָמֽוֹךָ אַב הָרַחֲמִים, זוֹכֵר יְצוּרָיו לַחַיִּים בְּרַחֲמִים.

▷ Who is like You, compassionate. Father, who remembers His creatures in compassion, for life?

2 וְנֶאֱמָן אַתָּה לְהַחֲיוֹת מֵתִים. בָּרוּךְ אַתָּה יהוה, מְחַיֵּה
3 הַמֵּתִים.

◆ In your silent Amidah, continue on page 139 line 12.

קְדוּשָׁה
Kedusha

ⓘ The next prayer, קְדוּשָׁה, is not said during your silent עֲמִידָה, but only when a שְׁלִיחַ צִבּוּר (prayer leader) repeats the עֲמִידָה aloud. קְדוּשָׁה is also said facing the אֲרוֹן הַקֹּדֶשׁ, with your feet together. When saying the words, 'בָּרוּךְ', 'קָדוֹשׁ', and 'יִמְלֹךְ', rise up on your toes.
In an adult service, the עֲמִידָה is repeated (with קְדוּשָׁה) only with a מִנְיָן.

Everyone, then
שְׁלִיחַ צִבּוּר
4
5
6
נְקַדֵּשׁ אֶת־שִׁמְךָ בָּעוֹלָם, כְּשֵׁם שֶׁמַּקְדִּישִׁים אוֹתוֹ בִּשְׁמֵי מָרוֹם, כַּכָּתוּב עַל יַד נְבִיאֶךָ, וְקָרָא זֶה אֶל־זֶה וְאָמַר.

Everyone and
שְׁלִיחַ צִבּוּר
7
8
‡קָדוֹשׁ ‡קָדוֹשׁ ‡קָדוֹשׁ יהוה צְבָאוֹת, מְלֹא כָל־הָאָֽרֶץ כְּבוֹדוֹ.

Everyone, then
שְׁלִיחַ צִבּוּר
9
10
11
אָז בְּקוֹל רַעַשׁ גָּדוֹל אַדִּיר וְחָזָק מַשְׁמִיעִים קוֹל, מִתְנַשְּׂאִים לְעֻמַּת שְׂרָפִים, לְעֻמָּתָם בָּרוּךְ יֹאמֵרוּ.

Everyone and
שְׁלִיחַ צִבּוּר
12
‡בָּרוּךְ כְּבוֹד־יהוה, מִמְּקוֹמוֹ.

Everyone, then
שְׁלִיחַ צִבּוּר
13
14
מִמְּקוֹמְךָ מַלְכֵּנוּ תוֹפִיעַ, וְתִמְלֹךְ עָלֵֽינוּ, כִּי מְחַכִּים אֲנַֽחְנוּ לָךְ. מָתַי תִּמְלֹךְ בְּצִיּוֹן, בְּקָרוֹב

בְּיָמֵינוּ, לְעוֹלָם וָעֶד תִּשְׁכּוֹן. תִּתְגַּדַּל וְתִתְקַדַּשׁ בְּתוֹךְ יְרוּשָׁלַיִם עִירְךָ, לְדוֹר וָדוֹר וּלְנֵצַח נְצָחִים. וְעֵינֵינוּ תִרְאֶינָה מַלְכוּתֶךָ, כַּדָּבָר הָאָמוּר בְּשִׁירֵי עֻזֶּךָ, עַל יְדֵי דָוִד מְשִׁיחַ צִדְקֶךָ.

Everyone and שְׁלִיחַ צִבּוּר

✦יִמְלֹךְ יהוה לְעוֹלָם, אֱלֹהַיִךְ צִיּוֹן לְדֹר וָדֹר, הַלְלוּיָהּ.

שְׁלִיחַ צִבּוּר

לְדוֹר וָדוֹר נַגִּיד גָּדְלֶךָ וּלְנֵצַח נְצָחִים קְדֻשָּׁתְךָ נַקְדִּישׁ, וְשִׁבְחֲךָ אֱלֹהֵינוּ מִפִּינוּ לֹא יָמוּשׁ לְעוֹלָם וָעֶד, כִּי אֵל מֶלֶךְ גָּדוֹל וְקָדוֹשׁ אָתָּה. בָּרוּךְ אַתָּה יהוה,

✦ During the rest of the year:	✦ From רֹאשׁ הַשָּׁנָה to יוֹם כִּפּוּר:
הָאֵל הַקָּדוֹשׁ.	הַמֶּלֶךְ הַקָּדוֹשׁ.

✦ Continue your silent עֲמִידָה here:

Being aware of God's holiness

אַתָּה קָדוֹשׁ וְשִׁמְךָ קָדוֹשׁ, וּקְדוֹשִׁים בְּכָל־יוֹם יְהַלְלוּךָ סֶּלָה. בָּרוּךְ אַתָּה יהוה,

✦ During the rest of the year:	✦ From רֹאשׁ הַשָּׁנָה to יוֹם כִּפּוּר:
הָאֵל הַקָּדוֹשׁ.	הַמֶּלֶךְ הַקָּדוֹשׁ.

▷ You and Your name are holy and holy people praise You every day. Blessed are You, Hashem, the holy God.

ⓘ On Shabbat there are seven בְּרָכוֹת in the עֲמִידָה.
'יִשְׂמַח מֹשֶׁה' is the start of the middle בְּרָכָה of the עֲמִידָה of שַׁחֲרִית.

1   **יִשְׂמַח** מֹשֶׁה בְּמַתְּנַת חֶלְקוֹ, כִּי עֶבֶד נֶאֱמָן קָרֵאתָ לּוֹ.

2   כְּלִיל תִּפְאֶרֶת בְּרֹאשׁוֹ נָתַתָּ, בְּעָמְדוֹ לְפָנֶיךָ עַל הַר־סִינַי.

3   וּשְׁנֵי לוּחוֹת אֲבָנִים הוֹרִיד בְּיָדוֹ, וְכָתוּב בָּהֶם שְׁמִירַת שַׁבָּת.

4   וְכֵן כָּתוּב בְּתוֹרָתֶךָ,

▷ Moshe was delighted with the gift You granted him by calling him Your
faithful servant. You placed a crown of glory on his head when he stood
before You at Mount Sinai. He carried down in his hands the two tablets
of stone, which had the commandment to keep Shabbat on them, as it is
written in Your Torah:

5   **וְשָׁמְרוּ** בְנֵי־יִשְׂרָאֵל אֶת־הַשַּׁבָּת, לַעֲשׂוֹת אֶת־הַשַּׁבָּת

6   לְדֹרֹתָם בְּרִית עוֹלָם. בֵּינִי וּבֵין בְּנֵי יִשְׂרָאֵל אוֹת הִיא לְעוֹלָם,

7   כִּי־שֵׁשֶׁת יָמִים עָשָׂה יהוה אֶת־הַשָּׁמַיִם וְאֶת־הָאָרֶץ, וּבַיּוֹם

8   הַשְּׁבִיעִי שָׁבַת וַיִּנָּפַשׁ.

▷ 'The Jewish people shall keep Shabbat. In every generation, the celebration
of Shabbat shall be an everlasting agreement. It is a sign for ever between
Me and the Jewish people that Hashem made the heavens and earth in six
days, and on the seventh day He stopped work and rested.'

9   **וְלֹא** נְתַתּוֹ יהוה אֱלֹהֵינוּ לְגוֹיֵי הָאֲרָצוֹת, וְלֹא הִנְחַלְתּוֹ

10   מַלְכֵּנוּ לְעוֹבְדֵי פְסִילִים, וְגַם בִּמְנוּחָתוֹ לֹא יִשְׁכְּנוּ עֲרֵלִים, כִּי

11   לְיִשְׂרָאֵל עַמְּךָ נְתַתּוֹ בְּאַהֲבָה, לְזֶרַע יַעֲקֹב אֲשֶׁר בָּם בָּחָרְתָּ.

12   עַם מְקַדְּשֵׁי שְׁבִיעִי, כֻּלָּם יִשְׂבְּעוּ וְיִתְעַנְּגוּ מִטּוּבֶךָ, וּבַשְּׁבִיעִי

רָצִֽיתָ בּוֹ וְקִדַּשְׁתּוֹ, חֶמְדַּת יָמִים אוֹתוֹ קָרָֽאתָ, זֵֽכֶר לְמַעֲשֵׂה בְרֵאשִׁית.

▷ Hashem, our God, did not give Shabbat to the other nations of the world, nor did our King grant it as an inheritance to idol worshippers. Other people do not benefit from the special rest of Shabbat, for You gave it lovingly to Your people Israel, the descendants of Yaakov, whom You chose. May all who make the Seventh Day holy be filled with satisfaction and delight in Your goodness, for You were pleased with the Seventh Day and made it holy. You called it the most precious day, a reminder of the work of Creation.

אֱלֹהֵֽינוּ וֵאלֹהֵי אֲבוֹתֵֽינוּ, רְצֵה בִמְנוּחָתֵֽנוּ, קַדְּשֵֽׁנוּ בְּמִצְוֹתֶֽיךָ, וְתֵן חֶלְקֵֽנוּ בְּתוֹרָתֶֽךָ, שַׂבְּעֵֽנוּ מִטּוּבֶֽךָ, וְשַׂמְּחֵֽנוּ בִּישׁוּעָתֶֽךָ, וְטַהֵר לִבֵּֽנוּ לְעָבְדְּךָ בֶּאֱמֶת. וְהַנְחִילֵֽנוּ יהוה אֱלֹהֵֽינוּ בְּאַהֲבָה וּבְרָצוֹן שַׁבַּת קָדְשֶֽׁךָ. וְיָנֽוּחוּ בָהּ יִשְׂרָאֵל מְקַדְּשֵׁי שְׁמֶֽךָ. בָּרוּךְ אַתָּה יהוה, מְקַדֵּשׁ הַשַּׁבָּת.

▷ Our God and God of our fathers, be pleased with our Shabbat rest. Make us holy with Your commandments and give us our share in Your Torah. Satisfy us with Your goodness and make us joyful by Your rescuing us. Make our hearts pure to serve You sincerely. Grant us the gift of Your Shabbat gladly and with love, so that Jewish people who enhance Your holy reputation will rest on Shabbat. Blessed are You, Hashem, who makes Shabbat holy.

Asking God to bring back the בֵּית הַמִּקְדָּשׁ and its service

רְצֵה יהוה אֱלֹהֵֽינוּ בְּעַמְּךָ יִשְׂרָאֵל וּבִתְפִלָּתָם, וְהָשֵׁב אֶת־הָעֲבוֹדָה לִדְבִיר בֵּיתֶֽךָ. וְאִשֵּׁי יִשְׂרָאֵל וּתְפִלָּתָם בְּאַהֲבָה תְקַבֵּל בְּרָצוֹן, וּתְהִי לְרָצוֹן תָּמִיד עֲבוֹדַת יִשְׂרָאֵל עַמֶּֽךָ.

▷ Be kind, Hashem our God, to Your people Israel and bring back the services and offerings in the Beit HaMikdash. Please always accept Israel's prayers and let us see Your return to Zion. Blessed are You, Hashem, who returns His presence to Zion.

✦ This extra prayer, called 'יַעֲלֶה וְיָבֹא' is said on רֹאשׁ חֹֽדֶשׁ and חוֹל הַמּוֹעֵד. We ask God to remember us especially at these times.

אֱלֹהֵֽינוּ וֵאלֹהֵי אֲבוֹתֵֽינוּ, יַעֲלֶה, וְיָבֹא, וְיַגִּֽיעַ, וְיֵרָאֶה, וְיֵרָצֶה, וְיִשָּׁמַע, וְיִפָּקֵד, וְיִזָּכֵר זִכְרוֹנֵֽנוּ וּפִקְדוֹנֵֽנוּ, וְזִכְרוֹן אֲבוֹתֵֽינוּ, וְזִכְרוֹן מָשִֽׁיחַ בֶּן דָּוִד עַבְדֶּֽךָ, וְזִכְרוֹן יְרוּשָׁלַֽיִם עִיר קָדְשֶֽׁךָ, וְזִכְרוֹן כָּל־עַמְּךָ בֵּית יִשְׂרָאֵל לְפָנֶֽיךָ, לִפְלֵיטָה וּלְטוֹבָה, וּלְחֵן וּלְחֶֽסֶד וּלְרַחֲמִים, וּלְחַיִּים וּלְשָׁלוֹם בְּיוֹם

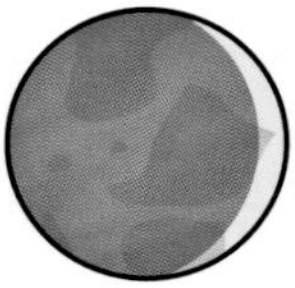

On רֹאשׁ חֹֽדֶשׁ:
רֹאשׁ הַחֹֽדֶשׁ

On פֶּֽסַח:
חַג הַמַּצּוֹת

On סֻכּוֹת:
חַג הַסֻּכּוֹת

הַזֶּה. זָכְרֵֽנוּ יהוה אֱלֹהֵֽינוּ בּוֹ לְטוֹבָה, וּפָקְדֵֽנוּ בוֹ לִבְרָכָה, וְהוֹשִׁיעֵֽנוּ בוֹ לְחַיִּים. וּבִדְבַר יְשׁוּעָה וְרַחֲמִים, חוּס וְחָנֵּֽנוּ וְרַחֵם עָלֵֽינוּ וְהוֹשִׁיעֵֽנוּ, כִּי אֵלֶֽיךָ עֵינֵֽינוּ, כִּי אֵל מֶֽלֶךְ חַנּוּן וְרַחוּם אָֽתָּה.

▷ Hashem and God of our ancestors, please remember us, our ancestors, the Messiah, son of David, Jerusalem and all of our nation. Give us a peaceful and good life on this Rosh Chodesh / Pesach / Sukkot. Remember us for good, blessing and life, as You are a generous God.

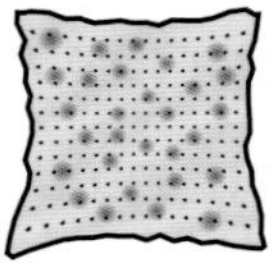

וְתֶחֱזֶינָה עֵינֵינוּ בְּשׁוּבְךָ לְצִיּוֹן בְּרַחֲמִים. בָּרוּךְ אַתָּה

יהוה, הַמַּחֲזִיר שְׁכִינָתוֹ לְצִיּוֹן.

▷ Let us see Your return to Zion. Blessed are You, Hashem, who returns His
presence to Zion.

Thanking God for the daily miracles in our lives

◆ During your silent עֲמִידָה only say the following. Bow for the first five words. Stand up
straight before you say God's name.

מוֹדִים אֲנַחְנוּ לָךְ, שָׁאַתָּה הוּא יהוה

אֱלֹהֵינוּ וֵאלֹהֵי אֲבוֹתֵינוּ לְעוֹלָם וָעֶד.

צוּר חַיֵּינוּ, מָגֵן יִשְׁעֵנוּ אַתָּה הוּא לְדוֹר

וָדוֹר. נוֹדֶה לְךָ וּנְסַפֵּר תְּהִלָּתֶךָ עַל חַיֵּינוּ

הַמְּסוּרִים בְּיָדֶךָ, וְעַל נִשְׁמוֹתֵינוּ הַפְּקוּדוֹת

לָךְ, וְעַל נִסֶּיךָ שֶׁבְּכָל־יוֹם עִמָּנוּ, וְעַל נִפְלְאוֹתֶיךָ

וְטוֹבוֹתֶיךָ שֶׁבְּכָל־עֵת, עֶרֶב וָבֹקֶר וְצָהֳרָיִם. הַטּוֹב

כִּי לֹא־כָלוּ רַחֲמֶיךָ, וְהַמְרַחֵם כִּי לֹא־תַמּוּ חֲסָדֶיךָ,

מֵעוֹלָם קִוִּינוּ לָךְ.

▷ We thank You, for You look after us in every generation. Our lives are in Your
hands and Your miracles are with us throughout the day. You are good and
kind, so we always trust in You.

◆ During the repetition by the שְׁלִיחַ צִבּוּר, the everyone else says this paragraph quietly,
bowing for the first five words. Stand up straight before you say God's name:

מוֹדִים אֲנַחְנוּ לָךְ, שָׁאַתָּה הוּא יהוה אֱלֹהֵינוּ וֵאלֹהֵי

אֲבוֹתֵינוּ, אֱלֹהֵי כָל־בָּשָׂר, יוֹצְרֵנוּ, יוֹצֵר בְּרֵאשִׁית. בְּרְכוֹת

וְהוֹדָאוֹת לְשִׁמְךָ הַגָּדוֹל וְהַקָּדוֹשׁ, עַל שֶׁהֶחֱיִיתָנוּ וְקִיַּמְתָּנוּ.

כֵּן תְּחַיֵּנוּ וּתְקַיְּמֵנוּ, וְתֶאֱסוֹף גָּלֻיּוֹתֵינוּ לְחַצְרוֹת קָדְשֶׁךָ, ¹

לִשְׁמוֹר חֻקֶּיךָ וְלַעֲשׂוֹת רְצוֹנֶךָ, וּלְעָבְדְּךָ בְּלֵבָב שָׁלֵם, עַל ²

שֶׁאֲנַחְנוּ מוֹדִים לָךְ. בָּרוּךְ אֵל הַהוֹדָאוֹת. ³

◆ A special prayer for חֲנֻכָּה:

עַל הַנִּסִּים, וְעַל הַפֻּרְקָן, וְעַל הַגְּבוּרוֹת, ⁴

וְעַל הַתְּשׁוּעוֹת, וְעַל הַמִּלְחָמוֹת, שֶׁעָשִׂיתָ ⁵

לַאֲבוֹתֵינוּ בַּיָּמִים הָהֵם בַּזְּמַן הַזֶּה. ⁶

בִּימֵי מַתִּתְיָהוּ בֶּן־יוֹחָנָן כֹּהֵן גָּדוֹל חַשְׁמוֹנַאי ⁷

וּבָנָיו, כְּשֶׁעָמְדָה מַלְכוּת יָוָן הָרְשָׁעָה עַל־ ⁸

עַמְּךָ יִשְׂרָאֵל, לְהַשְׁכִּיחָם תּוֹרָתֶךָ, וּלְהַעֲבִירָם ⁹

מֵחֻקֵּי רְצוֹנֶךָ. וְאַתָּה בְּרַחֲמֶיךָ הָרַבִּים, עָמַדְתָּ לָהֶם בְּעֵת ¹⁰

צָרָתָם, רַבְתָּ אֶת־רִיבָם, דַּנְתָּ אֶת־דִּינָם, נָקַמְתָּ אֶת־נִקְמָתָם. ¹¹

מָסַרְתָּ גִבּוֹרִים בְּיַד חַלָּשִׁים, וְרַבִּים בְּיַד מְעַטִּים, וּטְמֵאִים ¹²

בְּיַד טְהוֹרִים, וּרְשָׁעִים בְּיַד צַדִּיקִים, וְזֵדִים בְּיַד עוֹסְקֵי ¹³

תוֹרָתֶךָ. וּלְךָ עָשִׂיתָ שֵׁם גָּדוֹל וְקָדוֹשׁ בְּעוֹלָמֶךָ, וּלְעַמְּךָ ¹⁴

יִשְׂרָאֵל עָשִׂיתָ תְּשׁוּעָה גְדוֹלָה וּפֻרְקָן כְּהַיּוֹם הַזֶּה. וְאַחַר ¹⁵

כֵּן בָּאוּ בָנֶיךָ לִדְבִיר בֵּיתֶךָ, וּפִנּוּ אֶת־הֵיכָלֶךָ, וְטִהֲרוּ אֶת־ ¹⁶

מִקְדָּשֶׁךָ, וְהִדְלִיקוּ נֵרוֹת בְּחַצְרוֹת קָדְשֶׁךָ, וְקָבְעוּ שְׁמוֹנַת ¹⁷

יְמֵי חֲנֻכָּה אֵלּוּ, לְהוֹדוֹת וּלְהַלֵּל לְשִׁמְךָ הַגָּדוֹל. ¹⁸

▷ For all the miracles, for the liberation, for the mighty deeds, for the victories in battles which You performed for our ancestors in those days, at this time of year.

In the days of the Hasmonean High Priest, Mattityahu son of Yochanan, and his sons, the wicked kingdom of ancient Greece rose up against Israel, Your people, to force them to break the laws of Your will. Then You in Your great mercy, stood up for them in their time of trouble. You took their side, You judged their grievance and You avenged them. You delivered the strong into the hands of the weak, the many into the hands of the few, the impure into the hands of the pure, the wicked into the hands of the good, the arrogant into the hands of those who kept Your Torah.

You made a great and holy reputation in Your world for Yourself and for Israel, Your people, You performed a great victory and liberation that lasts to this very day. Afterwards, Your children entered the Holiest of Holies in Your House, cleaned Your temple, purified Your Holy Place and lit lights in Your Holy Courtyards.

They fixed these eight days of Chanukkah for giving thanks and praise to Your great name.

וְעַל כֻּלָּם יִתְבָּרַךְ וְיִתְרוֹמַם שִׁמְךָ מַלְכֵּנוּ תָּמִיד לְעוֹלָם וָעֶד.

▷ For all these things, Your name should be blessed and praised.

✦ From רֹאשׁ הַשָּׁנָה to יוֹם כִּפּוּר we add this line:

וּכְתוֹב לְחַיִּים טוֹבִים כָּל־בְּנֵי בְרִיתֶךָ.

✦ Bend your knees as you say 'בָּרוּךְ', bow as you say 'אַתָּה', stand up straight before you say God's name.

וְכֹל הַחַיִּים יוֹדוּךָ סֶּלָה, וִיהַלְלוּ אֶת־שִׁמְךָ בֶּאֱמֶת, הָאֵל יְשׁוּעָתֵנוּ וְעֶזְרָתֵנוּ סֶלָה. ✦בָּרוּךְ אַתָּה יהוה, הַטּוֹב שִׁמְךָ וּלְךָ נָאֶה לְהוֹדוֹת.

▷ Let all that lives thank You, Selah! and praise Your name in truth, God, our Saviour and Help, Selah! Blessed are You, Hashem, whose name is "the Good" and to whom thanks are due.

✦ בִּרְכַּת כֹּהֲנִים (the Kohanim's Blessing), is only said by the שְׁלִיחַ צִבּוּר when he repeats the עֲמִידָה:

אֱלֹהֵינוּ וֵאלֹהֵי אֲבוֹתֵינוּ, בָּרְכֵנוּ בַּבְּרָכָה הַמְשֻׁלֶּשֶׁת, בַּתּוֹרָה
הַכְּתוּבָה עַל יְדֵי מֹשֶׁה עַבְדֶּךָ, הָאֲמוּרָה מִפִּי אַהֲרֹן וּבָנָיו,
כֹּהֲנִים עַם קְדוֹשֶׁךָ, כָּאָמוּר.
יְבָרֶכְךָ יהוה, וְיִשְׁמְרֶךָ.
יָאֵר יהוה פָּנָיו אֵלֶיךָ וִיחֻנֶּךָּ.
יִשָּׂא יהוה פָּנָיו אֵלֶיךָ וְיָשֵׂם לְךָ שָׁלוֹם.

Asking God for peace

שִׂים שָׁלוֹם, טוֹבָה, וּבְרָכָה, חֵן, וָחֶסֶד וְרַחֲמִים עָלֵינוּ וְעַל
כָּל־יִשְׂרָאֵל עַמֶּךָ. בָּרְכֵנוּ אָבִינוּ, כֻּלָּנוּ כְּאֶחָד בְּאוֹר פָּנֶיךָ, כִּי
בְאוֹר פָּנֶיךָ נָתַתָּ לָּנוּ, יהוה אֱלֹהֵינוּ, תּוֹרַת חַיִּים וְאַהֲבַת
חֶסֶד, וּצְדָקָה, וּבְרָכָה, וְרַחֲמִים, וְחַיִּים, וְשָׁלוֹם. וְטוֹב בְּעֵינֶיךָ
לְבָרֵךְ אֶת־עַמְּךָ יִשְׂרָאֵל, בְּכָל־עֵת וּבְכָל־שָׁעָה בִּשְׁלוֹמֶךָ.

▷ Give us and all Israel peace, blessing, grace, kindness and care. Through Your light You have given us the Torah and a love of kindness, good deeds, blessings, life and peace. Please bless Your people Israel with peace all the time. Give us, Israel, great peace for ever as You are the King of peace. Please bless Your people Israel with peace all the time.

✦ During the rest of the year:

בָּרוּךְ אַתָּה יהוה,
הַמְבָרֵךְ אֶת עַמּוֹ
יִשְׂרָאֵל בַּשָּׁלוֹם.

✦ From רֹאשׁ הַשָּׁנָה to יוֹם כִּפּוּר:

בְּסֵפֶר חַיִּים בְּרָכָה וְשָׁלוֹם, וּפַרְנָסָה
טוֹבָה, נִזָּכֵר וְנִכָּתֵב לְפָנֶיךָ, אֲנַחְנוּ וְכָל־
עַמְּךָ בֵּית יִשְׂרָאֵל, לְחַיִּים טוֹבִים וּלְשָׁלוֹם.
בָּרוּךְ אַתָּה יהוה, עֹשֵׂה הַשָּׁלוֹם.

אֱלֹהַי, נְצוֹר לְשׁוֹנִי מֵרָע, וּשְׂפָתַי מִדַּבֵּר מִרְמָה, וְלִמְקַלְלַי נַפְשִׁי תִדּוֹם, וְנַפְשִׁי כֶּעָפָר לַכֹּל תִּהְיֶה. פְּתַח לִבִּי בְּתוֹרָתֶךָ, וּבְמִצְוֹתֶיךָ תִּרְדּוֹף נַפְשִׁי. וְכֹל הַחוֹשְׁבִים עָלַי רָעָה, מְהֵרָה הָפֵר עֲצָתָם וְקַלְקֵל מַחְשְׁבוֹתָם. עֲשֵׂה לְמַעַן שְׁמֶךָ, עֲשֵׂה לְמַעַן יְמִינֶךָ, עֲשֵׂה לְמַעַן קְדֻשָּׁתֶךָ, עֲשֵׂה לְמַעַן תּוֹרָתֶךָ. לְמַעַן יֵחָלְצוּן יְדִידֶיךָ, הוֹשִׁיעָה יְמִינְךָ וַעֲנֵנִי.

✦ At this point you may add your own personal prayer in any language.

יִהְיוּ לְרָצוֹן אִמְרֵי־פִי וְהֶגְיוֹן לִבִּי לְפָנֶיךָ, יהוה צוּרִי וְגוֹאֲלִי.

✦ Take three steps back.
Say 'עֹשֶׂה שָׁלוֹם בִּמְרוֹמָיו' while bowing to your left
Say 'הוּא יַעֲשֶׂה שָׁלוֹם עָלֵינוּ' while bowing to the right
Say 'וְעַל־כָּל־יִשְׂרָאֵל, וְאִמְרוּ אָמֵן' while bowing forward.

עֹשֶׂה שָׁלוֹם בִּמְרוֹמָיו, הוּא יַעֲשֶׂה שָׁלוֹם עָלֵינוּ, וְעַל־כָּל־יִשְׂרָאֵל, וְאִמְרוּ אָמֵן.

▷ My God, keep my tongue and lips from saying harmful things. When people say damaging things about me, let me remain calm and humble. Help me to love Your Torah and to be eager to carry out Your mitzvot. If anyone wishes to harm me, prevent their plans from working.

Do all this to show Your strength and to bring honour to Your reputation and to Your Holy Torah. Please answer my prayer. Let the words which I say and the thoughts which I send from my heart be pleasing to You, Hashem, my constant Protector. Heavenly Peacemaker, send peace for all of us and for all the Jewish people. Amen.

1   **יְהִי** רָצוֹן מִלְּפָנֶיךָ יְהוה אֱלֹהֵינוּ וֵאלֹהֵי אֲבוֹתֵינוּ, שֶׁיִּבָּנֶה בֵּית

2   הַמִּקְדָּשׁ בִּמְהֵרָה בְיָמֵינוּ, וְתֵן חֶלְקֵנוּ בְּתוֹרָתֶךָ. וְשָׁם נַעֲבָדְךָ

3   בְּיִרְאָה, כִּימֵי עוֹלָם וּכְשָׁנִים קַדְמוֹנִיּוֹת. וְעָרְבָה לַיהוה מִנְחַת

4   יְהוּדָה וִירוּשָׁלָיִם, כִּימֵי עוֹלָם וּכְשָׁנִים קַדְמוֹנִיּוֹת.

◆ Wait a few moments, then take three steps forward.

◆ On רֹאשׁ חֹדֶשׁ and חֲנֻכָּה we say הַלֵּל at this point on page 189.

קְרִיאַת הַתּוֹרָה
Torah Reading

ⓘ Every Shabbat and festival we read from the סֵפֶר תּוֹרָה. On special Shabbatot such as Shabbat Rosh Chodesh or Shabbat Shekalim, and also on festivals, we read from two סִפְרֵי תּוֹרָה. In an adult service the Torah is read only with a מִנְיָן. At this time, we publicly state our belief in God and the תּוֹרָה.

אֵין־כָּמוֹךָ בָאֱלֹהִים | אֲדֹנָי, וְאֵין כְּמַעֲשֶׂיךָ. מַלְכוּתְךָ 1

מַלְכוּת כָּל־עֹלָמִים, וּמֶמְשַׁלְתְּךָ בְּכָל־דֹּר וָדֹר. יהוה מֶלֶךְ, 2

יהוה מָלָךְ, יהוה | יִמְלֹךְ לְעֹלָם וָעֶד. יהוה עֹז לְעַמּוֹ יִתֵּן, 3

יהוה | יְבָרֵךְ אֶת־עַמּוֹ בַשָּׁלוֹם. 4

אַב הָרַחֲמִים, הֵיטִיבָה בִרְצוֹנְךָ אֶת־צִיּוֹן, תִּבְנֶה חוֹמוֹת 5

יְרוּשָׁלָיִם. כִּי בְךָ לְבַד בָּטָחְנוּ, מֶלֶךְ אֵל רָם וְנִשָּׂא, אֲדוֹן 6

עוֹלָמִים. 7

◆ The אֲרוֹן הַקֹּדֶשׁ is opened. Stand.

וַיְהִי בִּנְסֹעַ הָאָרֹן וַיֹּאמֶר מֹשֶׁה, קוּמָה יהוה וְיָפֻצוּ אֹיְבֶיךָ 8

וְיָנֻסוּ מְשַׂנְאֶיךָ מִפָּנֶיךָ. כִּי מִצִּיּוֹן תֵּצֵא תוֹרָה, וּדְבַר יהוה 9

מִירוּשָׁלָיִם. בָּרוּךְ שֶׁנָּתַן תּוֹרָה לְעַמּוֹ יִשְׂרָאֵל בִּקְדֻשָּׁתוֹ. 10

◆ The סֵפֶר תּוֹרָה is passed to the שְׁלִיחַ צִבּוּר who then says this verse, repeated by everyone else:

שְׁמַע יִשְׂרָאֵל יהוה אֱלֹהֵינוּ יהוה אֶחָד. 11

◆ שְׁלִיחַ צִבּוּר, then everyone:

אֶחָד אֱלֹהֵינוּ גָּדוֹל אֲדוֹנֵנוּ, קָדוֹשׁ שְׁמוֹ. 12

◆ The שְׁלִיחַ צִבּוּר faces the אֲרוֹן הַקֹּדֶשׁ, raises the סֵפֶר תּוֹרָה at little, bows slightly and says:

גַּדְּלוּ לַיהוה אִתִּי וּנְרוֹמְמָה שְׁמוֹ יַחְדָּו. 13

✦ The אֲרוֹן הַקֹּדֶשׁ is closed. The שְׁלִיחַ צִבּוּר now takes the סֵפֶר תּוֹרָה to the בִּימָה while everyone says the paragraph below. As he walks past, some people show their love and respect by touching the סֵפֶר תּוֹרָה cover.

לְךָ יהוה הַגְּדֻלָּה וְהַגְּבוּרָה וְהַתִּפְאֶרֶת וְהַנֵּצַח וְהַהוֹד כִּי כֹל בַּשָּׁמַיִם וּבָאָרֶץ, לְךָ יהוה הַמַּמְלָכָה וְהַמִּתְנַשֵּׂא לְכֹל לְרֹאשׁ. רוֹמְמוּ יהוה אֱלֹהֵינוּ, וְהִשְׁתַּחֲווּ לַהֲדֹם רַגְלָיו, קָדוֹשׁ הוּא. רוֹמְמוּ יהוה אֱלֹהֵינוּ, וְהִשְׁתַּחֲווּ לְהַר קָדְשׁוֹ, כִּי קָדוֹשׁ יהוה אֱלֹהֵינוּ.

ⓘ **The weekly Torah reading is called a סִדְרָה or פָּרָשָׁה. Each סִדְרָה has a title and can be found in a חוּמָשׁ.**

On most Shabbatot the last few sentences of each סִדְרָה are read again. This is known as מַפְטִיר. The man 'called up' to מַפְטִיר goes on to read the הַפְטָרָה. This is taken from נְבִיאִים (Prophets), the second section of תְּנַ"ךְ (the Hebrew Bible). The הַפְטָרָה is found in a חוּמָשׁ, either after the סִדְרָה or at the back of the חוּמָשׁ. On most special Shabbatot the מַפְטִיר is taken from a second סֵפֶר תּוֹרָה. Similarly, the הַפְטָרָה for such days will be a special one found at the back of the חוּמָשׁ.

✦ Boys, if you are given an עֲלִיָּה לַתּוֹרָה, that is, you are called to the תּוֹרָה, you should make your way to the בִּימָה by the shortest route. The בַּעַל קְרִיאָה will show you the פָּרָשָׁה (section) in the סֵפֶר תּוֹרָה. Look at it, touch the סֵפֶר תּוֹרָה as shown with a corner of your טַלִּית and kiss it (picture 1). Hold the עֲצֵי חַיִּים (rollers) (picture 2) and say:

✦ Bow slightly when you say 'בָּרְכוּ', straighten up at יהוה.

בָּרְכוּ אֶת יהוה הַמְבֹרָךְ.

✦ Everyone else replies:

בָּרוּךְ יהוה הַמְבֹרָךְ לְעוֹלָם וָעֶד.

✦ You say, bowing slightly when saying 'בָּרוּךְ':

בָּרוּךְ יהוה הַמְבֹרָךְ לְעוֹלָם וָעֶד.

בָּרוּךְ אַתָּה יהוה אֱלֹהֵינוּ מֶלֶךְ הָעוֹלָם, אֲשֶׁר־בָּחַר בָּנוּ מִכָּל־הָעַמִּים, וְנָתַן לָנוּ אֶת־תּוֹרָתוֹ. בָּרוּךְ אַתָּה יהוה, נוֹתֵן הַתּוֹרָה.

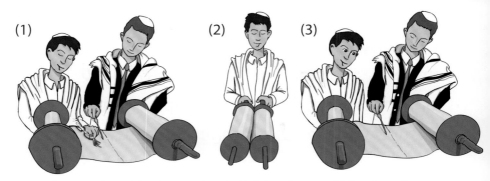

(1)

(2)

(3)

✦ Let go of the left hand עֵץ חַיִּים, keep hold of the right one and follow the reading in the סֵפֶר תּוֹרָה (picture 3). When the בַּעַל קְרִיאָה has finished reading your פָּרָשָׁה (section), touch the סֵפֶר תּוֹרָה with a corner of your טַלִּית and kiss it. Close the סֵפֶר תּוֹרָה. Keeping hold of both עֲצֵי חַיִּים, say:

בָּרוּךְ אַתָּה יהוה אֱלֹהֵינוּ מֶלֶךְ הָעוֹלָם, אֲשֶׁר נָתַן־לָנוּ תּוֹרַת־אֱמֶת, וְחַיֵּי עוֹלָם נָטַע בְּתוֹכֵנוּ. בָּרוּךְ אַתָּה יהוה, נוֹתֵן הַתּוֹרָה.

✦ Someone who has recovered from a serious illness, has arrived safely after a hazardous journey or has survived a dangerous experience, says:

בָּרוּךְ אַתָּה יהוה אֱלֹהֵינוּ מֶלֶךְ הָעוֹלָם, הַגּוֹמֵל לְחַיָּבִים טוֹבוֹת, שֶׁגְּמָלַנִי כָּל־טוֹב.

✦ Everyone responds:

אָמֵן. מִי שֶׁגְּמָלְךָ כָּל־טוֹב, הוּא יִגְמָלְךָ כָּל־טוֹב, סֶלָה.

הַגְבָּהָה וּגְלִילָה

Lifting and rolling the Sefer Torah

✦ We stand while the סֵפֶר תּוֹרָה is lifted up for all to see. Say:

וְזֹאת הַתּוֹרָה אֲשֶׁר־שָׂם מֹשֶׁה לִפְנֵי בְּנֵי יִשְׂרָאֵל, עַל־פִּי יהוה בְּיַד־מֹשֶׁה.

▷ This is the Torah which Moshe placed before the Jewish people at Hashem's command by the hand of Moshe.

✦ The סֵפֶר תּוֹרָה is then rolled up and is dressed.

Prayer for the Community

✦ This prayer for the community is not said when you pray without a מִנְיָן.

מִי שֶׁבֵּרַךְ אֲבוֹתֵינוּ אַבְרָהָם יִצְחָק וְיַעֲקֹב, הוּא יְבָרֵךְ אֶת־כָּל־הַקָּהָל הַקָּדוֹשׁ הַזֶּה, עִם כָּל־קְהִלּוֹת הַקֹּדֶשׁ, הֵם, וּנְשֵׁיהֶם, וּבְנֵיהֶם, וּבְנוֹתֵיהֶם, וְכָל אֲשֶׁר לָהֶם. וּמִי שֶׁמְּיַחֲדִים בָּתֵּי כְנֵסִיּוֹת לִתְפִלָּה, וּמִי שֶׁבָּאִים בְּתוֹכָם לְהִתְפַּלֵּל, וּמִי שֶׁנּוֹתְנִים נֵר לַמָּאוֹר, וְיַיִן לְקִדּוּשׁ וּלְהַבְדָּלָה, וּפַת לָאוֹרְחִים, וּצְדָקָה לַעֲנִיִּים, וְכָל־מִי שֶׁעוֹסְקִים בְּצָרְכֵי צִבּוּר בֶּאֱמוּנָה, הַקָּדוֹשׁ בָּרוּךְ הוּא יְשַׁלֵּם שְׂכָרָם, וְיָסִיר מֵהֶם כָּל־מַחֲלָה, וְיִרְפָּא לְכָל־גּוּפָם, וְיִסְלַח לְכָל־עֲוֹנָם, וְיִשְׁלַח בְּרָכָה וְהַצְלָחָה בְּכָל־מַעֲשֵׂה יְדֵיהֶם, עִם כָּל־יִשְׂרָאֵל אֲחֵיהֶם. וְנֹאמַר אָמֵן.

▷ God of our fathers, Avraham, Yitzchak and Yaakov, we ask You to bless this gathering here today – them and all their families. Comfort those who are poor, ill, old or lonely. Bless those who look after their needs and the needs of all the community, with good health and success.

Prayer for the Royal Family

ⓘ We pray that God will look after and help the rulers of our country and that they will be sympathetic to the Jewish people. The שְׁלִיחַ צִבּוּר takes the סֵפֶר תּוֹרָה and we stand.

הַנּוֹתֵן תְּשׁוּעָה לַמְּלָכִים וּמֶמְשָׁלָה לַנְּסִיכִים, מַלְכוּתוֹ

מַלְכוּת כָּל־עוֹלָמִים. הוּא יְבָרֵךְ

Our Sovereign Lady, Queen Elizabeth,

Philip, Duke Of Edinburgh,

Charles, Prince Of Wales,

And all the Royal Family.

מֶלֶךְ מַלְכֵי הַמְּלָכִים בְּרַחֲמָיו, יְחַיֶּיהָ, וְיִשְׁמְרֶהָ, וּמִכָּל־צָרָה

וְיָגוֹן יַצִּילֶהָ. וְיִתֵּן בְּלִבָּהּ וּבְלֵב כָּל־יוֹעֲצֶיהָ, רוּחַ חָכְמָה וּבִינָה,

לְהַחֲזִיק שְׁלוֹם הַמַּלְכוּת, וְשַׁלְוַת עַמָּהּ, וְלַעֲשׂוֹת חֶסֶד וֶאֱמֶת

עִם־כָּל־יִשְׂרָאֵל. בְּיָמֶיהָ, וּבְיָמֵינוּ, יִפְרֹשׂ אָבִינוּ שֶׁבַּשָּׁמַיִם סֻכַּת

שָׁלוֹם עַל־כָּל־יוֹשְׁבֵי תֵבֵל, וּבָא לְצִיּוֹן גּוֹאֵל. וְנֹאמַר אָמֵן.

▷ God, who helps kings and queens and gives power to rulers, whose kingdom lasts forever, please bless:

Our Sovereign Lady, Queen Elizabeth,
Philip Duke of Edinburgh
Charles Prince of Wales
And all the Royal Family.

King of kings, look after the Queen's life, guard her and save her from all trouble and sorrow. Make the Queen and all her advisors wise and kind, so that they may keep this country peaceful, look after all the people and deal fairly with Israel. In her lifetime and in ours, Heavenly Father, spread the shelter of peace over all who live on Earth, and send the Messiah. Amen.

Prayer for the State of Israel and its Defence Forces

(i) We pray for peace in Israel and for God's protection for the Israel Defence Forces.

מִי שֶׁבֵּרַךְ אֲבוֹתֵינוּ אַבְרָהָם יִצְחָק וְיַעֲקֹב, הוּא יְבָרֵךְ אֶת־ 1

מְדִינַת יִשְׂרָאֵל, רָאשֶׁיהָ, וְיוֹעֲצֶיהָ, עַל הָאֲדָמָה אֲשֶׁר נִשְׁבַּע 2

לַאֲבוֹתֵינוּ לָתֶת לָנוּ. תֵּן בְּלִבָּם אַהֲבָתֶךָ, וְיִרְאָתֶךָ, לְסַעֲדָה 3

בְּמִשְׁפָּט וּבִצְדָקָה, וְנִזְכֶּה בְּיָמֵינוּ לְדִבְרֵי עֲבָדֶךָ הַנְּבִיאִים, כִּי 4

מִצִּיּוֹן תֵּצֵא תוֹרָה, וּדְבַר יהוה מִירוּשָׁלָיִם. אָבִינוּ שֶׁבַּשָּׁמַיִם, 5

פְּקוֹד נָא אֶת חַיָּלֵי צְבָא הַהֲגָנָה לְיִשְׂרָאֵל מָגִנֵּי אֶרֶץ קָדְשֵׁנוּ, 6

שָׁמְרֵם מִכָּל־צָרָה וְצוּקָה, וּשְׁלַח בְּרָכָה, וְהַצְלָחָה, בְּכָל־ 7

מַעֲשֵׂה יְדֵיהֶם. שִׂים שָׁלוֹם בָּאָרֶץ, וְשִׂמְחַת עוֹלָם עַל־כָּל־ 8

יוֹשְׁבֶיהָ, וְשָׁב יַעֲקֹב וְשָׁקַט וְשַׁאֲנַן וְאֵין מַחֲרִיד. וּפְרוֹשׂ סֻכַּת 9

שְׁלוֹמְךָ עַל־כָּל־יוֹשְׁבֵי תֵבֵל אַרְצֶךָ, וְכֵן יְהִי רָצוֹן. וְנֹאמַר 10

אָמֵן. 11

▷ God of our fathers Avraham, Yitzchak and Yaakov, bless the State of Israel. Help its rulers to love You, so that they will serve You with justice and honesty, truth and goodness. Heavenly Father, remember the Israel Defence Forces, the guardians of our holy land. Protect them from all trouble and sorrow and send blessing and success in all their efforts. Grant peace in Your holy land and everlasting happiness to all who live there. Spread the shelter of Your peace over all who live on earth. Amen.

בִּרְכַּת הַחֹדֶשׁ
Announcing the New Month

ⓘ The start of the Jewish month is celebrated with a minor festival, lasting one or two days, which is called רֹאשׁ חֹדֶשׁ. The Shabbat before Rosh Chodesh is called שַׁבָּת מְבָרְכִים when we pray for a good month and announce the start of the new month.

1   **יְהִי רָצוֹן** מִלְּפָנֶיךָ, יהוה אֱלֹהֵינוּ וֵאלֹהֵי אֲבוֹתֵינוּ,

2   שֶׁתְּחַדֵּשׁ עָלֵינוּ אֶת־הַחֹדֶשׁ הַזֶּה לְטוֹבָה וְלִבְרָכָה. וְתִתֶּן־

3   לָנוּ חַיִּים אֲרֻכִּים, חַיִּים שֶׁל־שָׁלוֹם, חַיִּים שֶׁל־טוֹבָה, חַיִּים

4   שֶׁל־בְּרָכָה, חַיִּים שֶׁל־פַּרְנָסָה, חַיִּים שֶׁל־חִלּוּץ עֲצָמוֹת,

5   חַיִּים שֶׁיֵּשׁ בָּהֶם יִרְאַת שָׁמַיִם וְיִרְאַת חֵטְא, חַיִּים שֶׁאֵין

6   בָּהֶם בּוּשָׁה וּכְלִמָּה, חַיִּים שֶׁל־עֹשֶׁר וְכָבוֹד, חַיִּים שֶׁתְּהֵא

7   בָנוּ אַהֲבַת תּוֹרָה וְיִרְאַת שָׁמַיִם, חַיִּים שֶׁיִּמָּלְאוּ מִשְׁאֲלוֹת

8   לִבֵּנוּ לְטוֹבָה. אָמֵן, סֶלָה.

▷ Hashem, our God and God of our fathers, in this new month please bring us goodness and blessing. Grant us long life, a life of peace, goodness and blessing; a life in which we have enough food and good health; a life full of respect for You and fear of sin; a life free from shame and disgrace; a life of wealth and honour; a life in which we shall love the Torah and respect You; a life in which all our dearest wishes are granted for our benefit. Amen, Selah!

◆ The שְׁלִיחַ צִבּוּר takes the סֵפֶר תּוֹרָה and says:

1　מִי שֶׁעָשָׂה נִסִּים לַאֲבוֹתֵינוּ, וְגָאַל אוֹתָם מֵעַבְדוּת

2　לְחֵרוּת, הוּא יִגְאַל אוֹתָנוּ בְּקָרוֹב, וִיקַבֵּץ נִדָּחֵינוּ מֵאַרְבַּע

3　כַּנְפוֹת הָאָרֶץ, חֲבֵרִים כָּל־יִשְׂרָאֵל. וְנֹאמַר אָמֵן.

▷ Hashem, who performs miracles for our fathers and brought them from slavery to freedom, come quickly to our aid and gather our scattered people from the four corners of the earth, so that all the Jewish people are one community. Amen.

◆ The שְׁלִיחַ צִבּוּר announces the new month:

4　רֹאשׁ חֹדֶשׁ ... He names the month …

5　יִהְיֶה בַּיּוֹם ... He states the day(s) of the week …

6　הַבָּא עָלֵינוּ וְעַל כָּל־יִשְׂרָאֵל לְטוֹבָה.

▷ Rosh Chodesh (name of the month) will be on (name of the day or days). May it be a good month for us and for all the Jewish people.

◆ Everyone, then שְׁלִיחַ צִבּוּר:

7　יְחַדְּשֵׁהוּ הַקָּדוֹשׁ בָּרוּךְ הוּא עָלֵינוּ וְעַל כָּל־עַמּוֹ בֵּית יִשְׂרָאֵל,

8　לְחַיִּים וּלְשָׁלוֹם, לְשָׂשׂוֹן וּלְשִׂמְחָה, לִישׁוּעָה וּלְנֶחָמָה.

9　וְנֹאמַר אָמֵן.

▷ Holy One, who is blessed, please grant us and all the Jewish people a month of life and peace, of joy and happiness, of help and comfort. Amen.

אַ֫שְׁרֵי יוֹשְׁבֵי בֵיתֶךָ, עוֹד יְהַלְלֽוּךָ סֶּֽלָה. 1

אַשְׁרֵי הָעָם שֶׁכָּֽכָה לּוֹ, אַשְׁרֵי הָעָם שֶׁיהוה אֱלֹהָיו. 2

תְּהִלָּה לְדָוִד, 3

אֲרוֹמִמְךָ אֱלוֹהַי הַמֶּֽלֶךְ, וַאֲבָרְכָה שִׁמְךָ לְעוֹלָם וָעֶד. 4

בְּכָל יוֹם אֲבָרְכֶֽךָ, וַאֲהַלְלָה שִׁמְךָ לְעוֹלָם וָעֶד. 5

גָּדוֹל יהוה וּמְהֻלָּל מְאֹד, וְלִגְדֻלָּתוֹ אֵין חֵֽקֶר. 6

דּוֹר לְדוֹר יְשַׁבַּח מַעֲשֶֽׂיךָ, וּגְבוּרֹתֶֽיךָ יַגִּֽידוּ. 7

הֲדַר כְּבוֹד הוֹדֶֽךָ, וְדִבְרֵי נִפְלְאֹתֶֽיךָ אָשִֽׂיחָה. 8

וֶעֱזוּז נוֹרְאֹתֶֽיךָ יֹאמֵֽרוּ, וּגְדֻלָּתְךָ אֲסַפְּרֶֽנָּה. 9

זֵֽכֶר רַב־טוּבְךָ יַבִּֽיעוּ, וְצִדְקָתְךָ יְרַנֵּֽנוּ. 10

חַנּוּן וְרַחוּם יהוה, אֶֽרֶךְ אַפַּֽיִם וּגְדָל־חָֽסֶד. 11

טוֹב יהוה לַכֹּל, וְרַחֲמָיו עַל כָּל מַעֲשָׂיו. 12

יוֹדֽוּךָ יהוה כָּל מַעֲשֶֽׂיךָ, וַחֲסִידֶֽיךָ יְבָרְכֽוּכָה. 13

כְּבוֹד מַלְכוּתְךָ יֹאמֵֽרוּ, וּגְבוּרָתְךָ יְדַבֵּֽרוּ. 14

לְהוֹדִֽיעַ לִבְנֵי הָאָדָם גְּבוּרֹתָיו, וּכְבוֹד הֲדַר מַלְכוּתוֹ. 15

מַלְכוּתְךָ מַלְכוּת כָּל עוֹלָמִים, וּמֶמְשַׁלְתְּךָ בְּכָל דּוֹר וָדֹר. 16

סוֹמֵךְ יהוה לְכָל הַנֹּפְלִים, וְזוֹקֵף לְכָל הַכְּפוּפִים. 17

עֵינֵי כֹל אֵלֶֽיךָ יְשַׂבֵּֽרוּ, וְאַתָּה נוֹתֵן לָהֶם אֶת אָכְלָם בְּעִתּוֹ. 18

◆ When saying this verse, think about how God cares for all His creatures.

פּוֹתֵֽחַ אֶת יָדֶֽךָ, וּמַשְׂבִּֽיעַ לְכָל־חַי רָצוֹן. 19

צַדִּיק יהוה בְּכָל דְּרָכָיו, וְחָסִיד בְּכָל מַעֲשָׂיו. 20

קָרוֹב יהוה לְכָל קֹרְאָיו, לְכֹל אֲשֶׁר יִקְרָאֻֽהוּ בֶאֱמֶת. 21

1 **רְ**צוֹן יְרֵאָיו יַעֲשֶׂה, וְאֶת שַׁוְעָתָם יִשְׁמַע, וְיוֹשִׁיעֵם.

2 **שׁ**וֹמֵר יהוה אֶת כָּל אֹהֲבָיו, וְאֵת כָּל־הָרְשָׁעִים יַשְׁמִיד.

3 ◗ **תְּ**הִלַּת יהוה יְדַבֶּר פִּי, וִיבָרֵךְ כָּל־בָּשָׂר שֵׁם קָדְשׁוֹ לְעוֹלָם

4 וָעֶד. וַאֲנַחְנוּ נְבָרֵךְ יָהּ, מֵעַתָּה וְעַד־עוֹלָם, הַלְלוּיָהּ.

◆ The אֲרוֹן הַקֹּדֶשׁ is opened. Stand.
The שְׁלִיחַ צִבּוּר takes the סֵפֶר תּוֹרָה and says:

5 יְהַלְלוּ אֶת־שֵׁם יהוה, כִּי נִשְׂגָּב שְׁמוֹ לְבַדּוֹ.

◆ Everyone else says:

6 הוֹדוֹ עַל אֶרֶץ וְשָׁמָיִם. וַיָּרֶם קֶרֶן לְעַמּוֹ,

7 תְּהִלָּה לְכָל־חֲסִידָיו, לִבְנֵי יִשְׂרָאֵל עַם קְרֹבוֹ, הַלְלוּיָהּ.

◆ While everyone is singing 'מִזְמוֹר לְדָוִד' the שְׁלִיחַ צִבּוּר returns the סֵפֶר תּוֹרָה to the
אֲרוֹן הַקֹּדֶשׁ. As he walks past, some people show their love and respect by touching
the סֵפֶר תּוֹרָה cover.

8 **מִזְמוֹר לְדָוִד,** הָבוּ לַיהוה בְּנֵי אֵלִים, הָבוּ לַיהוה כָּבוֹד

9 וָעֹז. הָבוּ לַיהוה כְּבוֹד שְׁמוֹ, הִשְׁתַּחֲווּ לַיהוה בְּהַדְרַת־קֹדֶשׁ.

10 קוֹל יהוה עַל הַמָּיִם, אֵל־הַכָּבוֹד הִרְעִים, יהוה עַל־מַיִם

11 רַבִּים. קוֹל־יהוה בַּכֹּחַ, קוֹל יהוה בֶּהָדָר. קוֹל יהוה שֹׁבֵר

12 אֲרָזִים, וַיְשַׁבֵּר יהוה אֶת־אַרְזֵי הַלְּבָנוֹן. וַיַּרְקִידֵם כְּמוֹ־עֵגֶל,

13 לְבָנוֹן וְשִׂרְיוֹן כְּמוֹ בֶן־רְאֵמִים. קוֹל־יהוה חֹצֵב לַהֲבוֹת אֵשׁ.

14 קוֹל יהוה יָחִיל מִדְבָּר, יָחִיל יהוה מִדְבַּר קָדֵשׁ. קוֹל יהוה

15 יְחוֹלֵל אַיָּלוֹת, וַיֶּחֱשֹׂף יְעָרוֹת, וּבְהֵיכָלוֹ, כֻּלּוֹ אֹמֵר כָּבוֹד.

16 יהוה לַמַּבּוּל יָשָׁב, וַיֵּשֶׁב יהוה מֶלֶךְ לְעוֹלָם. יהוה, עֹז לְעַמּוֹ

17 יִתֵּן, יהוה יְבָרֵךְ אֶת עַמּוֹ בַשָּׁלוֹם.

◆ While the סֵפֶר תּוֹרָה is being placed in the אֲרוֹן הַקֹּדֶשׁ, we say this:

1 **וּבְנֻחֹה** יֹאמַר, שׁוּבָה יהוה רִבְבוֹת אַלְפֵי יִשְׂרָאֵל. קוּמָה

2 יהוה לִמְנוּחָתֶךָ, אַתָּה וַאֲרוֹן עֻזֶּךָ. כֹּהֲנֶיךָ יִלְבְּשׁוּ צֶדֶק,

3 וַחֲסִידֶיךָ יְרַנֵּנוּ. בַּעֲבוּר דָּוִד עַבְדֶּךָ אַל־תָּשֵׁב פְּנֵי מְשִׁיחֶךָ.

4 כִּי לֶקַח טוֹב נָתַתִּי לָכֶם, תּוֹרָתִי אַל־תַּעֲזֹבוּ. עֵץ־חַיִּים הִיא

5 לַמַּחֲזִיקִים בָּהּ, וְתֹמְכֶיהָ מְאֻשָּׁר. דְּרָכֶיהָ דַרְכֵי־נֹעַם, וְכָל־

6 נְתִיבוֹתֶיהָ שָׁלוֹם. הֲשִׁיבֵנוּ יהוה אֵלֶיךָ וְנָשׁוּבָה, חַדֵּשׁ יָמֵינוּ

7 כְּקֶדֶם.

◆ The אֲרוֹן הַקֹּדֶשׁ is closed.

ⓘ In the בֵּית הַמִקְדָשׁ (the Temple) there was an extra sacrifice every Shabbat called the קָרְבַּן מוּסָף. Since the destruction of the בֵּית הַמִקְדָשׁ, the מוּסָף עֲמִידָה replaces that offering.

מוּסָף לְשַׁבָּת
Shabbat Musaf

ⓘ Every service has an עֲמִידָה. Each עֲמִידָה has three parts: three בְּרָכוֹת at the beginning, a middle section and three בְּרָכוֹת at the end. The עֲמִידָה is also known as the שְׁמוֹנֶה עֶשְׂרֵה which means 18. The original עֲמִידָה had 18 בְּרָכוֹת. עֲמִידָה means 'standing', so when we say this prayer we stand with our feet together, facing Jerusalem where the בֵּית הַמִקְדָשׁ (the Temple) used to be. In a synagogue, we face the אֲרוֹן הַקֹדֶשׁ (the Holy Ark).

עֲמִידָה
The Amidah

◆ Take three steps back then three steps forwards. Stand with your feet together.

אֲדֹנָי, שְׂפָתַי תִּפְתָּח, וּפִי יַגִּיד תְּהִלָּתֶךָ.   1

▷ My Lord, open my lips and my mouth will sing Your praises.

◆ Bend your knees as you say 'בָּרוּךְ', bow as you say 'אַתָּה', stand up straight before you say God's name.

בָּרוּךְ אַתָּה יהוה אֱלֹהֵינוּ וֵאלֹהֵי אֲבוֹתֵינוּ, אֱלֹהֵי אַבְרָהָם,   2

אֱלֹהֵי יִצְחָק, וֵאלֹהֵי יַעֲקֹב, הָאֵל הַגָּדוֹל הַגִּבּוֹר וְהַנּוֹרָא, אֵל   3

עֶלְיוֹן, גּוֹמֵל חֲסָדִים טוֹבִים וְקוֹנֵה הַכֹּל, וְזוֹכֵר חַסְדֵי אָבוֹת,   4

וּמֵבִיא גוֹאֵל לִבְנֵי בְנֵיהֶם, לְמַעַן שְׁמוֹ בְּאַהֲבָה.   5

▷ Blessed are You, Hashem, our God and God of our fathers, the God of Avraham, the God of Yitzchak and the God of Yaakov; the great, mighty and awesome God. God most high, provider of loving acts, to whom all belong, who remembers the good deeds of our patriarchs and lovingly brings a redeemer to their children's children, for the sake of His name.

✦ From רֹאשׁ הַשָּׁנָה to יוֹם כִּפּוּר we add this sentence, praying for God to give us a good life:

זָכְרֵנוּ לְחַיִּים, מֶלֶךְ חָפֵץ בַּחַיִּים, וְכָתְבֵנוּ בְּסֵפֶר הַחַיִּים, 1

לְמַעַנְךָ אֱלֹהִים חַיִּים. 2

▷ Remember us for life, King who delights in life and who writes us in the Book
of Life, for Your sake, God of life.

✦ Bend your knees as you say 'בָּרוּךְ', bow as you say 'אַתָּה', stand up straight before you
say God's name.

מֶלֶךְ עוֹזֵר וּמוֹשִׁיעַ וּמָגֵן. בָּרוּךְ אַתָּה יהוה, מָגֵן אַבְרָהָם. 3

▷ King, Helper, Saviour, Shield. Blessed are You, Hashem, Shield of Avraham.

אַתָּה גִּבּוֹר לְעוֹלָם אֲדֹנָי, מְחַיֵּה מֵתִים אַתָּה, רַב לְהוֹשִׁיעַ. 4

✦ From after שִׂמְחַת תּוֹרָה until פֶּסַח, add:

מַשִּׁיב הָרוּחַ וּמוֹרִיד הַגָּשֶׁם. 5

▷ He makes the wind blow and the rain fall.

מְכַלְכֵּל חַיִּים בְּחֶסֶד, מְחַיֵּה מֵתִים בְּרַחֲמִים רַבִּים, סוֹמֵךְ 6

נוֹפְלִים, וְרוֹפֵא חוֹלִים, וּמַתִּיר אֲסוּרִים, וּמְקַיֵּם אֱמוּנָתוֹ 7

לִישֵׁנֵי עָפָר. מִי כָמוֹךָ בַּעַל גְּבוּרוֹת, וּמִי דּוֹמֶה לָּךְ, מֶלֶךְ 8

מֵמִית וּמְחַיֵּה וּמַצְמִיחַ יְשׁוּעָה. 9

▷ He keeps us alive with kindness and looks after those who are sick.
No one compares with You, a King who gives and takes life.

✦ From רֹאשׁ הַשָּׁנָה to יוֹם כִּפּוּר we add this line:

מִי כָמוֹךָ אַב הָרַחֲמִים, זוֹכֵר יְצוּרָיו לַחַיִּים בְּרַחֲמִים. 10

▷ Who is like You, compassionate Father, who remembers His creatures in
compassion, for life?

וְנֶאֱמָן אַתָּה לְהַחֲיוֹת מֵתִים. בָּרוּךְ אַתָּה יהוה, מְחַיֵּה 11

הַמֵּתִים. 12

✦ In your silent Amidah, continue on page 163 line 9.

> ⓘ The next prayer, קְדוּשָׁה, is not said during your silent עֲמִידָה,
> but only when a שְׁלִיחַ צִבּוּר (prayer leader) repeats the עֲמִידָה
> aloud. קְדוּשָׁה is also said facing the אֲרוֹן הַקֹּדֶשׁ, with your feet
> together. When saying the words, 'בָּרוּךְ', 'קָדוֹשׁ', and 'יִמְלֹךְ', rise
> up on your toes.
> In an adult service, the עֲמִידָה is repeated (with קְדוּשָׁה) only
> with a מִנְיָן.

קְדוּשָׁה
Kedusha

נַעֲרִיצְךָ וְנַקְדִּישְׁךָ כְּסוֹד שִׂיחַ שַׂרְפֵי קֹדֶשׁ, — Everyone, then שְׁלִיחַ צִבּוּר — 1

הַמַּקְדִּישִׁים שִׁמְךָ בַּקֹּדֶשׁ, כַּכָּתוּב עַל יַד נְבִיאֶךָ, — 2

וְקָרָא זֶה אֶל־זֶה וְאָמַר, — 3

✦קָדוֹשׁ ✦קָדוֹשׁ ✦קָדוֹשׁ יהוה צְבָאוֹת, מְלֹא כָל־ — Everyone and שְׁלִיחַ צִבּוּר — 4

הָאָרֶץ כְּבוֹדוֹ. — 5

כְּבוֹדוֹ מָלֵא עוֹלָם, מְשָׁרְתָיו שׁוֹאֲלִים זֶה לָזֶה, — Everyone, then שְׁלִיחַ צִבּוּר — 6

אַיֵּה מְקוֹם כְּבוֹדוֹ, לְעֻמָּתָם בָּרוּךְ יֹאמֵרוּ, — 7

✦בָּרוּךְ כְּבוֹד־יהוה, מִמְּקוֹמוֹ. — Everyone and שְׁלִיחַ צִבּוּר — 8

מִמְּקוֹמוֹ הוּא יִפֶן בְּרַחֲמִים, וְיָחוֹן עַם הַמְיַחֲדִים — Everyone, then שְׁלִיחַ צִבּוּר — 9

שְׁמוֹ, עֶרֶב וָבֹקֶר בְּכָל־יוֹם תָּמִיד, פַּעֲמַיִם — 10

בְּאַהֲבָה שְׁמַע אוֹמְרִים. — 11

שְׁמַע יִשְׂרָאֵל, יהוה אֱלֹהֵינוּ, יהוה אֶחָד. — Everyone and שְׁלִיחַ צִבּוּר — 12

אֶחָד הוּא אֱלֹהֵינוּ, הוּא אָבִינוּ, הוּא מַלְכֵּנוּ, הוּא — Everyone, then שְׁלִיחַ צִבּוּר — 13

מוֹשִׁיעֵנוּ, וְהוּא יַשְׁמִיעֵנוּ בְּרַחֲמָיו שֵׁנִית, לְעֵינֵי — 14

כָּל־חַי, לִהְיוֹת לָכֶם לֵאלֹהִים, — 15

אֲנִי יהוה אֱלֹהֵיכֶם. — Everyone and שְׁלִיחַ צִבּוּר — 16

1	שְׁלִיחַ צִבּוּר

וּבְדִבְרֵי קָדְשְׁךָ כָּתוּב לֵאמֹר,

2	Everyone and שְׁלִיחַ צִבּוּר
3	

יִמְלֹךְ יהוה לְעוֹלָם, אֱלֹהַיִךְ צִיּוֹן לְדֹר וָדֹר, הַלְלוּיָהּ.

4	שְׁלִיחַ צִבּוּר

לְדוֹר וָדוֹר נַגִּיד גָּדְלֶךָ וּלְנֵצַח נְצָחִים קְדֻשָּׁתְךָ

5   נַקְדִּישׁ, וְשִׁבְחֲךָ אֱלֹהֵינוּ מִפִּינוּ לֹא יָמוּשׁ

6   לְעוֹלָם וָעֶד, כִּי אֵל מֶלֶךְ גָּדוֹל וְקָדוֹשׁ אָתָּה.

7   בָּרוּךְ אַתָּה יהוה,

◆ From רֹאשׁ הַשָּׁנָה to יוֹם כִּפּוּר:	◆ During the rest of the year:
הַמֶּלֶךְ הַקָּדוֹשׁ.	הָאֵל הַקָּדוֹשׁ.

8

◆ Continue your silent עֲמִידָה here:

Being aware of God's holiness

9   **אַתָּה** קָדוֹשׁ וְשִׁמְךָ קָדוֹשׁ, וּקְדוֹשִׁים בְּכָל־יוֹם יְהַלְלוּךָ

10   סֶּלָה. בָּרוּךְ אַתָּה יהוה,

◆ From רֹאשׁ הַשָּׁנָה to יוֹם כִּפּוּר:	◆ During the rest of the year:
הַמֶּלֶךְ הַקָּדוֹשׁ.	הָאֵל הַקָּדוֹשׁ.

11

(i) On Shabbat there are seven בְּרָכוֹת in the עֲמִידָה. תִּכַּנְתָּ שַׁבָּת is the start of the middle בְּרָכָה of the עֲמִידָה of מוּסָף.

◆ On שַׁבָּת רֹאשׁ חֹדֶשׁ, turn to page 172.

12   **תִּכַּנְתָּ שַׁבָּת** רָצִיתָ קָרְבְּנוֹתֶיהָ, צִוִּיתָ פֵּרוּשֶׁיהָ עִם סִדּוּרֵי

13   נְסָכֶיהָ, מְעַנְגֶּיהָ לְעוֹלָם כָּבוֹד יִנְחָלוּ, טוֹעֲמֶיהָ חַיִּים זָכוּ,

14   וְגַם הָאוֹהֲבִים דְּבָרֶיהָ גְּדֻלָּה בָּחָרוּ, אָז מִסִּינַי נִצְטַוּוּ עָלֶיהָ,

וַתְּצַוֵּנוּ יהוה אֱלֹהֵינוּ, לְהַקְרִיב בָּהּ קָרְבַּן מוּסַף שַׁבָּת כָּרָאוּי. יְהִי רָצוֹן מִלְּפָנֶיךָ, יהוה אֱלֹהֵינוּ וֵאלֹהֵי אֲבוֹתֵינוּ, שֶׁתַּעֲלֵנוּ בְשִׂמְחָה לְאַרְצֵנוּ, וְתִטָּעֵנוּ בִּגְבוּלֵנוּ, וְשָׁם נַעֲשֶׂה לְפָנֶיךָ אֶת־קָרְבְּנוֹת חוֹבוֹתֵינוּ, תְּמִידִים כְּסִדְרָם וּמוּסָפִים כְּהִלְכָתָם. וְאֶת־מוּסַף יוֹם הַשַּׁבָּת הַזֶּה נַעֲשֶׂה וְנַקְרִיב לְפָנֶיךָ בְּאַהֲבָה, כְּמִצְוַת רְצוֹנֶךָ, כְּמוֹ שֶׁכָּתַבְתָּ עָלֵינוּ בְּתוֹרָתֶךָ, עַל־יְדֵי מֹשֶׁה עַבְדֶּךָ, מִפִּי כְבוֹדֶךָ כָּאָמוּר,

▷ You created Shabbat and enjoyed its offerings. You gave us strict instructions for keeping Shabbat and offering its sacrifices. All who delight and find pleasure in keeping Shabbat and love its teachings shall have honour, life and greatness. Originally at Sinai we were given a commandment about Shabbat and You, Hashem, told us to bring an extra offering, the Musaf sacrifice, on Shabbat. Please, Hashem, bring us back joyfully to our land, to settle in our own country where we shall be able to bring all our offerings at the correct times and exactly according to Your instructions, as You wrote them in Your Torah, as it says:

וּבְיוֹם הַשַּׁבָּת שְׁנֵי־כְבָשִׂים בְּנֵי־שָׁנָה, תְּמִימִים, וּשְׁנֵי עֶשְׂרֹנִים סֹלֶת מִנְחָה בְּלוּלָה בַשֶּׁמֶן וְנִסְכּוֹ. עֹלַת שַׁבַּת בְּשַׁבַּתּוֹ, עַל־עֹלַת הַתָּמִיד וְנִסְכָּהּ.

▷ 'And on Shabbat, the sacrifice shall be two perfect, year-old male lambs, two tenths of an eifah (a measure) of fine flour mixed with oil as a meal offering and a drink offering. This, in addition to the daily burnt offering and drink offering'.

יִשְׂמְחוּ בְמַלְכוּתְךָ שׁוֹמְרֵי שַׁבָּת וְקוֹרְאֵי עֹנֶג, עַם מְקַדְּשֵׁי שְׁבִיעִי, כֻּלָּם יִשְׂבְּעוּ וְיִתְעַנְּגוּ מִטּוּבֶךָ, וּבַשְּׁבִיעִי רָצִיתָ בּוֹ וְקִדַּשְׁתּוֹ, חֶמְדַּת יָמִים אוֹתוֹ קָרָאתָ, זֵכֶר לְמַעֲשֵׂה בְרֵאשִׁית.

▷ Give us and all Israel peace, blessing, grace, kindness and care. Through Your light You have given us the Torah and a love of kindness, good deeds, blessings, life and peace. Please bless Your people Israel with peace all the time. Give us, Israel, great peace for ever as You are the King of peace. Please bless Your people Israel with peace all the time.

✦ During the rest of the year:

בָּרוּךְ אַתָּה יהוה, הַמְבָרֵךְ אֶת עַמּוֹ יִשְׂרָאֵל בַּשָּׁלוֹם.

✦ From רֹאשׁ הַשָּׁנָה to יוֹם כִּפּוּר:

בְּסֵפֶר חַיִּים בְּרָכָה וְשָׁלוֹם, וּפַרְנָסָה טוֹבָה, נִזָּכֵר וְנִכָּתֵב לְפָנֶיךָ, אֲנַחְנוּ וְכָל־עַמְּךָ בֵּית יִשְׂרָאֵל, לְחַיִּים טוֹבִים וּלְשָׁלוֹם. בָּרוּךְ אַתָּה יהוה, עֹשֵׂה הַשָּׁלוֹם.

אֱלֹהַי, נְצוֹר לְשׁוֹנִי מֵרָע, וּשְׂפָתַי מִדַּבֵּר מִרְמָה, וְלִמְקַלְלַי נַפְשִׁי תִדּוֹם, וְנַפְשִׁי כֶּעָפָר לַכֹּל תִּהְיֶה. פְּתַח לִבִּי בְּתוֹרָתֶךָ, וּבְמִצְוֹתֶיךָ תִּרְדּוֹף נַפְשִׁי. וְכֹל הַחוֹשְׁבִים עָלַי רָעָה, מְהֵרָה הָפֵר עֲצָתָם וְקַלְקֵל מַחְשְׁבוֹתָם. עֲשֵׂה לְמַעַן שְׁמֶךָ, עֲשֵׂה לְמַעַן יְמִינֶךָ, עֲשֵׂה לְמַעַן קְדֻשָּׁתֶךָ, עֲשֵׂה לְמַעַן תּוֹרָתֶךָ. לְמַעַן יֵחָלְצוּן יְדִידֶיךָ, הוֹשִׁיעָה יְמִינְךָ וַעֲנֵנִי.

✦ At this point you may add your own personal prayer in any language.

יִהְיוּ לְרָצוֹן אִמְרֵי־פִי וְהֶגְיוֹן לִבִּי לְפָנֶיךָ, יהוה צוּרִי וְגוֹאֲלִי.

◆ Take three steps back.
Say 'עֹשֶׂה שָׁלוֹם בִּמְרוֹמָיו' while bowing to your left.
Say 'הוּא יַעֲשֶׂה שָׁלוֹם עָלֵינוּ' while bowing to the right.
Say 'וְעַל־כָּל־יִשְׂרָאֵל, וְאִמְרוּ אָמֵן' while bowing forward.

עֹשֶׂה שָׁלוֹם בִּמְרוֹמָיו, הוּא יַעֲשֶׂה שָׁלוֹם עָלֵינוּ, וְעַל־כָּל־   1

יִשְׂרָאֵל, וְאִמְרוּ אָמֵן.   2

▷ My God, keep my tongue and lips from saying harmful things. When people say damaging things about me, let me remain calm and humble. Help me to love Your Torah and to be eager to carry out Your mitzvot. If anyone wishes to harm me, prevent their plans from working. Do all this to show Your strength and to bring honour to Your reputation and to Your Holy Torah. Please answer my prayer. Let the words which I say and the thoughts which I send from my heart be pleasing to You, Hashem, my constant Protector. Heavenly Peacemaker, send peace for all of us and for all the Jewish people. Amen.

יְהִי רָצוֹן מִלְּפָנֶיךָ יהוה אֱלֹהֵינוּ וֵאלֹהֵי אֲבוֹתֵינוּ, שֶׁיִּבָּנֶה בֵּית   3

הַמִּקְדָּשׁ בִּמְהֵרָה בְיָמֵינוּ, וְתֵן חֶלְקֵנוּ בְּתוֹרָתֶךָ. וְשָׁם נַעֲבָדְךָ   4

בְּיִרְאָה, כִּימֵי עוֹלָם וּכְשָׁנִים קַדְמוֹנִיּוֹת. וְעָרְבָה לַיהוה מִנְחַת   5

יְהוּדָה וִירוּשָׁלָיִם, כִּימֵי עוֹלָם וּכְשָׁנִים קַדְמוֹנִיּוֹת.   6

◆ Wait a few moments, then take three steps forward.
Continue with אֵין כֵּאלֹהֵינוּ on page 174.

תְּפִלַּת מוּסָף לְשַׁבָּת וְרֹאשׁ חֹדֶשׁ

Musaf for Shabbat Rosh Chodesh

(i) When שַׁבָּת occurs on רֹאשׁ חֹדֶשׁ, we say a special middle בְּרָכָה that is suitable for both occasions, because in the בֵּית הַמִּקְדָּשׁ, on רֹאשׁ חֹדֶשׁ, an extra sacrifice was offered. When רֹאשׁ חֹדֶשׁ was on שַׁבָּת, there were two extra מוּסָף sacrifices. We replace these sacrifices by saying one מוּסָף combining שַׁבָּת and רֹאשׁ חֹדֶשׁ themes.

1   **אַתָּה יָצַרְתָּ** עוֹלָמְךָ מִקֶּדֶם, כִּלִּיתָ מְלַאכְתְּךָ בַּיּוֹם

2   הַשְּׁבִיעִי, אָהַבְתָּ אוֹתָנוּ וְרָצִיתָ בָּנוּ, וְרוֹמַמְתָּנוּ מִכָּל־

3   הַלְּשׁוֹנוֹת, וְקִדַּשְׁתָּנוּ בְּמִצְוֺתֶיךָ, וְקֵרַבְתָּנוּ מַלְכֵּנוּ לַעֲבוֹדָתֶךָ,

4   וְשִׁמְךָ הַגָּדוֹל וְהַקָּדוֹשׁ עָלֵינוּ קָרָאתָ. וַתִּתֶּן־לָנוּ יהוה אֱלֹהֵינוּ

5   בְּאַהֲבָה, שַׁבָּתוֹת לִמְנוּחָה וְרָאשֵׁי חֳדָשִׁים לְכַפָּרָה. וּלְפִי

6   שֶׁחָטָאנוּ לְפָנֶיךָ אֲנַחְנוּ וַאֲבוֹתֵינוּ, חָרְבָה עִירֵנוּ, וְשָׁמֵם

7   בֵּית מִקְדָּשֵׁנוּ, וְגָלָה יְקָרֵנוּ, וְנֻטַּל כָּבוֹד מִבֵּית חַיֵּינוּ, וְאֵין

8   אֲנַחְנוּ יְכוֹלִים לַעֲשׂוֹת חוֹבוֹתֵינוּ בְּבֵית בְּחִירָתֶךָ, בַּבַּיִת

9   הַגָּדוֹל וְהַקָּדוֹשׁ שֶׁנִּקְרָא שִׁמְךָ עָלָיו, מִפְּנֵי הַיָּד שֶׁנִּשְׁתַּלְּחָה

בְּמִקְדָּשֶׁךָ. יְהִי רָצוֹן מִלְּפָנֶיךָ יהוה אֱלֹהֵינוּ וֵאלֹהֵי אֲבוֹתֵינוּ, שֶׁתַּעֲלֵנוּ בְשִׂמְחָה לְאַרְצֵנוּ, וְתִטָּעֵנוּ בִּגְבוּלֵנוּ, וְשָׁם נַעֲשֶׂה לְפָנֶיךָ אֶת־קָרְבְּנוֹת חוֹבוֹתֵינוּ, תְּמִידִים כְּסִדְרָם, וּמוּסָפִים כְּהִלְכָתָם. וְאֶת־מוּסְפֵי יוֹם הַשַּׁבָּת הַזֶּה וְיוֹם רֹאשׁ הַחֹדֶשׁ הַזֶּה נַעֲשֶׂה וְנַקְרִיב לְפָנֶיךָ בְּאַהֲבָה, כְּמִצְוַת רְצוֹנֶךָ, כְּמוֹ שֶׁכָּתַבְתָּ עָלֵינוּ בְּתוֹרָתֶךָ, עַל־יְדֵי מֹשֶׁה עַבְדֶּךָ, מִפִּי כְבוֹדֶךָ כָּאָמוּר,

וּבְיוֹם הַשַּׁבָּת שְׁנֵי־כְבָשִׂים בְּנֵי־שָׁנָה, תְּמִימִים, וּשְׁנֵי עֶשְׂרֹנִים סֹלֶת מִנְחָה בְּלוּלָה בַשֶּׁמֶן וְנִסְכּוֹ. עֹלַת שַׁבַּת בְּשַׁבַּתּוֹ, עַל־עֹלַת הַתָּמִיד וְנִסְכָּהּ.

וּבְרָאשֵׁי חָדְשֵׁיכֶם תַּקְרִיבוּ עֹלָה לַיהוה, פָּרִים בְּנֵי־בָקָר שְׁנַיִם, וְאַיִל אֶחָד, כְּבָשִׂים בְּנֵי־שָׁנָה שִׁבְעָה, תְּמִימִם. וּמִנְחָתָם וְנִסְכֵּיהֶם כִּמְדֻבָּר, שְׁלֹשָׁה עֶשְׂרֹנִים לַפָּר, וּשְׁנֵי עֶשְׂרֹנִים לָאָיִל, וְעִשָּׂרֹן לַכֶּבֶשׂ, וְיַיִן כְּנִסְכּוֹ, וְשָׂעִיר לְכַפֵּר, וּשְׁנֵי תְמִידִים כְּהִלְכָתָם.

יִשְׂמְחוּ בְמַלְכוּתְךָ שׁוֹמְרֵי שַׁבָּת וְקוֹרְאֵי עֹנֶג, עַם מְקַדְּשֵׁי שְׁבִיעִי, כֻּלָּם יִשְׂבְּעוּ וְיִתְעַנְּגוּ מִטּוּבֶךָ, וּבַשְּׁבִיעִי רָצִיתָ בּוֹ וְקִדַּשְׁתּוֹ, חֶמְדַּת יָמִים אוֹתוֹ קָרָאתָ, זֵכֶר לְמַעֲשֵׂה בְרֵאשִׁית.

אֱלֹהֵינוּ וֵאלֹהֵי אֲבוֹתֵינוּ רְצֵה בִמְנוּחָתֵנוּ, וְחַדֵּשׁ עָלֵינוּ

בְּיוֹם הַשַּׁבָּת הַזֶּה אֶת־הַחֹדֶשׁ הַזֶּה לְטוֹבָה וְלִבְרָכָה, לְשָׂשׂוֹן
וּלְשִׂמְחָה, לִישׁוּעָה וּלְנֶחָמָה, לְפַרְנָסָה וּלְכַלְכָּלָה, לְחַיִּים
וּלְשָׁלוֹם, לִמְחִילַת חֵטְא וְלִסְלִיחַת עָוֺן.

✦ In a Jewish leap year, from Rosh Chodesh Cheshvan until Rosh Chodesh Adar Sheni, add these two words:

וּלְכַפָּרַת פָּשַׁע

כִּי בְעַמְּךָ יִשְׂרָאֵל בָּחַרְתָּ מִכָּל־הָאֻמּוֹת, וְשַׁבַּת קָדְשְׁךָ לָהֶם
הוֹדַעְתָּ, וְחֻקֵּי רָאשֵׁי חֳדָשִׁים לָהֶם קָבָעְתָּ. בָּרוּךְ אַתָּה יהוה,
מְקַדֵּשׁ הַשַּׁבָּת וְיִשְׂרָאֵל וְרָאשֵׁי חֳדָשִׁים.

▷ Our God and God of our fathers, be pleased with our day of rest and on this Shabbat, please bring us, for this new month, goodness and blessing, joy and happiness, rescue and comfort, food and care, life and peace: excuse faults and forgive sins (let us make good our wrongdoings) because You have chosen Your people Israel from among all other nations. You have let them know Your holy Shabbat and You have given them the laws about Rosh Chodesh. Blessed are You, Hashem, who makes Shabbat, Israel and Rosh Chodesh holy.

✦ Continue with 'רְצֵה' on page165.

אֵין כֵּאלֹהֵינוּ, אֵין כַּאדוֹנֵינוּ, אֵין כְּמַלְכֵּנוּ, אֵין כְּמוֹשִׁיעֵנוּ. מִי כֵאלֹהֵינוּ, מִי כַאדוֹנֵינוּ, מִי כְמַלְכֵּנוּ, מִי כְמוֹשִׁיעֵנוּ. נוֹדֶה לֵאלֹהֵינוּ, נוֹדֶה לַאדוֹנֵינוּ, נוֹדֶה לְמַלְכֵּנוּ, נוֹדֶה לְמוֹשִׁיעֵנוּ. בָּרוּךְ אֱלֹהֵינוּ, בָּרוּךְ אֲדוֹנֵינוּ, בָּרוּךְ מַלְכֵּנוּ, בָּרוּךְ מוֹשִׁיעֵנוּ. אַתָּה הוּא אֱלֹהֵינוּ, אַתָּה הוּא אֲדוֹנֵינוּ, אַתָּה הוּא מַלְכֵּנוּ, אַתָּה הוּא מוֹשִׁיעֵנוּ. אַתָּה הוּא שֶׁהִקְטִירוּ אֲבוֹתֵינוּ לְפָנֶיךָ אֶת־קְטֹרֶת הַסַּמִּים.

✦ We stand for 'עָלֵינוּ'. Bow when you say 'וַאֲנַחְנוּ כּוֹרְעִים וּמִשְׁתַּחֲוִים וּמוֹדִים':

עָלֵינוּ לְשַׁבֵּחַ לַאֲדוֹן הַכֹּל, לָתֵת גְּדֻלָּה לְיוֹצֵר בְּרֵאשִׁית, שֶׁלֹּא עָשָׂנוּ כְּגוֹיֵי הָאֲרָצוֹת, וְלֹא שָׂמָנוּ כְּמִשְׁפְּחוֹת הָאֲדָמָה. שֶׁלֹּא שָׂם חֶלְקֵנוּ כָּהֶם, וְגֹרָלֵנוּ כְּכָל־הֲמוֹנָם. ✦וַאֲנַחְנוּ כּוֹרְעִים וּמִשְׁתַּחֲוִים וּמוֹדִים, לִפְנֵי מֶלֶךְ מַלְכֵי הַמְּלָכִים הַקָּדוֹשׁ בָּרוּךְ הוּא. שֶׁהוּא נוֹטֶה שָׁמַיִם וְיוֹסֵד אָרֶץ, וּמוֹשַׁב יְקָרוֹ בַּשָּׁמַיִם מִמַּעַל, וּשְׁכִינַת עֻזּוֹ בְּגָבְהֵי מְרוֹמִים. הוּא אֱלֹהֵינוּ, אֵין עוֹד. אֱמֶת מַלְכֵּנוּ, אֶפֶס זוּלָתוֹ, כַּכָּתוּב בְּתוֹרָתוֹ, וְיָדַעְתָּ הַיּוֹם וַהֲשֵׁבֹתָ אֶל־לְבָבֶךָ, כִּי יהוה הוּא הָאֱלֹהִים בַּשָּׁמַיִם מִמַּעַל וְעַל־הָאָרֶץ מִתָּחַת, אֵין עוֹד.

עַל־כֵּן נְקַוֶּה לְךָ יהוה אֱלֹהֵינוּ לִרְאוֹת מְהֵרָה בְּתִפְאֶרֶת עֻזֶּךָ, לְהַעֲבִיר גִּלּוּלִים מִן הָאָרֶץ, וְהָאֱלִילִים כָּרוֹת יִכָּרֵתוּן, לְתַקֵּן עוֹלָם בְּמַלְכוּת שַׁדַּי. וְכָל־בְּנֵי בָשָׂר יִקְרְאוּ בִשְׁמֶךָ,

לְהַפְנוֹת אֵלֶיךָ כָּל־רִשְׁעֵי אָרֶץ. יַכִּירוּ וְיֵדְעוּ כָּל־יוֹשְׁבֵי תֵבֵל,

כִּי לְךָ תִּכְרַע כָּל־בֶּרֶךְ, תִּשָּׁבַע כָּל־לָשׁוֹן. לְפָנֶיךָ יהוה אֱלֹהֵינוּ

יִכְרְעוּ וְיִפֹּלוּ, וְלִכְבוֹד שִׁמְךָ יְקָר יִתֵּנוּ. וִיקַבְּלוּ כֻלָּם אֶת־עוֹל

מַלְכוּתֶךָ, וְתִמְלֹךְ עֲלֵיהֶם מְהֵרָה לְעוֹלָם וָעֶד. כִּי הַמַּלְכוּת

שֶׁלְּךָ הִיא וּלְעוֹלְמֵי עַד תִּמְלוֹךְ בְּכָבוֹד, כַּכָּתוּב בְּתוֹרָתֶךָ,

יהוה יִמְלֹךְ לְעוֹלָם וָעֶד. ◐ וְנֶאֱמַר, וְהָיָה יהוה לְמֶלֶךְ עַל־

כָּל־הָאָרֶץ, בַּיּוֹם הַהוּא יִהְיֶה יהוה אֶחָד וּשְׁמוֹ אֶחָד.

▷ It is our privilege to praise Hashem, God of everything, who made us different from the other nations. We kneel and bow to Him and thank Him for being our true God and King, over all the universe, the One and Only.

We hope that we shall live to see all false gods and idols removed, when You are recognised as God by all the peoples of the Earth. Then everyone will keep Your laws and You will be King over Your perfect world for ever.

שִׁיר הַכָּבוֹד
Song of Glory

ⓘ The אֲרוֹן הַקֹּדֶשׁ is opened and 'אַנְעִים זְמִירוֹת', the other name for שִׁיר הַכָּבוֹד, is sung. The שְׁלִיחַ צִבּוּר recites the first line, everyone replies with the second, and so on.

אַנְעִים זְמִירוֹת וְשִׁירִים אֶאֱרוֹג, כִּי אֵלֶיךָ נַפְשִׁי תַעֲרוֹג.

נַפְשִׁי חִמְּדָה בְּצֵל יָדֶךָ, לָדַעַת כָּל רָז סוֹדֶךָ.

מִדֵּי דַבְּרִי בִּכְבוֹדֶךָ, הוֹמֶה לִבִּי אֶל דּוֹדֶיךָ.

עַל כֵּן אֲדַבֵּר בְּךָ נִכְבָּדוֹת, וְשִׁמְךָ אֲכַבֵּד בְּשִׁירֵי יְדִידוֹת.

1 אֲסַפְּרָה כְבוֹדְךָ וְלֹא רְאִיתִיךָ, אֲדַמְּךָ אֲכַנְּךָ וְלֹא יְדַעְתִּיךָ.

2 בְּיַד נְבִיאֶךָ בְּסוֹד עֲבָדֶיךָ, דִּמִּיתָ הֲדַר כְּבוֹד הוֹדֶךָ.

3 גְּדֻלָּתְךָ וּגְבוּרָתֶךָ, כִּנּוּ לְתוֹקֶף פְּעֻלָּתֶךָ.

4 דִּמּוּ אוֹתְךָ וְלֹא כְפִי יֶשְׁךָ, וַיְשַׁוּוּךָ לְפִי מַעֲשֶׂיךָ.

5 הִמְשִׁילוּךָ בְּרוֹב חֶזְיוֹנוֹת, הִנְּךָ אֶחָד בְּכָל דִּמְיוֹנוֹת.

6 וַיֶּחֱזוּ בְךָ זִקְנָה וּבַחֲרוּת, וּשְׂעַר רֹאשְׁךָ בְּשֵׂיבָה וְשַׁחֲרוּת.

7 זִקְנָה בְּיוֹם דִּין וּבַחֲרוּת בְּיוֹם קְרָב, כְּאִישׁ מִלְחָמוֹת יָדָיו לוֹ רָב.

8 חָבַשׁ כּוֹבַע יְשׁוּעָה בְּרֹאשׁוֹ, הוֹשִׁיעָה לוֹ יְמִינוֹ וּזְרוֹעַ קָדְשׁוֹ.

9 טַלְלֵי אוֹרוֹת רֹאשׁוֹ נִמְלָא, קְוֻצּוֹתָיו רְסִיסֵי לָיְלָה.

10 יִתְפָּאֵר בִּי כִּי חָפֵץ בִּי, וְהוּא יִהְיֶה לִי לַעֲטֶרֶת צְבִי.

12 כֶּתֶם טָהוֹר פָּז דְּמוּת רֹאשׁוֹ, וְחַק עַל מֵצַח כְּבוֹד שֵׁם קָדְשׁוֹ.

13 לְחֵן וּלְכָבוֹד צְבִי תִפְאָרָה, אֻמָּתוֹ לוֹ עִטְּרָה עֲטָרָה.

14 מַחְלְפוֹת רֹאשׁוֹ כְּבִימֵי בְחֻרוֹת, קְוֻצּוֹתָיו תַּלְתַּלִּים שְׁחוֹרוֹת.

15 נְוֵה הַצֶּדֶק צְבִי תִפְאַרְתּוֹ, יַעֲלֶה נָּא עַל רֹאשׁ שִׂמְחָתוֹ.

16 סְגֻלָּתוֹ, תְּהִי בְיָדוֹ עֲטֶרֶת, וּצְנִיף מְלוּכָה צְבִי תִפְאָרֶת.

17 עֲמוּסִים נְשָׂאָם עֲטֶרֶת עִנְּדָם. מֵאֲשֶׁר יָקְרוּ בְעֵינָיו כִּבְּדָם.

18 פְּאֵרוֹ עָלַי וּפְאֵרִי עָלָיו, וְקָרוֹב אֵלַי בְּקָרְאִי אֵלָיו.

19 צַח וְאָדוֹם לִלְבוּשׁוֹ אָדוֹם, פּוּרָה בְּדָרְכוֹ בְּבוֹאוֹ מֵאֱדוֹם.

1. קֶשֶׁר תְּפִלִּין הֶרְאָה לֶעָנָו, תְּמוּנַת יהוה לְנֶגֶד עֵינָיו.

2. רוֹצֶה בְעַמּוֹ עֲנָוִים יְפָאֵר, יוֹשֵׁב תְּהִלּוֹת בָּם לְהִתְפָּאֵר.

3. **ראֹשׁ דְּבָרְךָ אֱמֶת קוֹרֵא מֵראֹשׁ, דּוֹר וָדוֹר עַם דּוֹרֶשְׁךָ דְּרוֹשׁ.**

4. שִׁית הֲמוֹן שִׁירַי, נָא עָלֶיךָ, וְרִנָּתִי תִּקְרַב אֵלֶיךָ.

5. **תְּהִלָּתִי, תְּהִי לְראֹשְׁךָ עֲטֶרֶת, וּתְפִלָּתִי תִּכּוֹן קְטֹרֶת.**

6. תִּיקַר שִׁירַת רָשׁ בְּעֵינֶיךָ, כְּשִׁיר יוּשַׁר עַל קָרְבָּנֶיךָ.

7. **בִּרְכָתִי תַעֲלֶה לְראֹשׁ מַשְׁבִּיר, מְחוֹלֵל וּמוֹלִיד צַדִּיק כַּבִּיר.**

8. וּבְבִרְכָתִי תְּנַעֲנַע לִי ראֹשׁ, וְאוֹתָהּ קַח לְךָ כִּבְשָׂמִים ראֹשׁ.

9. **יֶעֱרַב נָא שִׂיחִי עָלֶיךָ, כִּי נַפְשִׁי תַעֲרוֹג אֵלֶיךָ.**

◆ The אֲרוֹן הַקֹּדֶשׁ is closed.

10. לְךָ יהוה הַגְּדֻלָּה וְהַגְּבוּרָה וְהַתִּפְאֶרֶת וְהַנֵּצַח וְהַהוֹד, כִּי כֹל

11. בַּשָּׁמַיִם וּבָאָרֶץ, לְךָ יהוה הַמַּמְלָכָה וְהַמִּתְנַשֵּׂא לְכֹל לְראֹשׁ.

12. **מִי יְמַלֵּל גְּבוּרוֹת יהוה, יַשְׁמִיעַ כָּל תְּהִלָּתוֹ.**

ⓘ This is the Psalm of the day read on שַׁבָּת. It describes how thankful we should be to God.

13. הַיּוֹם יוֹם שַׁבָּת קֹדֶשׁ, שֶׁבּוֹ הָיוּ הַלְוִיִּם אוֹמְרִים בַּמִּקְדָּשׁ.

14. **מִזְמוֹר שִׁיר לְיוֹם הַשַּׁבָּת.** טוֹב לְהֹדוֹת לַיהוה,

15. וּלְזַמֵּר לְשִׁמְךָ עֶלְיוֹן. לְהַגִּיד בַּבֹּקֶר חַסְדֶּךָ, וֶאֱמוּנָתְךָ

16. בַּלֵּילוֹת. עֲלֵי־עָשׂוֹר וַעֲלֵי־נָבֶל, עֲלֵי הִגָּיוֹן בְּכִנּוֹר. כִּי שִׂמַּחְתַּנִי

יהוה בְּפָעֳלֶךָ, בְּמַעֲשֵׂי יָדֶיךָ אֲרַנֵּן. מַה־גָּדְלוּ מַעֲשֶׂיךָ יהוה, מְאֹד עָמְקוּ מַחְשְׁבֹתֶיךָ. אִישׁ בַּעַר לֹא יֵדָע, וּכְסִיל לֹא־יָבִין אֶת־זֹאת. בִּפְרֹחַ רְשָׁעִים כְּמוֹ־עֵשֶׂב, וַיָּצִיצוּ כָּל־פֹּעֲלֵי אָוֶן, לְהִשָּׁמְדָם עֲדֵי־עַד. וְאַתָּה מָרוֹם לְעֹלָם יהוה. כִּי־הִנֵּה אֹיְבֶיךָ יהוה, כִּי־הִנֵּה אֹיְבֶיךָ יֹאבֵדוּ, יִתְפָּרְדוּ כָּל־פֹּעֲלֵי אָוֶן. וַתָּרֶם כִּרְאֵים קַרְנִי, בַּלֹּתִי בְּשֶׁמֶן רַעֲנָן. וַתַּבֵּט עֵינִי בְּשׁוּרָי, בַּקָּמִים עָלַי מְרֵעִים, תִּשְׁמַעְנָה אָזְנָי. צַדִּיק כַּתָּמָר יִפְרָח, כְּאֶרֶז בַּלְּבָנוֹן יִשְׂגֶּה. שְׁתוּלִים בְּבֵית יהוה, בְּחַצְרוֹת אֱלֹהֵינוּ יַפְרִיחוּ. עוֹד יְנוּבוּן בְּשֵׂיבָה, דְּשֵׁנִים וְרַעֲנַנִּים יִהְיוּ. לְהַגִּיד כִּי־יָשָׁר יהוה, צוּרִי, וְלֹא עַוְלָתָה בּוֹ.

✦ Chapter 27 of תְּהִלִּים, 'לְדָוִד ה' אוֹרִי', page 52, is said throughout אֱלוּל until and including שְׁמִינִי עֲצֶרֶת.

אֲדוֹן עוֹלָם אֲשֶׁר מָלַךְ, בְּטֶרֶם כָּל־יְצִיר נִבְרָא.
לְעֵת נַעֲשָׂה בְחֶפְצוֹ כֹּל, אֲזַי מֶלֶךְ שְׁמוֹ נִקְרָא.
וְאַחֲרֵי כִּכְלוֹת הַכֹּל, לְבַדּוֹ יִמְלוֹךְ נוֹרָא.
וְהוּא הָיָה וְהוּא הֹוֶה, וְהוּא יִהְיֶה בְּתִפְאָרָה.
וְהוּא אֶחָד וְאֵין שֵׁנִי, לְהַמְשִׁיל לוֹ לְהַחְבִּירָה.
בְּלִי רֵאשִׁית בְּלִי תַכְלִית, וְלוֹ הָעֹז וְהַמִּשְׂרָה.
וְהוּא אֵלִי וְחַי גֹּאֲלִי, וְצוּר חֶבְלִי בְּעֵת צָרָה.
וְהוּא נִסִּי וּמָנוֹס לִי, מְנָת כּוֹסִי בְּיוֹם אֶקְרָא.
בְּיָדוֹ אַפְקִיד רוּחִי, בְּעֵת אִישַׁן וְאָעִירָה.
וְעִם־רוּחִי גְּוִיָּתִי, יהוה לִי וְלֹא אִירָא.

קִדוּשׁ לְיוֹם שַׁבָּת

Kiddush for Shabbat Morning

✦ After מוּסָף, or before lunch, we say קִדוּשׁ over a cup of wine or grape juice. Usually everyone sings the first paragraph together. Some people say the second paragraph. An adult then says עַל כֵּן and the בְּרָכָה on behalf of everyone. Hold the cup in your stronger hand. Usually everyone stands.

1 **וְשָׁמְרוּ** בְנֵי־יִשְׂרָאֵל אֶת־הַשַּׁבָּת,

2 לַעֲשׂוֹת אֶת־הַשַּׁבָּת לְדֹרֹתָם בְּרִית עוֹלָם.

3 בֵּינִי וּבֵין בְּנֵי יִשְׂרָאֵל אוֹת הִיא לְעוֹלָם,

4 כִּי־שֵׁשֶׁת יָמִים עָשָׂה יהוה אֶת־הַשָּׁמַיִם

5 וְאֶת־הָאָרֶץ, וּבַיּוֹם הַשְּׁבִיעִי שָׁבַת וַיִּנָּפַשׁ.

6 **זָכוֹר** אֶת יוֹם הַשַּׁבָּת לְקַדְּשׁוֹ. שֵׁשֶׁת

7 יָמִים תַּעֲבֹד וְעָשִׂיתָ כָּל מְלַאכְתֶּךָ. וְיוֹם

8 הַשְּׁבִיעִי שַׁבָּת לַיהוה אֱלֹהֶיךָ, לֹא תַעֲשֶׂה

9 כָל מְלָאכָה, אַתָּה וּבִנְךָ וּבִתֶּךָ עַבְדְּךָ

10 וַאֲמָתְךָ וּבְהֶמְתֶּךָ, וְגֵרְךָ אֲשֶׁר בִּשְׁעָרֶיךָ. כִּי שֵׁשֶׁת יָמִים עָשָׂה

11 יהוה אֶת הַשָּׁמַיִם וְאֶת הָאָרֶץ אֶת הַיָּם וְאֶת כָּל אֲשֶׁר בָּם,

12 וַיָּנַח בַּיּוֹם הַשְּׁבִיעִי.

13 **עַל כֵּן** בֵּרַךְ יהוה אֶת יוֹם הַשַּׁבָּת וַיְקַדְּשֵׁהוּ.

14 **בָּרוּךְ** אַתָּה יהוה אֱלֹהֵינוּ מֶלֶךְ הָעוֹלָם, בּוֹרֵא פְּרִי הַגָּפֶן.

✦ The person making קִדוּשׁ, followed by everyone else, drinks the wine or grape juice.

▷ 'The Jewish people shall keep Shabbat. In every generation, the celebration of Shabbat shall be an everlasting agreement. It is a sign for ever between Me and the Jewish people that Hashem made the heavens and the earth in six days and on the Seventh Day He stopped working and rested'.

'Remember Shabbat and keep it holy. For six days you shall work and complete all your tasks, but the seventh is Shabbat for Hashem, your God, and on it you shall not do any work – you, your sons and daughters, your servant, your animals or any stranger who has joined your community. This is because Hashem made heaven, earth, the sea and all that is in it, in six days, and on the Seventh Day He rested; so Hashem blessed Shabbat and made it holy.'

Blessed are You, Hashem our God, King of the universe, who creates the fruit of the vine.

✦ Before eating lunch we wash our hands in a special way. See page 236, where נְטִילַת יָדַיִם is explained. Before drying your hands, say:

בָּרוּךְ אַתָּה יהוה אֱלֹהֵינוּ מֶלֶךְ הָעוֹלָם, אֲשֶׁר קִדְּשָׁנוּ
בְּמִצְוֹתָיו וְצִוָּנוּ עַל נְטִילַת יָדָיִם.

✦ Usually everyone sits down, the person saying 'הַמּוֹצִיא' (the blessing for bread) lifts the two חַלּוֹת with both hands, one above the other and says:

בָּרוּךְ אַתָּה יהוה אֱלֹהֵינוּ מֶלֶךְ הָעוֹלָם, הַמּוֹצִיא לֶחֶם מִן
הָאָרֶץ.

✦ The upper חַלָּה is cut and a piece is given to everyone. The person saying 'הַמּוֹצִיא' eats the חַלָּה first.

At the end of the meal we thank God by saying בִּרְכַּת הַמָּזוֹן. You will find this on page 237.

זְמִירוֹת
Shabbat Table Songs

ⓘ Here is a further selection for זְמִירוֹת. You may sing those from Friday night, too (page 111).

ⓘ The first half of each verse are an acrostic, spelling יִשְׂרָאֵל. The poem explains that שַׁבָּת is the first in the list of our holy days.

1   **יוֹם זֶה מְכֻבָּד** מִכָּל יָמִים,

2   כִּי בוֹ שָׁבַת צוּר עוֹלָמִים.

3   **שֵׁ**שֶׁת יָמִים תַּעֲשֶׂה מְלַאכְתֶּךָ,

4   וְיוֹם הַשְּׁבִיעִי לֵאלֹהֶיךָ,

5   שַׁבָּת לֹא תַעֲשֶׂה בוֹ מְלָאכָה,

6   כִּי כֹל עָשָׂה שֵׁשֶׁת יָמִים.

7   יוֹם זֶה מְכֻבָּד מִכָּל יָמִים, כִּי בוֹ שָׁבַת צוּר עוֹלָמִים.

8   **רִ**אשׁוֹן הוּא לְמִקְרָאֵי קֹדֶשׁ,

9   יוֹם שַׁבָּתוֹן יוֹם שַׁבַּת קֹדֶשׁ,

10   עַל כֵּן כָּל אִישׁ בְּיֵינוֹ יְקַדֵּשׁ,

11   עַל שְׁתֵּי לֶחֶם יִבְצְעוּ תְמִימִים.

12   יוֹם זֶה מְכֻבָּד מִכָּל יָמִים, כִּי בוֹ שָׁבַת צוּר עוֹלָמִים.

13   **אֱ**כוֹל מַשְׁמַנִּים שְׁתֵה מַמְתַּקִּים,

14   כִּי אֵל יִתֵּן לְכָל בּוֹ דְבֵקִים,

15   בֶּגֶד לִלְבּוֹשׁ לֶחֶם חֻקִּים,

1   בָּשָׂר וְדָגִים וְכָל מַטְעַמִּים.

2   יוֹם זֶה מְכֻבָּד מִכָּל יָמִים, כִּי בוֹ שָׁבַת צוּר עוֹלָמִים.

3   **לֹא** תֶחְסַר כֹּל בּוֹ וְאָכַלְתָּ,

4   וְשָׂבַעְתָּ, וּבֵרַכְתָּ,

5   אֶת יהוה אֱלֹהֶיךָ אֲשֶׁר אָהַבְתָּ,

6   כִּי בֵרַכְךָ מִכָּל הָעַמִּים.

7   יוֹם זֶה מְכֻבָּד מִכָּל יָמִים, כִּי בוֹ שָׁבַת צוּר עוֹלָמִים.

8   **הַ**שָּׁמַיִם מְסַפְּרִים כְּבוֹדוֹ,

9   וְגַם הָאָרֶץ מָלְאָה חַסְדּוֹ,

10   רְאוּ כִּי כָל אֵלֶּה עָשְׂתָה יָדוֹ,

11   כִּי הוּא הַצּוּר פָּעֳלוֹ תָמִים.

12   יוֹם זֶה מְכֻבָּד מִכָּל יָמִים, כִּי בוֹ שָׁבַת צוּר עוֹלָמִים.

ⓘ   This poem praises all those who keep שַׁבָּת.

13   **בָּרוּךְ אֵל עֶלְיוֹן** אֲשֶׁר נָתַן מְנוּחָה,

14   לְנַפְשֵׁנוּ פִדְיוֹן מִשֵּׁאת וַאֲנָחָה,

15   וְהוּא יִדְרוֹשׁ לְצִיּוֹן עִיר הַנִּדָּחָה,

16   עַד אָנָה תּוּגְיוֹן נֶפֶשׁ נֶאֱנָחָה.

17   הַשּׁוֹמֵר שַׁבָּת, הַבֵּן עִם הַבַּת, לָאֵל יֵרָצוּ כְּמִנְחָה עַל מַחֲבַת.

1 רוֹכֵב בָּעֲרָבוֹת מֶלֶךְ עוֹלָמִים,

2 אֶת עַמּוֹ לִשְׁבּוֹת אִזֵּן בַּנְּעִימִים,

3 בְּמַאֲכָלֵי עֲרֵבוֹת בְּמִינֵי מַטְעַמִּים,

4 בְּמַלְבּוּשֵׁי כָבוֹד זֶבַח מִשְׁפָּחָה.

5 הַשּׁוֹמֵר שַׁבָּת, הַבֵּן עִם הַבַּת, לָאֵל יֵרָצוּ כְּמִנְחָה עַל מַחֲבַת.

6 וְאַשְׁרֵי כָּל חוֹכֶה לְתַשְׁלוּמֵי כֵפֶל,

7 מֵאֵת כָּל סוֹכֶה שׁוֹכֵן בָּעֲרָפֶל,

8 נַחֲלָה לוֹ יִזְכֶּה בָּהָר וּבַשֶּׁפֶל,

9 נַחֲלָה וּמְנוּחָה כַּשֶּׁמֶשׁ לוֹ זָרְחָה.

10 הַשּׁוֹמֵר שַׁבָּת, הַבֵּן עִם הַבַּת, לָאֵל יֵרָצוּ כְּמִנְחָה עַל מַחֲבַת.

11 כָּל שׁוֹמֵר שַׁבָּת כַּדָּת מֵחַלְּלוֹ,

12 הֵן הֶכְשֵׁר חִבַּת קֹדֶשׁ גּוֹרָלוֹ,

13 וְאִם יָצָא חוֹבַת הַיּוֹם אַשְׁרֵי לוֹ,

14 אֶל אֵל אָדוֹן מְחוֹלְלוֹ מִנְחָה הִיא שְׁלוּחָה.

15 הַשּׁוֹמֵר שַׁבָּת, הַבֵּן עִם הַבַּת, לָאֵל יֵרָצוּ כְּמִנְחָה עַל מַחֲבַת.

16 חֶמְדַּת הַיָּמִים קְרָאוֹ אֵלִי צוּר,

17 וְאַשְׁרֵי לִתְמִימִים אִם יִהְיֶה נָצוּר,

18 כֶּתֶר הִלּוּמִים. עַל רֹאשָׁם יָצוּר,

19 צוּר הָעוֹלָמִים רוּחוֹ בָּם נָחָה.

20 הַשּׁוֹמֵר שַׁבָּת, הַבֵּן עִם הַבַּת, לָאֵל יֵרָצוּ כְּמִנְחָה עַל מַחֲבַת.

זָכוֹר אֶת יוֹם הַשַּׁבָּת לְקַדְּשׁוֹ,
קַרְנוֹ כִּי גָבְהָה נֵזֶר עַל רֹאשׁוֹ,
עַל כֵּן יִתֵּן הָאָדָם לְנַפְשׁוֹ,
עֹנֶג וְגַם שִׂמְחָה בָּהֶם לְמָשְׁחָה.
הַשּׁוֹמֵר שַׁבָּת, הַבֵּן עִם הַבַּת, לָאֵל יֵרָצוּ כְּמִנְחָה עַל מַחֲבַת.

קֹדֶשׁ הִיא לָכֶם שַׁבָּת הַמַּלְכָּה,
אֶל תּוֹךְ בָּתֵּיכֶם לְהָנִיחַ בְּרָכָה,
בְּכָל מוֹשְׁבוֹתֵיכֶם לֹא תַעֲשׂוּ מְלָאכָה,
בְּנֵיכֶם וּבְנוֹתֵיכֶם עֶבֶד וְגַם שִׁפְחָה.
הַשּׁוֹמֵר שַׁבָּת, הַבֵּן עִם הַבַּת, לָאֵל יֵרָצוּ כְּמִנְחָה עַל מַחֲבַת.

ⓘ מִנְחָה for שַׁבָּת will be found in a standard סִדּוּר.

סְעֻדָּה שְׁלִישִׁית

The Third Meal

ⓘ On שַׁבָּת we eat three proper meals, שָׁלֹשׁ סְעֻדּוֹת: one on Friday night, one at lunchtime and the third one before שַׁבָּת ends. The third meal, סְעֻדָּה שְׁלִישִׁית, like the other two, usually begins with hand-washing and הַמּוֹצִיא over two חַלּוֹת, rolls or מַצּוֹת (page109) and ends with בִּרְכַּת הַמָּזוֹן (page 237).

At סְעֻדָּה שְׁלִישִׁית, if you do not have or cannot eat bread, you may eat cake or even fruit instead. The בְּרָכוֹת for these foods are found on pages 284-250.

Here are a few זְמִירוֹת for סְעֻדָּה שְׁלִישִׁית. You may sing other זְמִירוֹת too (pages 111 and 181).

✦ We sing Psalm 23 as שַׁבָּת prepares to leave.

מִזְמוֹר לְדָוִד, יהוה רֹעִי לֹא אֶחְסָר. בִּנְאוֹת דֶּשֶׁא יַרְבִּיצֵנִי, עַל־מֵי מְנֻחוֹת יְנַהֲלֵנִי. נַפְשִׁי יְשׁוֹבֵב, יַנְחֵנִי בְמַעְגְּלֵי־צֶדֶק

1. לְמַעַן שְׁמוֹ. גַּם כִּי־אֵלֵךְ בְּגֵיא צַלְמָוֶת, לֹא־אִירָא רָע כִּי־

2. אַתָּה עִמָּדִי, שִׁבְטְךָ וּמִשְׁעַנְתֶּךָ הֵמָּה יְנַחֲמֻנִי. תַּעֲרֹךְ לְפָנַי

3. שֻׁלְחָן נֶגֶד צֹרְרָי, דִּשַּׁנְתָּ בַשֶּׁמֶן רֹאשִׁי, כּוֹסִי רְוָיָה. אַךְ טוֹב

4. וָחֶסֶד יִרְדְּפוּנִי כָּל־יְמֵי חַיָּי, וְשַׁבְתִּי בְּבֵית יהוה לְאֹרֶךְ יָמִים.

(i) This song has four verses. The first letter of each verse forms an acrostic of Hashem's name. In the song we speak our love for Hashem.

5. **יְ**דִיד נֶפֶשׁ אָב הָרַחֲמָן, מְשֹׁךְ עַבְדְּךָ אֶל רְצוֹנֶךָ,

6. יָרוּץ עַבְדְּךָ כְּמוֹ אַיָּל, יִשְׁתַּחֲוֶה אֶל מוּל הֲדָרֶךָ,

7. יֶעֱרַב לוֹ יְדִידוֹתֶיךָ, מִנֹּפֶת צוּף וְכָל טָעַם.

8. **הַ**דוּר, נָאֶה זִיו, הָעוֹלָם, נַפְשִׁי חוֹלַת אַהֲבָתֶךָ

9. אָנָּא, אֵל נָא, רְפָא נָא לָהּ, בְּהַרְאוֹת לָהּ נֹעַם זִיוֶךָ,

10. אָז תִּתְחַזֵּק וְתִתְרַפֵּא, וְהָיְתָה לָהּ שִׂמְחַת עוֹלָם.

11. **וָ**תִיק, יֶהֱמוּ נָא רַחֲמֶיךָ, וְחוּסָה נָּא עַל בֵּן אֲהוּבֶךָ,

12. כִּי זֶה כַּמָּה נִכְסֹף נִכְסַפְתִּי, לִרְאוֹת בְּתִפְאֶרֶת עֻזֶּךָ,

13. אֵלֶּה חָמְדָה לִבִּי, וְחוּסָה נָּא וְאַל תִּתְעַלָּם.

14. **הִ**גָּלֵה נָא, וּפְרֹשׂ חֲבִיבִי עָלַי, אֶת סֻכַּת שְׁלוֹמֶךָ,

15. תָּאִיר אֶרֶץ מִכְּבוֹדֶךָ, נָגִילָה וְנִשְׂמְחָה בָךְ.

16. מַהֵר, אֱהֹב, כִּי בָא מוֹעֵד, וְחָנֵּנוּ כִּימֵי עוֹלָם.

הַבְדָלָה
Havdalah

(i) After שַׁבָּת or יוֹם טוֹב has ended we perform הַבְדָלָה over a cup
of wine or grape juice. At the end of שַׁבָּת we also use spices and
a special הַבְדָלָה candle. The first paragraph is not said on the
evening after a festival. It is usually said by a man, but if none is
present, a woman should say it.

◆ Fill the cup completely and hold in your stronger hand. Usually everyone stands.

1 הִנֵּה אֵל יְשׁוּעָתִי אֶבְטַח וְלֹא אֶפְחָד, כִּי עָזִּי וְזִמְרָת יָהּ
2 יהוה, וַיְהִי־לִי לִישׁוּעָה. וּשְׁאַבְתֶּם מַיִם בְּשָׂשׂוֹן, מִמַּעַיְנֵי
3 הַיְשׁוּעָה. לַיהוה הַיְשׁוּעָה, עַל־עַמְּךָ בִרְכָתֶךָ סֶּלָה. יהוה
4 צְבָאוֹת עִמָּנוּ, מִשְׂגָּב־לָנוּ אֱלֹהֵי יַעֲקֹב סֶלָה. לַיְּהוּדִים הָיְתָה
5 אוֹרָה וְשִׂמְחָה, וְשָׂשׂוֹן וִיקָר, כֵּן תִּהְיֶה לָּנוּ. כּוֹס יְשׁוּעוֹת
6 אֶשָּׂא, וּבְשֵׁם יהוה אֶקְרָא.

7 בָּרוּךְ אַתָּה יהוה אֱלֹהֵינוּ מֶלֶךְ הָעוֹלָם, בּוֹרֵא פְּרִי הַגָּפֶן.

◆ Put the cup down.

8 בָּרוּךְ אַתָּה יהוה אֱלֹהֵינוּ מֶלֶךְ הָעוֹלָם, בּוֹרֵא מִינֵי בְשָׂמִים.

◆ The leader smells the spices and passes them to everyone. Lift up the candle. Those
close enough to the candle puts their hands up to it so that they can see the light
reflected on their fingernails. The leader says:

9 בָּרוּךְ אַתָּה יהוה אֱלֹהֵינוּ מֶלֶךְ הָעוֹלָם, בּוֹרֵא מְאוֹרֵי הָאֵשׁ.

◆ Lift the cup again.

10 בָּרוּךְ אַתָּה יהוה אֱלֹהֵינוּ מֶלֶךְ הָעוֹלָם, הַמַּבְדִּיל בֵּין קֹדֶשׁ
11 לְחוֹל, בֵּין אוֹר לְחֹשֶׁךְ, בֵּין יִשְׂרָאֵל לָעַמִּים, בֵּין יוֹם הַשְּׁבִיעִי
12 לְשֵׁשֶׁת יְמֵי הַמַּעֲשֶׂה. בָּרוּךְ אַתָּה יהוה, הַמַּבְדִּיל בֵּין־קֹדֶשׁ
13 לְחוֹל.

◆ The leader now drinks the wine or grape juice.

נְטִילַת לוּלָב

Taking the Lulav

ⓘ On סֻכּוֹת, except on שַׁבָּת, we take the לוּלָב and אֶתְרוֹג before הַלֵּל

◆ Take the לוּלָב in your right hand, with the spine facing you, the three הֲדַסִּים (myrtle leaves) on the right, two עֲרָבוֹת (willow leaves) on the left. Take the אֶתְרוֹג in your left hand, with its pointed end towards the floor. If you are left handed, take the לוּלָב in your left hand and the אֶתְרוֹג in your right hand. Now say this בְּרָכָה:

בָּרוּךְ אַתָּה יהוה אֱלֹהֵינוּ מֶלֶךְ הָעוֹלָם, אֲשֶׁר קִדְּשָׁנוּ 1

בְּמִצְוֹתָיו וְצִוָּנוּ עַל־נְטִילַת לוּלָב. 2

▷ Blessed are You, Hashem our God, King of the universe, who has made us holy through His commandments and has commanded us about taking the Lulav.

◆ On the first day the לוּלָב is taken, add this בְּרָכָה:

בָּרוּךְ אַתָּה יהוה אֱלֹהֵינוּ מֶלֶךְ הָעוֹלָם, שֶׁהֶחֱיָנוּ וְקִיְּמָנוּ 3

וְהִגִּיעָנוּ לַזְּמַן הַזֶּה. 4

▷ Blessed are You, Hashem our God, King of the universe, who has given us life, kept us alive and brought us to this time.

◆ Turn the אֶתְרוֹג so that its pointed end is facing up. Face the front of the synagogue and shake the לוּלָב and אֶתְרוֹג in the following sequence: ahead; right; back; left; up; down. Continue to hold the לוּלָב and אֶתְרוֹג during הַלֵּל. You can hold them in one hand until you have to shake them.

הַלֵּל
Hallel

ⓘ הַלֵּל is a collection of תְּהִלִּים (psalms) praising God.
We say הַלֵּל on the following joyous occasions: Pesach, Shavuot
and Sukkot as well as on Rosh Chodesh and Chanukkah. On Yom
Ha'atzma'ut and Yom Yerushalayim, some say it with the opening
בְּרָכָה and some without.

◆ We stand for הַלֵּל.

1 **בָּרוּךְ** אַתָּה יהוה אֱלֹהֵינוּ מֶלֶךְ הָעוֹלָם, אֲשֶׁר קִדְּשָׁנוּ

2 בְּמִצְוֺתָיו וְצִוָּנוּ לִקְרוֹא אֶת־הַהַלֵּל.

3 **הַלְלוּיָהּ,** הַלְלוּ עַבְדֵי יהוה, הַלְלוּ אֶת־שֵׁם יהוה. יְהִי שֵׁם

4 יהוה מְבֹרָךְ, מֵעַתָּה וְעַד־עוֹלָם. מִמִּזְרַח־שֶׁמֶשׁ עַד־מְבוֹאוֹ,

5 מְהֻלָּל שֵׁם יהוה. רָם עַל־כָּל־גּוֹיִם יהוה, עַל־הַשָּׁמַיִם כְּבוֹדוֹ.

6 מִי כַּיהוה אֱלֹהֵינוּ, הַמַּגְבִּיהִי לָשָׁבֶת. הַמַּשְׁפִּילִי לִרְאוֹת,

7 בַּשָּׁמַיִם וּבָאָרֶץ. מְקִימִי מֵעָפָר דָּל, מֵאַשְׁפֹּת יָרִים אֶבְיוֹן.

8 לְהוֹשִׁיבִי עִם־נְדִיבִים, עִם־נְדִיבֵי עַמּוֹ. מוֹשִׁיבִי עֲקֶרֶת הַבַּיִת,

9 אֵם־הַבָּנִים שְׂמֵחָה, הַלְלוּיָהּ.

10 **בְּצֵאת** יִשְׂרָאֵל מִמִּצְרָיִם, בֵּית יַעֲקֹב מֵעַם לֹעֵז. הָיְתָה

11 יְהוּדָה לְקָדְשׁוֹ, יִשְׂרָאֵל מַמְשְׁלוֹתָיו. הַיָּם רָאָה וַיָּנֹס, הַיַּרְדֵּן

12 יִסֹּב לְאָחוֹר. הֶהָרִים רָקְדוּ כְאֵילִים, גְּבָעוֹת כִּבְנֵי־צֹאן.

13 מַה־לְּךָ הַיָּם כִּי תָנוּס, הַיַּרְדֵּן תִּסֹּב לְאָחוֹר. הֶהָרִים תִּרְקְדוּ

14 כְאֵילִים, גְּבָעוֹת כִּבְנֵי־צֹאן. מִלִּפְנֵי אָדוֹן חוּלִי אָרֶץ, מִלִּפְנֵי

15 אֱלוֹהַּ יַעֲקֹב. הַהֹפְכִי הַצּוּר אֲגַם־מָיִם, חַלָּמִישׁ לְמַעְיְנוֹ־מָיִם.

✦ We do not say the next paragraph on Rosh Chodesh (except on Chanukkah) and the last six days of Pesach.

לֹא לָנוּ יהוה לֹא לָנוּ, כִּי לְשִׁמְךָ תֵּן כָּבוֹד, עַל־חַסְדְּךָ עַל־אֲמִתֶּךָ. לָמָּה יֹאמְרוּ הַגּוֹיִם, אַיֵּה־נָא אֱלֹהֵיהֶם. וֵאלֹהֵינוּ בַשָּׁמָיִם, כֹּל אֲשֶׁר־חָפֵץ עָשָׂה. עֲצַבֵּיהֶם כֶּסֶף וְזָהָב, מַעֲשֵׂה יְדֵי אָדָם. פֶּה־לָהֶם וְלֹא יְדַבֵּרוּ, עֵינַיִם לָהֶם וְלֹא יִרְאוּ. אָזְנַיִם לָהֶם וְלֹא יִשְׁמָעוּ, אַף לָהֶם וְלֹא יְרִיחוּן. יְדֵיהֶם וְלֹא יְמִישׁוּן, רַגְלֵיהֶם וְלֹא יְהַלֵּכוּ, לֹא־יֶהְגּוּ בִּגְרוֹנָם. כְּמוֹהֶם יִהְיוּ עֹשֵׂיהֶם, כֹּל אֲשֶׁר־בֹּטֵחַ בָּהֶם. יִשְׂרָאֵל בְּטַח בַּיהוה, עֶזְרָם וּמָגִנָּם הוּא. בֵּית אַהֲרֹן בִּטְחוּ בַיהוה, עֶזְרָם וּמָגִנָּם הוּא. יִרְאֵי יהוה בִּטְחוּ בַיהוה, עֶזְרָם וּמָגִנָּם הוּא.

יהוה זְכָרָנוּ יְבָרֵךְ, יְבָרֵךְ אֶת־בֵּית יִשְׂרָאֵל, יְבָרֵךְ אֶת־בֵּית אַהֲרֹן. יְבָרֵךְ יִרְאֵי יהוה, הַקְּטַנִּים עִם־הַגְּדֹלִים. יֹסֵף יהוה עֲלֵיכֶם, עֲלֵיכֶם וְעַל־בְּנֵיכֶם. בְּרוּכִים אַתֶּם לַיהוה, עֹשֵׂה שָׁמַיִם וָאָרֶץ. הַשָּׁמַיִם שָׁמַיִם לַיהוה, וְהָאָרֶץ נָתַן לִבְנֵי־אָדָם. לֹא־הַמֵּתִים יְהַלְלוּ־יָהּ, וְלֹא כָּל־יֹרְדֵי דוּמָה. וַאֲנַחְנוּ נְבָרֵךְ יָהּ, מֵעַתָּה וְעַד־עוֹלָם, הַלְלוּיָהּ.

✦ We do not say the next paragraph on Rosh Chodesh (except on Chanukkah) and the last six days of Pesach.

אָהַבְתִּי, כִּי־יִשְׁמַע יהוה, אֶת־קוֹלִי תַּחֲנוּנָי. כִּי־הִטָּה אָזְנוֹ לִי, וּבְיָמַי אֶקְרָא. אֲפָפוּנִי חֶבְלֵי־מָוֶת, וּמְצָרֵי שְׁאוֹל מְצָאוּנִי,

צָרָה וְיָגוֹן אֶמְצָא. וּבְשֵׁם־יהוה אֶקְרָא, אָנָּה יהוה מַלְּטָה נַפְשִׁי. חַנּוּן יהוה וְצַדִּיק, וֵאלֹהֵינוּ מְרַחֵם. שֹׁמֵר פְּתָאיִם יהוה, דַּלּוֹתִי וְלִי יְהוֹשִׁיעַ. שׁוּבִי נַפְשִׁי לִמְנוּחָיְכִי, כִּי יהוה גָּמַל עָלָיְכִי. כִּי חִלַּצְתָּ נַפְשִׁי מִמָּוֶת, אֶת־עֵינִי מִן־דִּמְעָה, אֶת־רַגְלִי מִדֶּחִי. אֶתְהַלֵּךְ לִפְנֵי יהוה, בְּאַרְצוֹת הַחַיִּים. הֶאֱמַנְתִּי כִּי אֲדַבֵּר, אֲנִי עָנִיתִי מְאֹד. אֲנִי אָמַרְתִּי בְחָפְזִי, כָּל־הָאָדָם כֹּזֵב.

מָה־אָשִׁיב לַיהוה, כָּל־תַּגְמוּלוֹהִי עָלָי. כּוֹס־יְשׁוּעוֹת אֶשָּׂא, וּבְשֵׁם יהוה אֶקְרָא. נְדָרַי לַיהוה אֲשַׁלֵּם, נֶגְדָה־נָּא לְכָל־עַמּוֹ. יָקָר בְּעֵינֵי יהוה, הַמָּוְתָה לַחֲסִידָיו. אָנָּה יהוה כִּי־אֲנִי עַבְדֶּךָ, אֲנִי עַבְדְּךָ, בֶּן־אֲמָתֶךָ, פִּתַּחְתָּ לְמוֹסֵרָי. לְךָ־אֶזְבַּח זֶבַח תּוֹדָה, וּבְשֵׁם יהוה אֶקְרָא. נְדָרַי לַיהוה אֲשַׁלֵּם, נֶגְדָה־נָּא לְכָל־עַמּוֹ. בְּחַצְרוֹת בֵּית יהוה. בְּתוֹכֵכִי יְרוּשָׁלָיִם, הַלְלוּיָהּ.

הַלְלוּ אֶת־יהוה, כָּל־גּוֹיִם, שַׁבְּחוּהוּ כָּל־הָאֻמִּים. כִּי גָבַר עָלֵינוּ חַסְדּוֹ, וֶאֱמֶת־יהוה לְעוֹלָם, הַלְלוּיָהּ.

✦ The שְׁלִיחַ צִבּוּר says each of these four verses first. After each one, everyone else repeats the first line.

On סֻכּוֹת, we shake the לוּלָב and אֶתְרוֹג, three shakes for each word (except God's name). On the first word, shake forward, then on each following word, wave right, back, left, up, down.

The שְׁלִיחַ צִבּוּר shakes only for the first two lines, everyone else shakes each time they repeat the first line.

הוֹדוּ לַיהוה כִּי־טוֹב,		כִּי לְעוֹלָם חַסְדּוֹ.			1

Down   Up   Left   Back   Right   Forward

יֹאמַר־נָא יִשְׂרָאֵל,   כִּי לְעוֹלָם חַסְדּוֹ.   2

Down   Up   Left   Back   Right   Forward

יֹאמְרוּ־נָא בֵית־אַהֲרֹן,   כִּי לְעוֹלָם חַסְדּוֹ.   3

יֹאמְרוּ־נָא יִרְאֵי יהוה,   כִּי לְעוֹלָם חַסְדּוֹ.   4

5   **מִן־הַמֵּצַר** קָרָאתִי יָּהּ, עָנָנִי בַמֶּרְחַבְיָה. יהוה לִי לֹא

6   אִירָא, מַה־יַּעֲשֶׂה לִי אָדָם. יהוה לִי בְּעֹזְרָי, וַאֲנִי אֶרְאֶה

7   בְשֹׂנְאָי. טוֹב לַחֲסוֹת בַּיהוה, מִבְּטֹחַ בָּאָדָם. טוֹב לַחֲסוֹת

8   בַּיהוה, מִבְּטֹחַ בִּנְדִיבִים. כָּל־גּוֹיִם סְבָבוּנִי, בְּשֵׁם יהוה כִּי

9   אֲמִילַם. סַבּוּנִי גַם־סְבָבוּנִי, בְּשֵׁם יהוה כִּי אֲמִילַם. סַבּוּנִי

10   כִדְבֹרִים דֹּעֲכוּ כְּאֵשׁ קוֹצִים, בְּשֵׁם יהוה כִּי אֲמִילַם. דָּחֹה

11   דְחִיתַנִי לִנְפֹּל, וַיהוה עֲזָרָנִי. עָזִּי וְזִמְרָת יָהּ, וַיְהִי־לִי לִישׁוּעָה.

12   קוֹל רִנָּה וִישׁוּעָה בְּאָהֳלֵי צַדִּיקִים, יְמִין יהוה עֹשָׂה חָיִל.

13   יְמִין יהוה רוֹמֵמָה, יְמִין יהוה עֹשָׂה חָיִל. לֹא־אָמוּת כִּי־

1   אֶחְיֶה, וַאֲסַפֵּר מַעֲשֵׂי יָהּ. יַסֹּר יִסְּרַנִּי יָּהּ, וְלַמָּוֶת לֹא נְתָנָנִי.

2   פִּתְחוּ־לִי שַׁעֲרֵי־צֶדֶק, אָבֹא־בָם אוֹדֶה יָהּ. זֶה־הַשַּׁעַר לַיהוה,

3   צַדִּיקִים יָבֹאוּ בוֹ.

◆ Say each line twice:

4   **אוֹדְךָ** כִּי עֲנִיתָנִי, וַתְּהִי־לִי לִישׁוּעָה.

5   אֶבֶן מָאֲסוּ הַבּוֹנִים, הָיְתָה לְרֹאשׁ פִּנָּה.

6   מֵאֵת יהוה הָיְתָה זֹּאת, הִיא נִפְלָאת בְּעֵינֵינוּ.

7   זֶה־הַיּוֹם עָשָׂה יהוה, נָגִילָה וְנִשְׂמְחָה בוֹ.

◆ Each of these four lines is said first by the שְׁלִיחַ צִבּוּר and then by everyone else.

On סֻכּוֹת, the לוּלָב and אֶתְרוֹג are shaken while saying אָנָּא יהוה הוֹשִׁיעָה נָּא, three shakes for each word (except God's name). On the first word, shake forward and right, then back and left, then up and down.

8   אָנָּא   יהוה   הוֹשִׁיעָה   נָּא.

Down Up   Left Back   Right Forward

9   אָנָּא   יהוה   הוֹשִׁיעָה   נָּא.

Down Up   Left Back   Right Forward

10   אָנָּא יהוה הַצְלִיחָה נָא.

11   אָנָּא יהוה הַצְלִיחָה נָא.

1   **בָּרוּךְ** הַבָּא בְּשֵׁם יהוה, בֵּרַכְנוּכֶם מִבֵּית יהוה.

2   בָּרוּךְ הַבָּא בְּשֵׁם יהוה, בֵּרַכְנוּכֶם מִבֵּית יהוה.

3   אֵל יהוה וַיָּאֶר־לָנוּ, אִסְרוּ־חַג בַּעֲבֹתִים עַד־קַרְנוֹת הַמִּזְבֵּחַ.

4   אֵל יהוה וַיָּאֶר־לָנוּ, אִסְרוּ־חַג בַּעֲבֹתִים עַד־קַרְנוֹת הַמִּזְבֵּחַ.

5   אֵלִי אַתָּה וְאוֹדֶךָּ, אֱלֹהַי אֲרוֹמְמֶךָּ.

6   אֵלִי אַתָּה וְאוֹדֶךָּ, אֱלֹהַי אֲרוֹמְמֶךָּ.

◆ On סֻכּוֹת, we shake the לוּלָב and אֶתְרוֹג, three shakes for each word of הוֹדוּ לַיהוה (except God's name). On the first word, shake forward, then on each following word, shake right, back, left, up, down.

7
כִּי לְעוֹלָם חַסְדּוֹ.			הוֹדוּ לַיהוה כִּי־טוֹב,		
Down	Up	Left	Back	Right	Forward

8
כִּי לְעוֹלָם חַסְדּוֹ.			הוֹדוּ לַיהוה כִּי־טוֹב,		
Down	Up	Left	Back	Right	Forward

9   **יְהַלְלוּךָ** יהוה אֱלֹהֵינוּ כָּל־מַעֲשֶׂיךָ, וַחֲסִידֶיךָ צַדִּיקִים

10   עוֹשֵׂי רְצוֹנֶךָ, וְכָל עַמְּךָ בֵּית יִשְׂרָאֵל בְּרִנָּה יוֹדוּ וִיבָרְכוּ

11   וִישַׁבְּחוּ וִיפָאֲרוּ וִירוֹמְמוּ וְיַעֲרִיצוּ וְיַקְדִּישׁוּ וְיַמְלִיכוּ אֶת־

12   שִׁמְךָ מַלְכֵּנוּ, כִּי לְךָ טוֹב לְהוֹדוֹת וּלְשִׁמְךָ נָאֶה לְזַמֵּר, כִּי

13   מֵעוֹלָם וְעַד עוֹלָם אַתָּה אֵל. בָּרוּךְ אַתָּה יהוה, מֶלֶךְ מְהֻלָּל

14   בַּתִּשְׁבָּחוֹת.

תְּפִלַּת מוּסָף לְרֹאשׁ חֹדֶשׁ בְּחוֹל

Weekday Musaf for Rosh Chodesh

(i) When Rosh Chodesh is on a weekday, this עֲמִידָה is said after שַׁחֲרִית and קְרִיאַת הַתּוֹרָה. In the בֵּית הַמִּקְדָּשׁ an extra sacrifice was offered on Rosh Chodesh. Our עֲמִידָה replaces that sacrifice.

עֲמִידָה means 'standing', so when we say this prayer we stand with our feet together, facing Jerusalem where the בֵּית הַמִּקְדָּשׁ (the Temple) used to be. In a synagogue, we face the אֲרוֹן הַקֹּדֶשׁ (the Holy Ark).

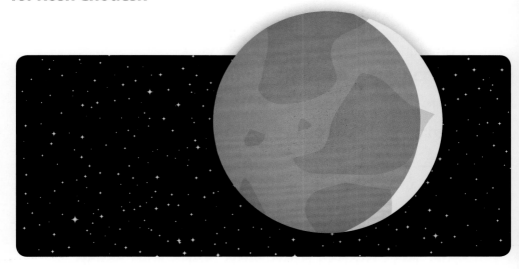

◆ Take three steps back, then three steps forwards. Stand with your feet together.

אֲדֹנָי, שְׂפָתַי תִּפְתָּח, וּפִי יַגִּיד תְּהִלָּתֶךָ. 1

▷ My Lord, open my lips and my mouth will sing Your praises.

◆ Bend your knees as you say 'בָּרוּךְ', bow as you say 'אַתָּה', stand up straight before you say God's name.

בָּרוּךְ אַתָּה יהוה אֱלֹהֵינוּ וֵאלֹהֵי אֲבוֹתֵינוּ, אֱלֹהֵי אַבְרָהָם, 2

אֱלֹהֵי יִצְחָק, וֵאלֹהֵי יַעֲקֹב, הָאֵל הַגָּדוֹל הַגִּבּוֹר וְהַנּוֹרָא, אֵל 3

1 עֶלְיוֹן, גּוֹמֵל חֲסָדִים טוֹבִים וְקוֹנֵה הַכֹּל, וְזוֹכֵר חַסְדֵי אָבוֹת,

2 וּמֵבִיא גוֹאֵל לִבְנֵי בְנֵיהֶם, לְמַעַן שְׁמוֹ בְּאַהֲבָה.

▷ Blessed are You, Hashem, our God and God of our fathers, the God of Avraham, the God of Yitzchak and the God of Yaakov; the great, mighty and awesome God. God most high, provider of loving acts, to whom all belong, who remembers the good deeds of our patriarchs and lovingly brings a redeemer to their children's children, for the sake of His name.

✦ Bend your knees as you say 'בָּרוּךְ', bow as you say 'אַתָּה', stand up straight before you say God's name.

3 מֶלֶךְ עוֹזֵר וּמוֹשִׁיעַ וּמָגֵן. ·בָּרוּךְ אַתָּה יהוה, מָגֵן אַבְרָהָם.

▷ King, Helper, Saviour, Shield. Blessed are You, Hashem, Shield of Avraham.

4 **אַתָּה** גִּבּוֹר לְעוֹלָם אֲדֹנָי, מְחַיֵּה מֵתִים אַתָּה, רַב לְהוֹשִׁיעַ.

✦ From after שִׂמְחַת תּוֹרָה until פֶּסַח, add:

5 ·מַשִּׁיב הָרוּחַ וּמוֹרִיד הַגֶּשֶׁם.

▷ He makes the wind blow and the rain fall.

---

6 מְכַלְכֵּל חַיִּים בְּחֶסֶד, מְחַיֵּה מֵתִים בְּרַחֲמִים רַבִּים, סוֹמֵךְ

7 נוֹפְלִים, וְרוֹפֵא חוֹלִים, וּמַתִּיר אֲסוּרִים, וּמְקַיֵּם אֱמוּנָתוֹ

8 לִישֵׁנֵי עָפָר. מִי כָמוֹךָ בַּעַל גְּבוּרוֹת, וּמִי דּוֹמֶה לָּךְ, מֶלֶךְ

9 מֵמִית וּמְחַיֶּה וּמַצְמִיחַ יְשׁוּעָה.

▷ He keeps us alive with kindness and looks after those who are sick. No one compares with You, a King who gives and takes life.

10 וְנֶאֱמָן אַתָּה לְהַחֲיוֹת מֵתִים. בָּרוּךְ אַתָּה יהוה, מְחַיֵּה

11 הַמֵּתִים.

✦ When the עֲמִידָה is repeated aloud, we say קְדוּשָּׁה (page 29) here.

אַתָּה קָדוֹשׁ וְשִׁמְךָ קָדוֹשׁ, וּקְדוֹשִׁים בְּכָל־יוֹם יְהַלְלוּךָ סֶּלָה. בָּרוּךְ אַתָּה יהוה, הָאֵל הַקָּדוֹשׁ.

ⓘ **This prayer describes the רֹאשׁ חֹדֶשׁ sevice in the בֵּית הַמִּקְדָּשׁ and our hopes to perform it again.**

רָאשֵׁי חֳדָשִׁים לְעַמְּךָ נָתָתָּ, זְמַן כַּפָּרָה לְכָל־תּוֹלְדוֹתָם, בִּהְיוֹתָם מַקְרִיבִים לְפָנֶיךָ זִבְחֵי רָצוֹן, וּשְׂעִירֵי חַטָּאת לְכַפֵּר בַּעֲדָם. זִכָּרוֹן לְכֻלָּם יִהְיוּ, וּתְשׁוּעַת נַפְשָׁם מִיַּד שׂוֹנֵא. מִזְבֵּחַ חָדָשׁ בְּצִיּוֹן תָּכִין, וְעוֹלַת רֹאשׁ חֹדֶשׁ נַעֲלֶה עָלָיו, וּשְׂעִירֵי עִזִּים נַעֲשֶׂה בְרָצוֹן. וּבַעֲבֹדַת בֵּית הַמִּקְדָּשׁ נִשְׂמַח כֻּלָּנוּ, וּבְשִׁירֵי דָוִד עַבְדְּךָ הַנִּשְׁמָעִים בְּעִירֶךָ, הָאֲמוּרִים לִפְנֵי מִזְבְּחֶךָ. אַהֲבַת עוֹלָם תָּבִיא לָהֶם, וּבְרִית אָבוֹת לַבָּנִים תִּזְכּוֹר. וַהֲבִיאֵנוּ לְצִיּוֹן עִירְךָ בְּרִנָּה, וְלִירוּשָׁלַיִם בֵּית מִקְדָּשְׁךָ בְּשִׂמְחַת עוֹלָם. וְשָׁם נַעֲשֶׂה לְפָנֶיךָ אֶת־קָרְבְּנוֹת חוֹבוֹתֵינוּ, תְּמִידִים כְּסִדְרָם, וּמוּסָפִים כְּהִלְכָתָם, וְאֶת־מוּסַף יוֹם רֹאשׁ הַחֹדֶשׁ הַזֶּה נַעֲשֶׂה וְנַקְרִיב לְפָנֶיךָ בְּאַהֲבָה כְּמִצְוַת רְצוֹנֶךָ, כְּמוֹ שֶׁכָּתַבְתָּ עָלֵינוּ בְּתוֹרָתֶךָ, עַל־יְדֵי מֹשֶׁה עַבְדֶּךָ, מִפִּי כְבוֹדֶךָ, כָּאָמוּר.

וּבְרָאשֵׁי חָדְשֵׁיכֶם תַּקְרִיבוּ עוֹלָה לַיהוה, פָּרִים בְּנֵי בָקָר שְׁנַיִם, וְאַיִל אֶחָד, כְּבָשִׂים בְּנֵי שָׁנָה שִׁבְעָה תְּמִימִם. וּמִנְחָתָם וְנִסְכֵּיהֶם כִּמְדֻבָּר, שְׁלֹשָׁה עֶשְׂרֹנִים לַפָּר, וּשְׁנֵי עֶשְׂרֹנִים לָאָיִל, וְעִשָּׂרוֹן לַכֶּבֶשׂ וְיַיִן כְּנִסְכּוֹ, וְשָׂעִיר לְכַפֵּר, וּשְׁנֵי תְמִידִים כְּהִלְכָתָם.

¹ אֱלֹהֵינוּ וֵאלֹהֵי אֲבוֹתֵינוּ, חַדֵּשׁ עָלֵינוּ אֶת־הַחֹדֶשׁ הַזֶּה

² לְטוֹבָה וְלִבְרָכָה, לְשָׂשׂוֹן וּלְשִׂמְחָה, לִישׁוּעָה וּלְנֶחָמָה,

³ לְפַרְנָסָה וּלְכַלְכָּלָה, לְחַיִּים וּלְשָׁלוֹם, לִמְחִילַת חֵטְא

⁴ וְלִסְלִיחַת עָוֹן,

◆ In a Jewish leap year, from Rosh Chodesh Sivan until Rosh Chodesh Adar Sheni, add these two words:

וּלְכַפָּרַת פָּשַׁע.

⁵ כִּי בְעַמְּךָ יִשְׂרָאֵל בָּחַרְתָּ מִכָּל־הָאֻמּוֹת, וְחֻקֵּי רָאשֵׁי חֳדָשִׁים

⁶ לָהֶם קָבַעְתָּ. בָּרוּךְ אַתָּה יהוה, מְקַדֵּשׁ יִשְׂרָאֵל וְרָאשֵׁי

⁷ חֳדָשִׁים.

◆ In a Jewish leap year, from Rosh Chodesh Cheshvan until Rosh Chodesh Adar Sheni, add the words in brackets:

▷ Our God and God of our fathers, in this new month please bring us goodness and blessing, joy and happiness, rescue and comfort, food and care, life and peace: excuse faults and forgive sins (let us make good our wrongdoings) because You have chosen Your people Israel from among all other nations and You have given them the laws about Rosh Chodesh. Blessed are You, Hashem, who makes Israel and Rosh Chodesh holy.

Asking God to bring back the בֵּית הַמִּקְדָּשׁ and its service

⁸ רְצֵה יהוה אֱלֹהֵינוּ בְּעַמְּךָ יִשְׂרָאֵל וּבִתְפִלָּתָם, וְהָשֵׁב אֶת־

⁹ הָעֲבוֹדָה לִדְבִיר בֵּיתֶךָ. וְאִשֵּׁי יִשְׂרָאֵל וּתְפִלָּתָם בְּאַהֲבָה

¹⁰ תְקַבֵּל בְּרָצוֹן, וּתְהִי לְרָצוֹן תָּמִיד עֲבוֹדַת יִשְׂרָאֵל עַמֶּךָ.

¹¹ וְתֶחֱזֶינָה עֵינֵינוּ בְּשׁוּבְךָ לְצִיּוֹן בְּרַחֲמִים. בָּרוּךְ אַתָּה יהוה,

¹² הַמַּחֲזִיר שְׁכִינָתוֹ לְצִיּוֹן.

◆ During your silent עֲמִידָה only say the following. Bow for the first five words. Stand up straight before you say God's name.

1 **מוֹדִים** אֲנַחְנוּ לָךְ, שָׁאַתָּה הוּא יהוה אֱלֹהֵינוּ וֵאלֹהֵי

2 אֲבוֹתֵינוּ לְעוֹלָם וָעֶד. צוּר חַיֵּינוּ, מָגֵן יִשְׁעֵנוּ אַתָּה הוּא לְדוֹר

3 וָדוֹר. נוֹדֶה לְּךָ וּנְסַפֵּר תְּהִלָּתֶךָ עַל חַיֵּינוּ הַמְּסוּרִים בְּיָדֶךָ,

4 וְעַל נִשְׁמוֹתֵינוּ הַפְּקוּדוֹת לָךְ, וְעַל נִסֶּיךָ שֶׁבְּכָל־יוֹם עִמָּנוּ,

5 וְעַל נִפְלְאוֹתֶיךָ וְטוֹבוֹתֶיךָ שֶׁבְּכָל־עֵת, עֶרֶב וָבֹקֶר וְצָהֳרָיִם.

6 הַטּוֹב כִּי לֹא־כָלוּ רַחֲמֶיךָ, וְהַמְרַחֵם כִּי לֹא־תַמּוּ חֲסָדֶיךָ,

7 מֵעוֹלָם קִוִּינוּ לָךְ.

◆ During the repetition by the שְׁלִיחַ צִבּוּר, everyone else says this paragraph quietly, bowing for the first five words. Stand up straight before you say God's name:

8 **מוֹדִים** אֲנַחְנוּ לָךְ, שָׁאַתָּה הוּא יהוה אֱלֹהֵינוּ וֵאלֹהֵי

9 אֲבוֹתֵינוּ, אֱלֹהֵי כָל־בָּשָׂר, יוֹצְרֵנוּ, יוֹצֵר בְּרֵאשִׁית. בְּרָכוֹת

10 וְהוֹדָאוֹת לְשִׁמְךָ הַגָּדוֹל וְהַקָּדוֹשׁ, עַל שֶׁהֶחֱיִיתָנוּ וְקִיַּמְתָּנוּ.

11 כֵּן תְּחַיֵּנוּ וּתְקַיְּמֵנוּ, וְתֶאֱסוֹף גָּלֻיּוֹתֵינוּ לְחַצְרוֹת קָדְשֶׁךָ,

12 לִשְׁמוֹר חֻקֶּיךָ וְלַעֲשׂוֹת רְצוֹנֶךָ, וּלְעָבְדְּךָ בְּלֵבָב שָׁלֵם, עַל

13 שֶׁאֲנַחְנוּ מוֹדִים לָךְ. בָּרוּךְ אֵל הַהוֹדָאוֹת.

◆ A special prayer for חֲנֻכָּה:

14 **עַל** הַנִּסִּים, וְעַל הַפֻּרְקָן, וְעַל הַגְּבוּרוֹת, וְעַל הַתְּשׁוּעוֹת, וְעַל

15 הַמִּלְחָמוֹת, שֶׁעָשִׂיתָ לַאֲבוֹתֵינוּ בַּיָּמִים הָהֵם בַּזְּמַן הַזֶּה.

16 בִּימֵי מַתִּתְיָהוּ בֶּן־יוֹחָנָן כֹּהֵן גָּדוֹל חַשְׁמוֹנַאי וּבָנָיו, כְּשֶׁעָמְדָה

17 מַלְכוּת יָוָן הָרְשָׁעָה עַל־עַמְּךָ יִשְׂרָאֵל, לְהַשְׁכִּיחָם תּוֹרָתֶךָ,

וּלְהַעֲבִירָם מֵחֻקֵּי רְצוֹנֶךָ. וְאַתָּה בְּרַחֲמֶיךָ הָרַבִּים, עָמַדְתָּ 1

לָהֶם בְּעֵת צָרָתָם, רַבְתָּ אֶת־רִיבָם, דַּנְתָּ אֶת־דִּינָם, נָקַמְתָּ אֶת־ 2

נִקְמָתָם. מָסַרְתָּ גִבּוֹרִים בְּיַד חַלָּשִׁים, וְרַבִּים בְּיַד מְעַטִּים, 3

וּטְמֵאִים בְּיַד טְהוֹרִים, וּרְשָׁעִים בְּיַד צַדִּיקִים, וְזֵדִים בְּיַד 4

עוֹסְקֵי תוֹרָתֶךָ. וּלְךָ עָשִׂיתָ שֵׁם גָּדוֹל וְקָדוֹשׁ בְּעוֹלָמֶךָ, וּלְעַמְּךָ 5

יִשְׂרָאֵל עָשִׂיתָ תְּשׁוּעָה גְדוֹלָה וּפֻרְקָן כְּהַיּוֹם הַזֶּה. וְאַחַר כֵּן 6

בָּאוּ בָנֶיךָ לִדְבִיר בֵּיתֶךָ, וּפִנּוּ אֶת־הֵיכָלֶךָ, וְטִהֲרוּ אֶת־מִקְדָּשֶׁךָ, 7

וְהִדְלִיקוּ נֵרוֹת בְּחַצְרוֹת קָדְשֶׁךָ, וְקָבְעוּ שְׁמוֹנַת יְמֵי חֲנֻכָּה 8

אֵלּוּ, לְהוֹדוֹת וּלְהַלֵּל לְשִׁמְךָ הַגָּדוֹל. 9

▷ For all the miracles, for the liberation, for the mighty deeds, for the victories in battles which You performed for our ancestors in those days, at this time of year.

In the days of the Hasmonean High Priest, Mattityahu son of Yochanan and his sons, the wicked kingdom of ancient Greece rose up against Israel, Your people, to force them to break the laws of Your will. Then You in Your great mercy, stood up for them in their time of trouble. You took their side, You judged their grievance and You avenged them. You delivered the strong into the hands of the weak, the many into the hands of the few, the impure into the hands of the pure, the wicked into the hands of the good, the arrogant into the hands of those who kept Your Torah.

You made a great and holy reputation in Your world for Yourself and for Israel, Your people, You performed a great victory and liberation that lasts to this very day. Afterwards, Your children entered the Holiest of Holies in Your House, cleaned Your Temple, purified Your Holy Place and lit lights in Your holy Courtyards.

They fixed these eight days of Chanukkah for giving thanks and praise to Your great name.

וְעַל כֻּלָּם יִתְבָּרַךְ וְיִתְרוֹמַם שִׁמְךָ מַלְכֵּנוּ תָּמִיד לְעוֹלָם וָעֶד.

▷ For all these things, Your name should be blessed and praised.

◆ Bend your knees as you say 'בָּרוּךְ', bow as you say 'אַתָּה', stand up straight before you say God's name.

וְכֹל הַחַיִּים יוֹדוּךָ סֶּלָה, וִיהַלְלוּ אֶת־שִׁמְךָ בֶּאֱמֶת, הָאֵל יְשׁוּעָתֵנוּ וְעֶזְרָתֵנוּ סֶלָה. ⁺בָּרוּךְ אַתָּה יהוה, הַטּוֹב שִׁמְךָ וּלְךָ נָאֶה לְהוֹדוֹת.

▷ Let all that lives thank You, Selah! and praise Your name in truth, God, our Saviour and Help, Selah! Blessed are You, Hashem, whose name is "The Good" and to whom thanks are due.

◆ בִּרְכַּת כֹּהֲנִים (The Kohanim's Blessing), is only said by the שְׁלִיחַ צִבּוּר when he repeats the עֲמִידָה:

אֱלֹהֵינוּ וֵאלֹהֵי אֲבוֹתֵינוּ, בָּרְכֵנוּ בַּבְּרָכָה הַמְשֻׁלֶּשֶׁת, בַּתּוֹרָה הַכְּתוּבָה עַל יְדֵי מֹשֶׁה עַבְדֶּךָ, הָאֲמוּרָה מִפִּי אַהֲרֹן וּבָנָיו, כֹּהֲנִים עַם קְדוֹשֶׁךָ, כָּאָמוּר.

יְבָרֶכְךָ יהוה, וְיִשְׁמְרֶךָ.

יָאֵר יהוה פָּנָיו אֵלֶיךָ וִיחֻנֶּךָּ.

יִשָּׂא יהוה פָּנָיו אֵלֶיךָ וְיָשֵׂם לְךָ שָׁלוֹם.

Asking God for peace

שִׂים שָׁלוֹם, טוֹבָה, וּבְרָכָה, חֵן, וָחֶסֶד וְרַחֲמִים עָלֵינוּ וְעַל כָּל־יִשְׂרָאֵל עַמֶּךָ. בָּרְכֵנוּ אָבִינוּ, כֻּלָּנוּ כְּאֶחָד בְּאוֹר פָּנֶיךָ, כִּי בְאוֹר פָּנֶיךָ נָתַתָּ לָּנוּ, יהוה אֱלֹהֵינוּ, תּוֹרַת חַיִּים וְאַהֲבַת חֶסֶד, וּצְדָקָה, וּבְרָכָה, וְרַחֲמִים, וְחַיִּים, וְשָׁלוֹם. וְטוֹב בְּעֵינֶיךָ

לְבָרֵךְ אֶת־עַמְּךָ יִשְׂרָאֵל, בְּכָל־עֵת וּבְכָל־שָׁעָה בִּשְׁלוֹמֶךָ. בָּרוּךְ אַתָּה יהוה, הַמְבָרֵךְ אֶת עַמּוֹ יִשְׂרָאֵל בַּשָּׁלוֹם.

▷ Give us and all Israel peace, blessing, grace, kindness and care. Through Your light You have given us the Torah and a love of kindness, good deeds, blessings, life and peace. Please bless Your people Israel with peace all the time. Give us, Israel, great peace for ever, as You are the King of Peace. Please bless Your people Israel with peace all the time.

אֱלֹהַי, נְצוֹר לְשׁוֹנִי מֵרָע, וּשְׂפָתַי מִדַּבֵּר מִרְמָה, וְלִמְקַלְלַי נַפְשִׁי תִדּוֹם, וְנַפְשִׁי כֶּעָפָר לַכֹּל תִּהְיֶה. פְּתַח לִבִּי בְּתוֹרָתֶךָ, וּבְמִצְוֹתֶיךָ תִּרְדּוֹף נַפְשִׁי. וְכֹל הַחוֹשְׁבִים עָלַי רָעָה, מְהֵרָה הָפֵר עֲצָתָם וְקַלְקֵל מַחְשְׁבוֹתָם. עֲשֵׂה לְמַעַן שְׁמֶךָ, עֲשֵׂה לְמַעַן יְמִינֶךָ, עֲשֵׂה לְמַעַן קְדֻשָּׁתֶךָ, עֲשֵׂה לְמַעַן תּוֹרָתֶךָ. לְמַעַן יֵחָלְצוּן יְדִידֶיךָ, הוֹשִׁיעָה יְמִינְךָ וַעֲנֵנִי.

✦ At this point you may add your own personal prayer in any language.

יִהְיוּ לְרָצוֹן אִמְרֵי־פִי וְהֶגְיוֹן לִבִּי לְפָנֶיךָ, יהוה צוּרִי וְגוֹאֲלִי.

✦ Take three steps back.
Say 'עֹשֶׂה שָׁלוֹם בִּמְרוֹמָיו' while bowing to your left.
Say 'הוּא יַעֲשֶׂה שָׁלוֹם עָלֵינוּ' while bowing to the right.
Say 'וְעַל־כָּל־יִשְׂרָאֵל, וְאִמְרוּ אָמֵן' while bowing forward.

עֹשֶׂה שָׁלוֹם בִּמְרוֹמָיו, הוּא יַעֲשֶׂה שָׁלוֹם עָלֵינוּ, וְעַל־כָּל־יִשְׂרָאֵל, וְאִמְרוּ אָמֵן.

▷ My God, keep my tongue and lips from saying harmful things. When people say damaging things about me, let me remain calm and humble. Help me to love Your Torah and to be eager to carry out Your mitzvot. If anyone wishes to harm me, prevent their plans from working. Do all this to show Your strength and to bring honour to Your reputation and to Your Holy Torah.

Please answer my prayer. Let the words which I say and the thoughts which I send from my heart be pleasing to You, Hashem, my constant Protector. Heavenly Peacemaker, send peace for all of us and for all the Jewish people. Amen.

יְהִי רָצוֹן מִלְּפָנֶיךָ יהוה אֱלֹהֵינוּ וֵאלֹהֵי אֲבוֹתֵינוּ, שֶׁיִּבָּנֶה בֵּית ₁

הַמִּקְדָּשׁ בִּמְהֵרָה בְיָמֵינוּ, וְתֵן חֶלְקֵנוּ בְּתוֹרָתֶךָ. וְשָׁם נַעֲבָדְךָ ₂

בְּיִרְאָה, כִּימֵי עוֹלָם וּכְשָׁנִים קַדְמוֹנִיּוֹת. וְעָרְבָה לַיהוה מִנְחַת ₃

יְהוּדָה וִירוּשָׁלָיִם, כִּימֵי עוֹלָם וּכְשָׁנִים קַדְמוֹנִיּוֹת. ₄

◆ Wait a few moments, then take three steps forward.

בְּדִיקַת חָמֵץ
Search for Chametz

ⓘ On the night before פֶּסַח, we search the house for חָמֵץ, such as breadcrumbs, food containing yeast and grain alcohol. Our traditional custom is to do so at night by the light of a candle. Wherever you are, the night before פֶּסַח, search and say the בְּרָכָה. If פֶּסַח falls on Saturday night, search on Thursday night. If you go away for פֶּסַח, you should search the night before you leave, but without saying the בְּרָכָה before the search.

✦ Before the search, in the original and in English, say this בְּרָכָה:

בָּרוּךְ אַתָּה יהוה אֱלֹהֵינוּ מֶלֶךְ הָעוֹלָם, אֲשֶׁר קִדְּשָׁנוּ בְּמִצְוֹתָיו, וְצִוָּנוּ עַל בִּעוּר חָמֵץ.

▷ Blessed are You, Hashem our God, King of the universe, who has made us holy through His commandments and has commanded us about removing *chametz*.

✦ After the search, in the original and in English, we say:

כָּל־חֲמִירָא וַחֲמִיעָא דְּאִכָּא בִרְשׁוּתִי דְּלָא חֲמִתֵּהּ וּדְלָא בַעֲרְתֵּהּ לִבְּטִל וְלֶהֱוֵא כְּעַפְרָא דְאַרְעָא.

▷ May all *chametz* that I own, whether I have seen it or not, whether I have removed it or not, be legally cancelled and as if it is like the dust on the ground.

✦ On the following morning after burning the חָמֵץ, in the original and in English say the following:

כָּל־חֲמִירָא וַחֲמִיעָא דְּאִכָּא בִרְשׁוּתִי, דַּחֲמִתֵּהּ וּדְלָא חֲמִתֵּהּ, דְּבַעֲרְתֵּהּ וּדְלָא בַעֲרְתֵּהּ, לִבְּטִל וְלֶהֱוֵא כְּעַפְרָא דְאַרְעָא.

▷ May all *chametz* or leaven that is in my possession, whether I have seen it or not, whether I have removed it or not, be annulled and deemed like the dust on the ground.

יוֹם הָעַצְמָאוּת
Israel's Independence Day

ⓘ This Psalm tells about the wonderful things Hashem has done for the Jewish people. The whole world saw these victories. We should all shout for joy, sing out loud and play music in praise of Hashem.

◆ In the morning, we say הַלֵּל (page 189)
Here is a selection of appropriate תְּפִלּוֹת.

1   **מִזְמוֹר** שִׁירוּ לַיהוה שִׁיר חָדָשׁ כִּי־נִפְלָאוֹת עָשָׂה הוֹשִׁיעָה־

2   לּוֹ יְמִינוֹ וּזְרוֹעַ קָדְשׁוֹ. הוֹדִיעַ יהוה יְשׁוּעָתוֹ לְעֵינֵי הַגּוֹיִם גִּלָּה

3   צִדְקָתוֹ: זָכַר חַסְדּוֹ וֶאֱמוּנָתוֹ לְבֵית יִשְׂרָאֵל רָאוּ כָל־אַפְסֵי־

4   אָרֶץ אֵת יְשׁוּעַת אֱלֹהֵינוּ. הָרִיעוּ לַיהוה כָּל־הָאָרֶץ פִּצְחוּ וְרַנְּנוּ

5   וְזַמֵּרוּ: זַמְּרוּ לַיהוה בְּכִנּוֹר בְּכִנּוֹר וְקוֹל זִמְרָה.   בַּחֲצֹצְרוֹת

6   וְקוֹל שׁוֹפָר הָרִיעוּ לִפְנֵי הַמֶּלֶךְ יהוה. יִרְעַם הַיָּם וּמְלֹאוֹ תֵּבֵל

7   וְיֹשְׁבֵי בָהּ. נְהָרוֹת יִמְחֲאוּ־כָף, יַחַד הָרִים יְרַנֵּנוּ. לִפְנֵי יהוה כִּי

8   בָא לִשְׁפֹּט הָאָרֶץ יִשְׁפֹּט־תֵּבֵל בְּצֶדֶק וְעַמִּים בְּמֵישָׁרִים.

1   **הִ**תְעוֹרְרִי הִתְעוֹרְרִי,

2   כִּי בָא אוֹרֵךְ קוּמִי אוֹרִי,

3   עוּרִי עוּרִי שִׁיר דַּבֵּרִי,

4   כְּבוֹד יהוה עָלַיִךְ נִגְלָה.

5   זֶה־הַיּוֹם עָשָׂה יהוה, נָגִילָה וְנִשְׂמְחָה בוֹ.

▷   This is the day which Hashem made: let us rejoice and be glad!

6   **מִי שֶׁעָשָׂה** נִסִּים לַאֲבוֹתֵינוּ, וְגָאַל אוֹתָם מֵעַבְדוּת

7   לְחֵרוּת, הוּא יִגְאַל אוֹתָנוּ בְּקָרוֹב, וִיקַבֵּץ נִדָחֵינוּ מֵאַרְבַּע

8   כַּנְפוֹת הָאָרֶץ, חֲבֵרִים כָּל־יִשְׂרָאֵל. וְנֹאמַר אָמֵן.

▷   Hashem, who performed miracles for our fathers and brought them from slavery to freedom, come quickly to our aid and gather in our scattered people from the four corners of the Earth, so that all Jewish people are one community. Amen.

9   **אַחֵינוּ** כָּל בֵּית יִשְׂרָאֵל, הַנְּתוּנִים בְּצָרָה וּבְשִׁבְיָה,

10   הָעוֹמְדִים בֵּין בַּיָּם וּבֵין בַּיַּבָּשָׁה. הַמָּקוֹם יְרַחֵם עֲלֵיהֶם,

11   וְיוֹצִיאֵם מִצָּרָה לִרְוָחָה, וּמֵאֲפֵלָה לְאוֹרָה, וּמִשִּׁעְבּוּד

12   לִגְאֻלָּה, הַשְׁתָּא בַּעֲגָלָא וּבִזְמַן קָרִיב, וְנֹאמַר אָמֵן.

▷   As for our community, the entire family of Jewish people, who are in trouble or captivity, at sea or on land – let Hashem, who is everywhere, be merciful to them and lead them from trouble to safety, from darkness to light, from slavery to freedom, now, quickly and soon. Amen.

✦   The Prayer for the State of Israel is on page 154.

ⓘ Hatikva is the national anthem of the State of Israel. It was written by Chaim Nachman Bialik, the great Zionist poet, in 1878.

כָּל עוֹד בַּלֵּבָב פְּנִימָה 1

נֶפֶשׁ יְהוּדִי הוֹמִיָּה, 2

וּלְפַאֲתֵי מִזְרָח קָדִימָה 3

עַיִן לְצִיּוֹן צוֹפִיָּה 4

עוֹד לֹא אָבְדָה תִּקְוָתֵנוּ, 5

הַתִּקְוָה בַּת שְׁנוֹת אַלְפַּיִם, 6

לִהְיוֹת עַם חָפְשִׁי בְּאַרְצֵנוּ 7

אֶרֶץ צִיּוֹן וִירוּשָׁלַיִם. 8

▷ As long as the Jewish spirit is yearning deep in our hearts,
With eyes turned toward the east, looking toward Zion,
Then our hope - the two-thousand-year-old hope - will not be lost:
To be a free people in our land, The land of Zion and Jerusalem.

יוֹם יְרוּשָׁלַיִם

Jerusalem Day

ⓘ יוֹם יְרוּשָׁלַיִם celebrates the day in 1967 when Jerusalem once again became a united city. Now we can freely pray at the Kotel Ha'Maaravi, the Western Wall of the Temple.

◆ In the morning, we say הַלֵּל (page 189). שִׁיר הַמַּעֲלוֹת (Psalm 126), which we also say before בִּרְכַּת הַמָּזוֹן is on page 237 and מִי שֶׁעָשָׂה, a prayer of thanks, is on page 156. The Prayer for the State of Israel is on page 154.

חֲנֻכָּה
Chanukkah

ⓘ Each night of Chanukkah we add one extra light, starting from the right. We light the new candle first, lighting from left to right.

◆ The person lighting the חֲנֻכִּיָּה (the Chanukkah menorah) holds the שַׁמָּשׁ in their right hand and says these בְּרָכוֹת. We stand.

1 בָּרוּךְ אַתָּה יהוה אֱלֹהֵינוּ מֶלֶךְ הָעוֹלָם, אֲשֶׁר קִדְּשָׁנוּ

2 בְּמִצְוֹתָיו, וְצִוָּנוּ לְהַדְלִיק נֵר שֶׁל חֲנֻכָּה.

▷ Blessed are You, Hashem our God, King of the universe, who has made us holy with His commandments and has commanded us to light the Chanukkah lights.

בָּרוּךְ אַתָּה יהוה אֱלֹהֵינוּ מֶלֶךְ הָעוֹלָם, שֶׁעָשָׂה נִסִּים 1
לַאֲבוֹתֵינוּ, בַּיָּמִים הָהֵם בַּזְּמַן הַזֶּה. 2

▷ Blessed are You, Hashem our God, King of the universe, who performed miracles for our fathers in those days, at this time of the year.

✦ On the first night you light, add:

בָּרוּךְ אַתָּה יהוה אֱלֹהֵינוּ מֶלֶךְ הָעוֹלָם, שֶׁהֶחֱיָנוּ וְקִיְּמָנוּ 3
וְהִגִּיעָנוּ לַזְּמַן הַזֶּה. 4

▷ Blessed are You Hashem, our God, King of the universe, who has kept us alive and supported us and helped us to reach this special time.

✦ These diagrams show the order you add a new candle on each night and which candle you light first, facing the chanukkiah.

1st night

2nd night

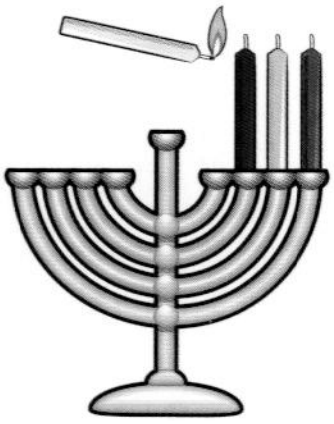

3rd night

4th night

5th night

6th night

7th night

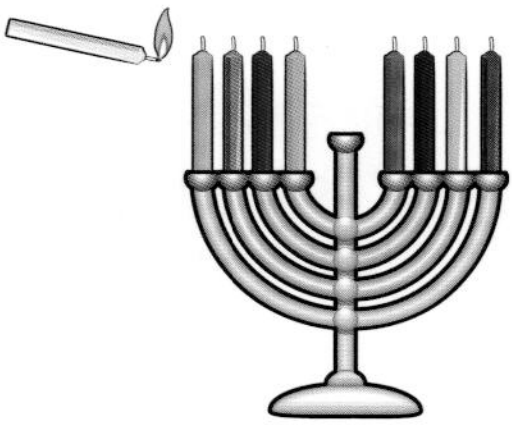

8th night

✦ After lighting the first light each night we sing:

הַנֵּרוֹת הַלָּלוּ אֲנַחְנוּ מַדְלִיקִין עַל הַנִּסִּים וְעַל הַתְּשׁוּעוֹת וְעַל הַנִּפְלָאוֹת, שֶׁעָשִׂיתָ לַאֲבוֹתֵינוּ עַל־יְדֵי כֹּהֲנֶיךָ הַקְּדוֹשִׁים. וְכָל־שְׁמֹנַת יְמֵי חֲנֻכָּה, הַנֵּרוֹת הַלָּלוּ קֹדֶשׁ הֵם. וְאֵין לָנוּ רְשׁוּת לְהִשְׁתַּמֵּשׁ בָּהֶם, אֶלָּא לִרְאוֹתָם בִּלְבָד, כְּדֵי לְהוֹדוֹת לִשְׁמְךָ עַל־נִסֶּיךָ וְעַל־יְשׁוּעָתֶךָ וְעַל־נִפְלְאוֹתֶיךָ.

▷ We light these lights to remind us of the miracles, the rescues and the wonders which You performed for our fathers by the hands of Your holy priests. All through the eight days of Chanukkah, these lights are holy and we are not allowed to make any use of them, apart from looking at them. In this way we thank and praise You for Your miracles, rescues and wonders.

ⓘ **The first verse of this song describes the rededication of the בֵּית הַמִּקְדָּשׁ. The next four verses speak of four times in Jewish history when Hashem saved us: Egypt, Exile to Babylon, Purim and Chanukkah.**

מָעוֹז צוּר יְשׁוּעָתִי　　לְךָ נָאֶה לְשַׁבֵּחַ,
תִּכּוֹן בֵּית תְּפִלָּתִי　　וְשָׁם תּוֹדָה נְזַבֵּחַ,
לְעֵת תָּכִין מַטְבֵּחַ　　מִצָּר הַמְנַבֵּחַ,
אָז אֶגְמוֹר בְּשִׁיר מִזְמוֹר　　חֲנֻכַּת הַמִּזְבֵּחַ.

רָעוֹת שָׂבְעָה נַפְשִׁי　　בְּיָגוֹן כֹּחִי כָּלָה,
חַיַּי מֵרְרוּ בְּקוֹשִׁי　　בְּשִׁעְבּוּד מַלְכוּת עֶגְלָה,
וּבְיָדוֹ הַגְּדוֹלָה　　הוֹצִיא אֶת־הַסְּגֻלָּה,
חֵיל פַּרְעֹה וְכָל־זַרְעוֹ　　יָרְדוּ כְּאֶבֶן מְצוּלָה.

1 **דְּבִיר** קָדְשׁוֹ הֱבִיאַנִי   וְגַם שָׁם לֹא שָׁקַטְתִּי,
2 וּבָא נוֹגֵשׂ וְהִגְלַנִי   כִּי זָרִים עָבַדְתִּי,
3 וְיֵין רַעַל מָסַכְתִּי   כִּמְעַט שֶׁעָבַרְתִּי,
4 קֵץ בָּבֶל, זְרֻבָּבֶל,   לְקֵץ שִׁבְעִים נוֹשַׁעְתִּי.

5 **כְּרוֹת** קוֹמַת בְּרוֹשׁ בִּקֵּשׁ   אֲגָגִי בֶּן־הַמְּדָתָא,
6 וְנִהְיָתָה לּוֹ לְמוֹקֵשׁ   וְגַאֲוָתוֹ נִשְׁבָּתָה,
7 רֹאשׁ יְמִינִי נִשֵּׂאתָ   וְאוֹיֵב שְׁמוֹ מָחִיתָ,
8 רוֹב בָּנָיו וְקִנְיָנָיו   עַל הָעֵץ תָּלִיתָ.

9 **יְוָנִים** נִקְבְּצוּ עָלַי   אֲזַי בִּימֵי חַשְׁמַנִּים,
10 וּפָרְצוּ חוֹמוֹת מִגְדָּלַי   וְטִמְּאוּ כָּל הַשְּׁמָנִים,
11 וּמִנּוֹתַר קַנְקַנִּים   נַעֲשָׂה נֵס לַשּׁוֹשַׁנִּים,
12 בְּנֵי בִינָה יְמֵי שְׁמוֹנָה   קָבְעוּ שִׁיר וּרְנָנִים.

✦ Some people add the following verse:

13 **חֲשׂוֹף** זְרוֹעַ קָדְשֶׁךָ   וְקָרֵב יוֹם הַיְשׁוּעָה,
14 נְקוֹם נִקְמַת עֲבָדֶיךָ   מִמַּלְכוּת הָרְשָׁעָה,
15 כִּי אָרְכָה הַשָּׁעָה   וְאֵין קֵץ לִימֵי רָעָה,
16 דְּחֵה אַדְמוֹן בְּצֵל צַלְמוֹן   וְהָקֵם רוֹעִים שִׁבְעָה.

פּוּרִים

Purim

ⓘ We read the story of Purim in the evening and the morning, from מְגִלַּת אֶסְתֵּר, which is written on a parchment scroll. This is one of the חָמֵשׁ מְגִלּוֹת (Five Scrolls) which are part of the תְּנַ"ךְ (Hebrew Bible). You can follow the reading in a proper מְגִלָּה (a parchment scroll), a printed copy of מְגִלַּת אֶסְתֵּר or a תְּנַ"ךְ. Some חוּמָשִׁים include the Five Megillot.

✦ The person reading the מְגִלָּה says these בְּרָכוֹת before the מְגִלָּה is read. Stand and listen carefully to them.

בָּרוּךְ אַתָּה יהוה אֱלֹהֵינוּ מֶלֶךְ הָעוֹלָם, אֲשֶׁר קִדְּשָׁנוּ 1

בְּמִצְוֹתָיו, וְצִוָּנוּ עַל מִקְרָא מְגִלָּה. 2

▷ Blessed are You, Hashem our God, King of the universe, who has made us holy with His commandments and has instructed us about reading the Megillah.

בָּרוּךְ אַתָּה יהוה אֱלֹהֵינוּ מֶלֶךְ הָעוֹלָם, שֶׁעָשָׂה נִסִּים 3

לַאֲבוֹתֵינוּ, בַּיָּמִים הָהֵם בַּזְּמַן הַזֶּה. 4

▷ Blessed are You, Hashem our God, King of the universe, who performed miracles for our fathers in those days, at this time of the year.

בָּרוּךְ אַתָּה יהוה אֱלֹהֵינוּ מֶלֶךְ הָעוֹלָם, שֶׁהֶחֱיָנוּ וְקִיְּמָנוּ 5

וְהִגִּיעָנוּ לַזְּמַן הַזֶּה. 6

▷ Blessed are You, Hashem our God, King of the universe, who has kept us alive and supported us and helped us to reach this special time.

✦ Sit and listen carefully to the מְגִלָּה.

◆ After the מְגִלָּה is read with a מִנְיָן only the person reading the מְגִלָּה says this בְּרָכָה. Stand.

1   **בָּרוּךְ** אַתָּה יהוה אֱלֹהֵינוּ מֶלֶךְ הָעוֹלָם, הָרָב אֶת־רִיבֵנוּ,

2   וְהַדָּן אֶת־דִּינֵנוּ, וְהַנּוֹקֵם אֶת נִקְמָתֵנוּ, וְהַמְשַׁלֵּם גְּמוּל לְכָל־

3   אוֹיְבֵי נַפְשֵׁנוּ, וְהַנִּפְרָע לָנוּ מִצָּרֵינוּ. בָּרוּךְ אַתָּה יהוה, הַנִּפְרָע

4   לְעַמּוֹ יִשְׂרָאֵל מִכָּל־צָרֵיהֶם, הָאֵל הַמּוֹשִׁיעַ.

◆ After reading the מְגִלָּה we sing this song of celebration:

5   **שׁוֹשַׁנַּת יַעֲקֹב** צָהֲלָה וְשָׂמֵחָה, בִּרְאוֹתָם יַחַד תְּכֵלֶת

6   מָרְדְּכָי. תְּשׁוּעָתָם הָיִיתָ לָנֶצַח, וְתִקְוָתָם בְּכָל־דּוֹר וָדוֹר.

7   לְהוֹדִיעַ, שֶׁכָּל־קֹוֶיךָ לֹא יֵבשׁוּ, וְלֹא יִכָּלְמוּ לָנֶצַח כָּל־הַחוֹסִים

8   בָּךְ. אָרוּר הָמָן, אֲשֶׁר בִּקֵּשׁ לְאַבְּדִי, בָּרוּךְ מָרְדְּכַי הַיְּהוּדִי.

9   אֲרוּרָה זֶרֶשׁ, אֵשֶׁת מַפְחִידִי, בְּרוּכָה אֶסְתֵּר מְגִנָּה בַּעֲדִי,

10   וְגַם חַרְבוֹנָה זָכוּר לַטּוֹב.

Our Father our King, write our names in the Book of Pardon and Forgiveness.

Our Father our King, be merciful to us and answer us, for we have no good deeds of our own. Treat us with charity and kindness and save us.

✦ The אֲרוֹן הַקֹּדֶשׁ is closed.

✦ Now turn to קְרִיאַת הַתּוֹרה (pages 149-154).

Blowing the Shofar

ⓘ The שׁוֹפָר is not blown on שַׁבָּת.

▷ Master of the Universe, You have commanded us in Your holy Torah to blow the shofar, as we begin this solemn season of the year. The sound comes as Your messenger, telling us to think very carefully and mend our ways.

As we listen to it, help us to bring out all that is best in us, to try harder to do what is right and to show ourselves worthy to be part of a kingdom of priests and a Holy Nation.

If we are tempted to do anything wrong in the coming year, please let us remember this moment and recall the warning notes of the shofar, so that we can return to the right path. If we are tempted to go the wrong way, may its notes give us courage to remain true to You and Your will.

May this year that has just begun be a better year that any that have gone before it. May it make us stronger, wiser and more obedient and may it bring us closer to Your love.

◆ Stand and listen silently and very carefully to the בְּרָכוֹת and the sound of the Shofar.
After each בְּרָכָה, say אָמֵן.

1 **בָּרוּךְ** אַתָּה יְיָ אֱלֹהֵינוּ מֶלֶךְ הָעוֹלָם, אֲשֶׁר קִדְּשָׁנוּ בְּמִצְוֺתָיו,

2 וְצִוָּנוּ לִשְׁמוֹעַ קוֹל שׁוֹפָר.

3 **בָּרוּךְ** אַתָּה יְיָ אֱלֹהֵינוּ מֶלֶךְ הָעוֹלָם, שֶׁהֶחֱיָנוּ וְקִיְּמָנוּ

4 וְהִגִּיעָנוּ לַזְּמַן הַזֶּה.

◆ Only the person calling out the Shofar notes says these words:

5 תְּקִיעָה שְׁבָרִים תְּרוּעָה תְּקִיעָה

6 תְּקִיעָה שְׁבָרִים תְּרוּעָה תְּקִיעָה

7 תְּקִיעָה שְׁבָרִים תְּרוּעָה תְּקִיעָה

8 תְּקִיעָה שְׁבָרִים תְּקִיעָה

9 תְּקִיעָה שְׁבָרִים תְּקִיעָה

10 תְּקִיעָה שְׁבָרִים תְּקִיעָה

11 תְּקִיעָה תְּרוּעָה תְּקִיעָה

12 תְּקִיעָה תְּרוּעָה תְּקִיעָה

13 תְּקִיעָה תְּרוּעָה תְּקִיעָה גְדוֹלָה

מוּסָף עֲמִידָה
Musaf Amidah

◆ Say the first three paragraphs of the מוּסָף עֲמִידָה (pages 160-163).

וּנְתַנֶּה תֹּקֶף

ⓘ There is a famous story about a rabbi called Amnon, who lived in the German town of Mainz about one thousand years ago. He was a good friend of the Bishop of Mainz, who was the most important Christian in the city. Although they were friends, the bishop was always trying to convert Rabbi Amnon to be a Christian, which Rabbi Amnon, as a good and honest Jew, always refused, of course.

One day, the bishop got very angry with Rabbi Amnon and demanded that he convert to being a Christian. Rabbi Amnon asked for three days to think about it, but secretly he was just trying to see if his friend would change his mind. After three days, the bishop's soldiers brought Rabbi Amnon to him and the bishop, by now very angry indeed, demanded that he give an answer. Rabbi Amnon said that he would not convert. The bishop, who used to be his friend, told the soldiers to cut off Rabbi Amnon's feet one toe at a time, for not running back sooner. He then told them to cut off his hands, one finger at a time. Each time the soldiers would stop and the bishop would ask whether Rabbi Amnon would become a Christian, but each time Rabbi Amnon said "no". Rabbi Amnon was carried back home, horribly wounded and in terrible pain.

Three days later, it was Rosh Hashanah and Rabbi Amnon asked his friends to carry him into the synagogue. Just as the שְׁלִיחַ צִבּוּר, the prayer leader, was at this point in the service, Rabbi Amnon said "please stop, as I want to say a special prayer." When he got to the end of his prayer, the poor rabbi died.

This is a version of his prayer:

וּנְתַנֶּה תֹּקֶף קְדֻשַּׁת הַיּוֹם, כִּי הוּא נוֹרָא וְאָיוֹם: וּבוֹ 1

תִּנָּשֵׂא מַלְכוּתֶךָ, וְיִכּוֹן בְּחֶסֶד כִּסְאֶךָ, וְתֵשֵׁב עָלָיו בֶּאֱמֶת. 2

אֱמֶת כִּי אַתָּה הוּא דַיָּן וּמוֹכִיחַ, וְיוֹדֵעַ וָעֵד, וְכוֹתֵב וְחוֹתֵם, 3

וְסוֹפֵר וּמוֹנֶה, וְתִזְכּוֹר כָּל הַנִּשְׁכָּחוֹת: וְתִפְתַּח אֶת סֵפֶר 4

הַזִּכְרוֹנוֹת, וּמֵאֵלָיו יִקָּרֵא, וְחוֹתַם יַד כָּל אָדָם בּוֹ. וּבְשׁוֹפָר 5

גָּדוֹל יִתָּקַע, וְקוֹל דְּמָמָה דַקָּה יִשָּׁמַע: וּמַלְאָכִים יֵחָפֵזוּן, 6

וְחִיל וּרְעָדָה יֹאחֵזוּן, וְיֹאמְרוּ הִנֵּה יוֹם הַדִּין, לִפְקוֹד עַל צְבָא 7

מָרוֹם בַּדִּין, כִּי לֹא יִזְכּוּ בְעֵינֶיךָ בַּדִּין. וְכָל בָּאֵי עוֹלָם יַעַבְרוּן לְפָנֶיךָ כִּבְנֵי מָרוֹן. כְּבַקָּרַת רוֹעֶה עֶדְרוֹ, מַעֲבִיר צֹאנוֹ תַּחַת שִׁבְטוֹ, כֵּן תַּעֲבִיר וְתִסְפּוֹר וְתִמְנֶה, וְתִפְקוֹד נֶפֶשׁ כָּל חָי, וְתַחְתּוֹךְ קִצְבָה לְכָל בְּרִיָּה, וְתִכְתּוֹב אֶת גְּזַר דִּינָם.

בְּרֹאשׁ הַשָּׁנָה יִכָּתֵבוּן, וּבְיוֹם צוֹם כִּפּוּר יֵחָתֵמוּן, כַּמָּה יַעַבְרוּן, וְכַמָּה יִבָּרֵאוּן: מִי יִחְיֶה, וּמִי יָמוּת: מִי בְקִצּוֹ, וּמִי לֹא בְקִצּוֹ: מִי בָאֵשׁ, וּמִי בַמַּיִם: מִי בַחֶרֶב, וּמִי בַחַיָּה: מִי בָרָעָב, וּמִי בַצָּמָא: מִי בָרַעַשׁ, וּמִי בַמַּגֵּפָה: מִי בַחֲנִיקָה, וּמִי בִסְקִילָה: מִי יָנוּחַ, וּמִי יָנוּעַ: מִי יִשָּׁקֵט, וּמִי יִטָּרֵף: מִי יִשָּׁלֵו, וּמִי יִתְיַסָּר: מִי יֵעָנִי, וּמִי יֵעָשֵׁר: מִי יִשָּׁפֵל, וּמִי יָרוּם.

▷ Let us now speak about this very special day. You are like a King, sitting on a throne, but judging everyone with truth and kindness. It is as if You read about everyone's actions and write down what will happen to them in the next year. Like sheep, we pass in front of You, one by one, as if You were our shepherd, deciding what will happen to us.

On Rosh Hashanah the Book will be written and on Yom Kippur the Book will be closed. In it, it says how many people will be born and how many will die and how this will happen. Some people will drown, others will die in fires, some in earthquakes and some by diseases. Some people will stay at home and others will go on long journeys, some will have a quiet and happy year and others will have lots of troubles. Some people will become rich and others will lose all their money, some will have bad things said about them, but others will have very good things said about them.

וּתְשׁוּבָה וּתְפִלָּה וּצְדָקָה 1

מַעֲבִירִין אֶת רֹעַ הַגְּזֵרָה. 2

But Teshuvah, Tefillah and Tzedakah
can change the harsh decisions.

(i) By recognising the harm we have done to people, by praying that we should be better people and by giving charity, or helping other people, we can hope that Hashem will change these harsh decisions.

Teshuvah, Tefillah and Tzedakah mean repentance, prayer and acts of goodness and charity.

(i) There are three central themes to Rosh Hashanah. In Hebrew they are called Malchuyot, Zichronot and Shofarot, or 1. Hashem is our King, 2. Remembering past actions and 3. Hearing the sound of the shofar.

1. We imagine Hashem as a King, but not like today's kings and queens. Hashem is a ruler who decides everything, but always for the good of the whole world. On Rosh Hashanah He is deciding our futures.

2. When we try to remember things which we have done, sometimes there are good memories and sometimes bad ones. Sometimes we forget important things. But we believe that Hashem has a different sort of memory. He remembers everything which has ever happened and so, when He judges the world on Rosh Hashanah, He knows all that has happened that year.

3. The sound of the shofar is not like any other musical instrument. In fact, in ancient Israel, it was not blown for music, but as a battlefield alarm, a call to wake up. When soldiers would hear the shofar being blown, they knew that something important was about to happen. Today, when we hear the shofar, we too know that something important is about to happen. Rosh Hashanah is the Jewish New Year, the time to think about what we did last year and pray to do better next year.

מַלְכֻיּוֹת

◆ When we reach the words 'וַאֲנַחְנוּ כּוֹרְעִים וּמִשְׁתַּחֲוִים וּמוֹדִים' we bow down very low. In the adult service, some people will kneel down on the ground, as a special sign, recognising that they are in Hashem's presence. The יָמִים נוֹרָאִים are the only times in the year we kneel down in the synagogue, as a reminder of how we knelt down in the בֵּית הַמִּקְדָּשׁ.

1   **עָלֵינוּ** לְשַׁבֵּחַ לַאֲדוֹן הַכֹּל, לָתֵת גְּדֻלָּה לְיוֹצֵר בְּרֵאשִׁית,

2   שֶׁלֹּא עָשָׂנוּ כְּגוֹיֵי הָאֲרָצוֹת, וְלֹא שָׂמָנוּ כְּמִשְׁפְּחוֹת הָאֲדָמָה.

3   שֶׁלֹּא שָׂם חֶלְקֵנוּ כָּהֶם, וְגוֹרָלֵנוּ כְּכָל־הֲמוֹנָם. ˙וַאֲנַחְנוּ כּוֹרְעִים

4   וּמִשְׁתַּחֲוִים וּמוֹדִים, לִפְנֵי מֶלֶךְ מַלְכֵי הַמְּלָכִים הַקָּדוֹשׁ בָּרוּךְ

5   הוּא. שֶׁהוּא נוֹטֶה שָׁמַיִם וְיוֹסֵד אָרֶץ, וּמוֹשַׁב יְקָרוֹ בַּשָּׁמַיִם

6   מִמַּעַל, וּשְׁכִינַת עֻזּוֹ בְּגָבְהֵי מְרוֹמִים. הוּא אֱלֹהֵינוּ, אֵין עוֹד.

7   אֱמֶת מַלְכֵּנוּ, אֶפֶס זוּלָתוֹ, כַּכָּתוּב בְּתוֹרָתוֹ, וְיָדַעְתָּ הַיּוֹם

8   וַהֲשֵׁבֹתָ אֶל־לְבָבֶךָ, כִּי יהוה הוּא הָאֱלֹהִים בַּשָּׁמַיִם מִמַּעַל

9   וְעַל־הָאָרֶץ מִתָּחַת, אֵין עוֹד.

▷ It is our duty to praise Hashem, God of everything, who made us different from the other nations. We kneel and bow to Him and thank Him for being our true God and King, over all the universe, the One and Only.

We hope that we shall live to see all false gods and idols removed, when You are recognised as God by all the peoples of the Earth. Then everyone will keep Your laws and You will be King over Your perfect world for ever.

זִכְרוֹנוֹת

1 **אֱלֹהֵינוּ** וֵאלֹהֵי אֲבוֹתֵינוּ, זָכְרֵנוּ בְּזִכָּרוֹן טוֹב לְפָנֶיךָ,

2 וּפָקְדֵנוּ בִּפְקֻדַּת יְשׁוּעָה וְרַחֲמִים מִשְּׁמֵי שְׁמֵי קֶדֶם. וּזְכָר־

3 לָנוּ, יְהוָה אֱלֹהֵינוּ, אֶת הַבְּרִית וְאֶת הַחֶסֶד, וְאֶת הַשְּׁבוּעָה

4 אֲשֶׁר נִשְׁבַּעְתָּ לְאַבְרָהָם אָבִינוּ בְּהַר הַמּוֹרִיָּה. וְתֵרָאֶה לְפָנֶיךָ

5 עֲקֵדָה שֶׁעָקַד אַבְרָהָם אָבִינוּ אֶת יִצְחָק בְּנוֹ עַל גַּבֵּי הַמִּזְבֵּחַ,

6 וְכָבַשׁ רַחֲמָיו לַעֲשׂוֹת רְצוֹנְךָ בְּלֵבָב שָׁלֵם. כֵּן יִכְבְּשׁוּ רַחֲמֶיךָ

7 אֶת כַּעַסְךָ מֵעָלֵינוּ, וּבְטוּבְךָ הַגָּדוֹל יָשׁוּב חֲרוֹן אַפְּךָ מֵעַמְּךָ

8 וּמֵעִירְךָ וּמִנַּחֲלָתֶךָ. וְקַיֶּם־לָנוּ, יְהוָה אֱלֹהֵינוּ, אֶת הַדָּבָר

9 שֶׁהִבְטַחְתָּנוּ בְּתוֹרָתֶךָ, עַל יְדֵי מֹשֶׁה עַבְדֶּךָ, מִפִּי כְבוֹדֶךָ,

10 כָּאָמוּר: וְזָכַרְתִּי לָהֶם בְּרִית רִאשׁוֹנִים, אֲשֶׁר הוֹצֵאתִי אֹתָם

11 מֵאֶרֶץ מִצְרַיִם לְעֵינֵי הַגּוֹיִם לִהְיוֹת לָהֶם לֵאלֹהִים, אֲנִי יְהוָה.

12 כִּי זוֹכֵר כָּל הַנִּשְׁכָּחוֹת אַתָּה הוּא מֵעוֹלָם, וְאֵין שִׁכְחָה לִפְנֵי

13 כִּסֵּא כְבוֹדֶךָ. וַעֲקֵדַת יִצְחָק לְזַרְעוֹ הַיּוֹם בְּרַחֲמִים תִּזְכּוֹר.

14 בָּרוּךְ אַתָּה, יְהוָה, זוֹכֵר הַבְּרִית.

▷   Our God and God of our forefathers, let the thought of us be pleasing to You and save us from difficulties, with mercy from the oldest parts of the heavens. Remember, Hashem our God, Your everlasting agreement with our father Avraham, Your kindness to him and the promise You made to him on Mount Moriah. Remember how our father Avraham bound his son, Yitzchak, on the altar, overcoming his feelings of pity to perform Your will in all sincerity. So, please do not be angry with us and please let Your great kindness sweep aside Your anger with Your people, Your city Jerusalem and Your Land of Israel.

Keep Your promise which You made to us in Your Torah, written down by Your servant Moshe, in these wonderful words, 'I will remember, to their credit, the promise which I made to their ancestors, whom I freed from Egypt, for the whole world to see, to be their God: I am Hashem'. As you remember everything that has been forgotten, even since the beginning of time, with You there is no forgetting. Remember today the binding of Yitzchak, for the sake of his descendants. We bless You, Hashem, for remembering that agreement.

שׁוֹפָרוֹת

אֱלֹהֵינוּ וֵאלֹהֵי אֲבוֹתֵינוּ, תְּקַע בְּשׁוֹפָר גָּדוֹל לְחֵרוּתֵנוּ, וְשָׂא   1

נֵס לְקַבֵּץ גָּלֻיּוֹתֵנוּ וְקָרֵב פְּזוּרֵינוּ מִבֵּין הַגּוֹיִם, וּנְפוּצוֹתֵינוּ כַּנֵּס   2

מִיַּרְכְּתֵי אָרֶץ. וַהֲבִיאֵנוּ לְצִיּוֹן עִירְךָ בְּרִנָּה וְלִירוּשָׁלַיִם בֵּית   3

מִקְדָּשְׁךָ בְּשִׂמְחַת עוֹלָם וְשָׁם נַעֲשֶׂה לְפָנֶיךָ אֶת קָרְבְּנוֹת   4

חוֹבוֹתֵינוּ בְּתוֹרָתֶךָ עַל יְדֵי מֹשֶׁה עַבְדֶּךָ, מִפִּי כְבוֹדֶךָ.   5

▷   O God and God of our ancestors, sound the great shofar for our freedom, lift the banner to bring in our exiles who are scattered all over the world. Bring us to Zion Your city, to Jerusalem and Your Holy Temple, where we will be happy to make the offerings that we were told to do in Your Torah.

✦   Now contunue with אֵין כֵּאלֹהֵינוּ, page 174.

תַּשְׁלִיךְ
Tashlich

ⓘ On the afternoon of the first day of Rosh Hashanah (or, when it falls on Shabbat, on the second day), we usually go to the banks of a river, a lake or the sea and say the following, as if we are acting out the words in the biblical Book of Malachi 'He will throw into the depths of the sea all their bad deeds':

מִי אֵל כָּמוֹךָ נֹשֵׂא עָוֹן וְעֹבֵר עַל־פֶּשַׁע לִשְׁאֵרִית נַחֲלָתוֹ, 1

לֹא־הֶחֱזִיק לָעַד אַפּוֹ, כִּי־חָפֵץ חֶסֶד הוּא. יָשׁוּב יְרַחֲמֵנוּ 2

יִכְבֹּשׁ עֲוֹנֹתֵינוּ, וְתַשְׁלִיךְ בִּמְצֻלוֹת יָם כָּל־חַטֹּאתָם. תִּתֵּן אֱמֶת 3

לְיַעֲקֹב, חֶסֶד לְאַבְרָהָם, אֲשֶׁר־נִשְׁבַּעְתָּ לַאֲבֹתֵינוּ מִימֵי קֶדֶם. 4

▷ Who is a God like You? You forgive wrongdoing and overlook the sins of Your people. You do not stay angry for ever, because You delight in being kind. Once more You will show us tender affection and wash away our bad deeds. You will throw all their sins into the depths of the sea. You will be true to Yaakov, show lovingkindness to Avraham, as You promised to our fathers in days gone by.

(i) This Psalm describes our trust in God as we perform תַּשְׁלִיךְ.

שִׁיר הַמַּעֲלוֹת, מִמַּעֲמַקִּים קְרָאתִיךָ יהוה. אֲדֹנָי 1

שִׁמְעָה בְקוֹלִי, תִּהְיֶינָה אָזְנֶיךָ קַשֻּׁבוֹת לְקוֹל תַּחֲנוּנָי. אִם 2

עֲוֹנוֹת תִּשְׁמָר־יָהּ, אֲדֹנָי מִי יַעֲמֹד. כִּי עִמְּךָ הַסְּלִיחָה, לְמַעַן 3

תִּוָּרֵא. קִוִּיתִי יהוה קִוְּתָה נַפְשִׁי, וְלִדְבָרוֹ הוֹחָלְתִּי. נַפְשִׁי 4

לַיהוה, מִשֹּׁמְרִים לַבֹּקֶר, שֹׁמְרִים לַבֹּקֶר. יַחֵל יִשְׂרָאֵל אֶל 5

יהוה, כִּי־עִם־יהוה הַחֶסֶד, וְהַרְבֵּה עִמּוֹ פְדוּת. וְהוּא יִפְדֶּה 6

אֶת יִשְׂרָאֵל, מִכֹּל עֲוֹנוֹתָיו. 7

▷ In my distress I called on Hashem. Hashem answered me and set me free.
Hashem is with me, I will not be afraid. What can anyone do to me? Hashem
is with me. He is my Helper. I will see my enemies' downfall. It is better to
take refuge in Hashem than to rely on people. It is better to take refuge in
Hashem than to trust important people on Earth.

(i) If you are unable to say תַּשְׁלִיךְ on רֹאשׁ הַשָּׁנָה it may be said until הוֹשַׁעְנָה רַבָּה.

יוֹם כִּפּוּר
Yom Kippur

ⓘ יוֹם כִּפּוּר is the most important day in the Jewish year. We think about being truly sorry for things we have done wrong and promise not to do them again.

◆ Shacharit for יוֹם כִּפּוּר is the same as on רֹאשׁ הַשָּׁנָה (p 216-217). Now turn to קְרִיאַת הַתּוֹרָה (pages 149-159).

מוּסָף עֲמִידָה
Musaf Amidah

◆ Say the first three paragraphs of the מוּסָף עֲמִידָה (pages 160-163) then turn to וּנְתַנֶּה תֹּקֶף which can be found on pages 221-223.

סֵדֶר הָעֲבוֹדָה

ⓘ Thousands of years ago, when the Temple in Jerusalem stood, there were very special preparations for Yom Kippur every year.

The people flocked to the courtyards of the Temple. Special offerings were made to Hashem by the Kohen Gadol, the High Priest. He went three times into the holiest part of the Temple, called the Holy of Holies. The first time, just to pray for forgiveness for his own sins and the second time for the sins of his family. Only then was he able to pray for all the Jewish People. He was dressed in a pure white robe. When he prayed aloud for Hashem to forgive His people, the people would listen carefully and in complete silence. As he prayed for them, their thoughts would go up to Hashem as well.

1   **וְכַךְ** הָיָה אוֹמֵר: אָנָּא הַשֵּׁם, חָטָאתִי, עָוִיתִי, פָּשַׁעְתִּי

2   לְפָנֶיךָ אֲנִי וּבֵיתִי. אָנָּא בַשֵּׁם, כַּפֶּר נָא לַחֲטָאִים, וְלָעֲוֹנוֹת

3   וְלַפְּשָׁעִים, שֶׁחָטָאתִי וְשֶׁעָוִיתִי, וְשֶׁפָּשַׁעְתִּי לְפָנֶיךָ אֲנִי

4   וּבֵיתִי, כַּכָּתוּב בְּתוֹרַת מֹשֶׁה עַבְדֶּךָ מִפִּי כְבוֹדֶךָ: כִּי בַיּוֹם הַזֶּה

5   יְכַפֵּר עֲלֵיכֶם לְטַהֵר אֶתְכֶם, מִכֹּל חַטֹּאתֵיכֶם לִפְנֵי יהוה-

▷ This is what he said: "I beg You, Hashem, I have made mistakes, done wrong and sinned on purpose; me, my family and all Your people Israel. Please, Hashem, forgive the mistakes, wrongdoing and sins which I, my family and all Your people Israel have done. As it is written in the Torah of your servant Moshe: 'Because today Hashem will forgive you and cleanse you of all your sins before Hashem."

וְהַכֹּהֲנִים וְהָעָם הָעוֹמְדִים בָּעֲזָרָה, 1

כְּשֶׁהָיוּ שׁוֹמְעִים אֶת הַשֵּׁם הַנִּכְבָּד 2

וְהַנּוֹרָא, מְפֹרָשׁ יוֹצֵא מִפִּי כֹּהֵן גָּדוֹל 3

בִּקְדֻשָּׁה וּבְטַהֲרָה, הָיוּ כּוֹרְעִים 4

וּמִשְׁתַּחֲוִים וּמוֹדִים וְנוֹפְלִים עַל 5

פְּנֵיהֶם, וְאוֹמְרִים: בָּרוּךְ שֵׁם כְּבוֹד 6

מַלְכוּתוֹ לְעוֹלָם וָעֶד. 7

▷ So when the priests and the people who stood in the Temple courtyard heard the special and mystical name of Hashem coming out of the mouth of the Kohen Gadol, the High Priest, they would kneel down to the ground and praise Hashem, saying: "Blessed be the name of His glorious kingdom for ever and ever".

וְיוֹם טוֹב הָיָה עוֹשֶׂה כֹּהֵן גָּדוֹל לְכָל אוֹהֲבָיו, כְּשֶׁנִּכְנַס 8

בְּשָׁלוֹם וְיָצָא בְּשָׁלוֹם בְּלִי פֶגַע. וְכַךְ הָיְתָה תְּפִלָּתוֹ שֶׁל כֹּהֵן 9

גָּדוֹל בְּיוֹם הַכִּפּוּרִים, בְּצֵאתוֹ מִבֵּית קֹדֶשׁ הַקֳּדָשִׁים בְּשָׁלוֹם 10

בְּלִי פֶגַע: 11

▷ When the Kohen Gadol left the Holy of Holies, the most sacred part of the Temple, without injury, as he had faithfully carried out the service, he said a special prayer:

יְהִי רָצוֹן מִלְּפָנֶיךָ, יְיָ אֱלֹהֵינוּ וֵאלֹהֵי אֲבוֹתֵינוּ, שֶׁתְּהֵא הַשָּׁנָה הַזֹּאת הַבָּאָה עָלֵינוּ, וְעַל כָּל עַמְּךָ בֵּית יִשְׂרָאֵל, שְׁנַת אֹסֶם, שְׁנַת בְּרָכָה, שְׁנַת גְּזֵרוֹת טוֹבוֹת מִלְּפָנֶיךָ, שְׁנַת דָּגָן תִּירוֹשׁ וְיִצְהָר, שְׁנַת הַרְוָחָה וְהַצְלָחָה, שְׁנַת וִעוּד בֵּית מִקְדָּשֶׁךָ, שְׁנַת זוֹל, שְׁנַת חַיִּים טוֹבִים מִלְּפָנֶיךָ, שָׁנָה טְלוּלָה וּגְשׁוּמָה אִם שְׁחוּנָה, שְׁנַת יַמְתִּיקוּ מְגָדִים אֶת תְּנוּבָתָם, שְׁנַת כַּפָּרָה עַל כָּל עֲוֹנוֹתֵינוּ, שְׁנַת לַחְמֵנוּ וּמֵימֵינוּ תְּבָרֵךְ, שְׁנַת מַשָּׂא וּמַתָּן, שְׁנַת נָבוֹא לְבֵית מִקְדָּשֵׁנוּ, שְׁנַת שֹׂבַע, שְׁנַת עֹנֶג, שְׁנַת פְּרִי בִטְנֵנוּ וּפְרִי אַדְמָתֵנוּ תְּבָרֵךְ, שְׁנַת צֵאתֵנוּ וּבוֹאֵנוּ תְּבָרֵךְ, שְׁנַת קְהָלֵנוּ תוֹשִׁיעַ, שְׁנַת רַחֲמֶיךָ יִכָּמְרוּ עָלֵינוּ, שְׁנַת שָׁלוֹם וְשַׁלְוָה, שָׁנָה שֶׁתַּעֲלֵנוּ שְׂמֵחִים לְאַרְצֵנוּ, שְׁנַת אוֹצָרְךָ הַטּוֹב תִּפְתַּח לָנוּ, שָׁנָה שֶׁלֹּא יִצְטָרְכוּ עַמְּךָ בֵּית יִשְׂרָאֵל זֶה לָזֶה וְלֹא לְעַם אַחֵר בְּתִתְּךָ בְרָכָה בְּמַעֲשֵׂה יְדֵיהֶם.

▷ May it be Your will, Hashem, the God of our forefathers, that this year ahead should be a year of blessings, of good harvests, sufficient rain and dew and plenty of food and drink, a year when we can all travel safely to Jerusalem, when prices will be affordable for everyone and when businesses will be successful, a year when babies will be born safely and when our community will be secure and we can live in peace, a year when we do not have to rely on others to help us because You bless everything we do.

וִדּוּי
Confession

(i) Just as we have to apologise to somebody when we have done something wrong, so we take time on יוֹם כִּפּוּר to apologise to God for the things we have done wrong during the past year. There are several parts to apologising, such as: being truly sorry, promising not to do it again, confessing and admitting it before God.

✦ As you say this special prayer, stand with your head bowed.
You should say the words carefully.
As you say each line, gently strike the left side of your chest, near your heart, with your right fist, to remind your heart to feel bad about committing sins.

1   אָשַׁמְנוּ, בָּגַדְנוּ, גָּזַלְנוּ, דִּבַּרְנוּ דֹפִי. הֶעֱוִינוּ, וְהִרְשַׁעְנוּ,

2   זַדְנוּ, חָמַסְנוּ, טָפַלְנוּ שֶׁקֶר. יָעַצְנוּ רַע, כִּזַּבְנוּ, לַצְנוּ, מָרַדְנוּ,

3   נִאַצְנוּ, סָרַרְנוּ, עָוִינוּ, פָּשַׁעְנוּ, צָרַרְנוּ, קִשִּׁינוּ עֹרֶף. רָשַׁעְנוּ,

4   שִׁחַתְנוּ, תִּעַבְנוּ, תָּעִינוּ, תִּעְתָּעְנוּ.

▷ We are guilty of giving away secrets, of stealing, telling tales and of being horrid, vicious and spiteful. We have been bullies, liars and bad friends. We have broken promises, joked about important things, been disobedient and got others into trouble.

We have been irresponsible, rude and rebellious. We have hurt other people and have been stubborn, sinful and spoilt. We have sworn, sinned and led other people to sin.

עַל חֵטְא

Al Chet

To commit a sin is to do something wrong. This prayer lists different types of sins, making us think why they are wrong.

✦ As you say this special prayer, stand with your head bowed.
You should say the words carefully.
As you say each line, gently strike the left side of your chest, near your heart, with your right fist, to remind your heart to feel bad about committing sins.

1 **עַל חֵטְא** שֶׁחָטָאנוּ לְפָנֶיךָ בְּאִמּוּץ הַלֵּב.
2 עַל חֵטְא שֶׁחָטָאנוּ לְפָנֶיךָ בִּבְלִי דָעַת,
3 וְעַל חֵטְא שֶׁחָטָאנוּ לְפָנֶיךָ בְּגָלוּי וּבַסָּתֶר.
4 עַל חֵטְא שֶׁחָטָאנוּ לְפָנֶיךָ בְּדַעַת וּבְמִרְמָה,
5 וְעַל חֵטְא שֶׁחָטָאנוּ לְפָנֶיךָ בְּדִבּוּר פֶּה.
6 וְעַל חֵטְא שֶׁחָטָאנוּ לְפָנֶיךָ בְּהַרְהוֹר הַלֵּב.
7 עַל חֵטְא שֶׁחָטָאנוּ לְפָנֶיךָ בְּזִלְזוּל הוֹרִים וּמוֹרִים,
8 וְעַל חֵטְא שֶׁחָטָאנוּ לְפָנֶיךָ בְּחִלּוּל הַשֵּׁם.
9 עַל חֵטְא שֶׁחָטָאנוּ לְפָנֶיךָ בְּטֻמְאַת שְׂפָתָיִם,
10 עַל חֵטְא שֶׁחָטָאנוּ לְפָנֶיךָ בְּכַחַשׁ וּבְכָזָב,
11 וְעַל חֵטְא שֶׁחָטָאנוּ לְפָנֶיךָ בִּנְטִיַּת גָּרוֹן.
12 וְעַל חֵטְא שֶׁחָטָאנוּ לְפָנֶיךָ בִּרְכִילוּת.
13 וְעַל חֵטְא שֶׁחָטָאנוּ לְפָנֶיךָ בְּשִׂנְאַת חִנָּם.

14 וְעַל חֲטָאִים שֶׁאָנוּ חַיָּבִים עֲלֵיהֶם עוֹלָה.
15 וְעַל חֲטָאִים שֶׁאָנוּ חַיָּבִים עֲלֵיהֶם חַטָּאת.

1. וְעַל חֲטָאִים שֶׁאָנוּ חַיָּבִים עֲלֵיהֶם קׇרְבָּן עוֹלֶה וְיוֹרֵד.

2. וְעַל חֲטָאִים שֶׁאָנוּ חַיָּבִים עֲלֵיהֶם אָשָׁם וַדַּאי וְתָלוּי.

3. וְעַל חֲטָאִים שֶׁאָנוּ חַיָּבִים עֲלֵיהֶם מַכַּת מַרְדּוּת.

4. וְעַל חֲטָאִים שֶׁאָנוּ חַיָּבִים עֲלֵיהֶם מַלְקוּת אַרְבָּעִים.

5. וְעַל חֲטָאִים שֶׁאָנוּ חַיָּבִים עֲלֵיהֶם מִיתָה בִּידֵי שָׁמָיִם.

6. וְעַל חֲטָאִים שֶׁאָנוּ חַיָּבִים עֲלֵיהֶם כָּרֵת וַעֲרִירִי.

7. **וְעַל כֻּלָּם, אֱלוֹהַּ סְלִיחוֹת, סְלַח לָנוּ, מְחַל לָנוּ, כַּפֶּר-לָנוּ.**

▷ For the sin of stubbornness which we have committed, for the sin of not caring, for the sin of doing awful things openly and in secret, deliberately and dishonestly.

For the sin we have committed in our hearts, for the sin of hating our parents and teachers, for the sin of being foul mouthed and of telling lies.

For the sin of being too proud, for the sin of rushing to do vicious acts, for the sin of telling tales and for the sin of hating people for no reason.

And for the sins for which we used to bring different types of offerings in the Temple, even if we were only partly to blame, and for the sins which can only be punished by God directly.

For all of them, O God of forgiveness, forgive us, pardon us and accept our apologies.

כִּי אָֽנוּ עַמֶּֽךָ, וְאַתָּה אֱלֹהֵֽינוּ; אָֽנוּ בָנֶֽיךָ וְאַתָּה אָבִֽינוּ.
אָֽנוּ עֲבָדֶֽיךָ, וְאַתָּה אֲדוֹנֵֽנוּ; אָֽנוּ קְהָלֶֽךָ, וְאַתָּה חֶלְקֵֽנוּ.
אָֽנוּ נַחֲלָתֶֽךָ, וְאַתָּה גוֹרָלֵֽנוּ; אָֽנוּ צֹאנֶֽךָ, וְאַתָּה רוֹעֵֽנוּ.
אָֽנוּ כַרְמֶֽךָ, וְאַתָּה נוֹטְרֵֽנוּ; אָֽנוּ פְעֻלָּתֶֽךָ, וְאַתָּה יוֹצְרֵֽנוּ.
אָֽנוּ רַעְיָתֶֽךָ, וְאַתָּה דוֹדֵֽנוּ; אָֽנוּ סְגֻלָּתֶֽךָ, וְאַתָּה אֱלֹהֵֽינוּ.
אָֽנוּ עַמֶּֽךָ, וְאַתָּה מַלְכֵּֽנוּ; אָֽנוּ מַאֲמִירֶֽיךָ, וְאַתָּה מַאֲמִירֵֽנוּ.

▷ For we are Your people and You are our God, We are Your children and You are our Father.

We are Your servants and You are our Master, we are Your community and You are our Chosen One.

We are Your inheritance and You are our destiny, we are Your flock and You are our Shepherd.

We are Your vineyard and You are our Watchman, we are Your creatures and You are our Creator.

We are Your friend and You love us, we are Your treasure and You are our God.

We are Your people and You are our King, we are Your selected and You are our selected.

אָֽנוּ עַזֵּי פָנִים, וְאַתָּה רַחוּם וְחַנּוּן; אָֽנוּ קְשֵׁי עֹֽרֶף וְאַתָּה אֶֽרֶךְ אַפַּיִם; אָֽנוּ מְלֵאֵי עָוֹן, וְאַתָּה מָלֵא רַחֲמִים; אָֽנוּ יָמֵֽינוּ כְּצֵל עוֹבֵר, וְאַתָּה הוּא וּשְׁנוֹתֶֽיךָ לֹא יִתָּֽמּוּ.

✦ Now contunue with אֵין כֵּאלֹהֵֽינוּ, page 174.

ⓘ With each of the following בְּרָכוֹת (blessings) we thank God for a particular gift or for the opportunity to improve our lives by performing a מִצְוָה (commandment).

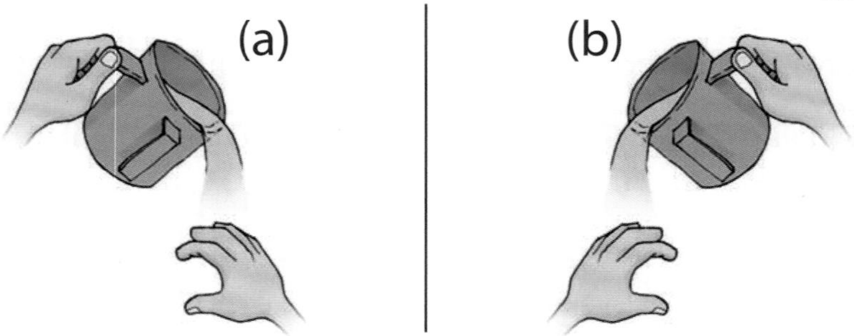

בְּרָכוֹת
Blessings

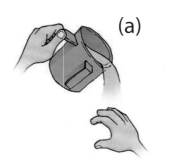 (a)

(b)

ⓘ Whenever we eat bread, we wash our hands in a special way.

◆ First make sure your hands are properly clean.
Pour water from a container over your right hand up to the wrist (a).
Now pour water over your left hand up to the wrist (b).
Pour water over each hand again.

◆ Slightly raise both hands and say this בְּרָכָה:

1   בָּרוּךְ אַתָּה יהוה אֱלֹהֵינוּ מֶלֶךְ הָעוֹלָם, אֲשֶׁר קִדְּשָׁנוּ

2   בְּמִצְוֹתָיו וְצִוָּנוּ עַל נְטִילַת יָדָיִם.

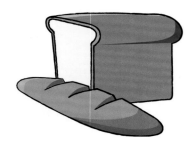

◆ Dry your hands and be careful not to speak until after you have eaten your first piece of bread.

◆ Then say this בְּרָכָה before eating bread:

3   בָּרוּךְ אַתָּה יהוה אֱלֹהֵינוּ מֶלֶךְ

4   הָעוֹלָם, הַמּוֹצִיא לֶחֶם מִן הָאָרֶץ.

◆ When you have finished eating, say בִּרְכַּת הַמָּזוֹן, which follows.
If you are eating food other than bread - even if it is a full meal - say the special בְּרָכָה before each kind of food or drink (page 247). When you have finished eating or drinking, say the correct בְּרָכָה (pages 248-250)

בִּרְכַּת הַמָּזוֹן
Grace After Meals

◆ After eating bread (or matzah) we say בִּרְכַּת הַמָּזוֹן. In it, we thank God for the food and Land of Israel.
On Shabbat or Yom Tov we sing שִׁיר הַמַּעֲלוֹת before בִּרְכַּת הַמָּזוֹן.

ⓘ We sing שִׁיר הַמַּעֲלוֹת (Psalm 126) as a joyous song for these special days.

1 **שִׁיר הַמַּעֲלוֹת,** בְּשׁוּב יהוה אֶת־שִׁיבַת צִיּוֹן הָיִינוּ

2 כְּחֹלְמִים. אָז יִמָּלֵא שְׂחוֹק פִּינוּ, וּלְשׁוֹנֵנוּ רִנָּה, אָז יֹאמְרוּ

3 בַגּוֹיִם, הִגְדִּיל יהוה לַעֲשׂוֹת עִם־אֵלֶּה. הִגְדִּיל יהוה לַעֲשׂוֹת

4 עִמָּנוּ, הָיִינוּ שְׂמֵחִים. שׁוּבָה יהוה אֶת־שְׁבִיתֵנוּ, כַּאֲפִיקִים

5 בַּנֶּגֶב. הַזֹּרְעִים בְּדִמְעָה בְּרִנָּה יִקְצֹרוּ. הָלוֹךְ יֵלֵךְ וּבָכֹה נֹשֵׂא

6 מֶשֶׁךְ־הַזָּרַע, בֹּא־יָבוֹא בְרִנָּה נֹשֵׂא אֲלֻמֹּתָיו.

7 תְּהִלַּת יהוה יְדַבֶּר פִּי, וִיבָרֵךְ כָּל־בָּשָׂר שֵׁם קָדְשׁוֹ לְעוֹלָם

8 וָעֶד. וַאֲנַחְנוּ נְבָרֵךְ יָהּ, מֵעַתָּה וְעַד־עוֹלָם, הַלְלוּיָהּ.

9 הוֹדוּ לַיהוה כִּי־טוֹב, כִּי לְעוֹלָם חַסְדּוֹ. מִי יְמַלֵּל גְּבוּרוֹת

10 יהוה, יַשְׁמִיעַ כָּל־תְּהִלָּתוֹ.

When there are three or more males, aged 13 or over, בִּרְכַּת הַמָּזוֹן is introduced by an invitation to bless God. This is known as זִמּוּן.

When there are three or more females over the age of 12 present with no males present, they say חֲבֵרוֹתַי instead of רַבּוֹתַי for their זִמּוּן.

Invitation

✦ Leader:

רַבּוֹתַי / חֲבֵרוֹתַי נְבָרֵךְ.

✦ Everyone:

יְהִי שֵׁם יהוה מְבֹרָךְ מֵעַתָּה וְעַד־עוֹלָם.

✦ Leader: (If there is a minyan, add אֱלֹהֵינוּ)

יְהִי שֵׁם יהוה מְבֹרָךְ מֵעַתָּה וְעַד־עוֹלָם.

בִּרְשׁוּת רַבּוֹתַי / חֲבֵרוֹתַי, נְבָרֵךְ (אֱלֹהֵינוּ) שֶׁאָכַלְנוּ מִשֶּׁלּוֹ.

✦ Everyone:

בָּרוּךְ (אֱלֹהֵינוּ) שֶׁאָכַלְנוּ מִשֶּׁלּוֹ וּבְטוּבוֹ חָיִינוּ.

✦ If you have not eaten the meal, you say: (If there is a minyan, add אֱלֹהֵינוּ)

בָּרוּךְ (אֱלֹהֵינוּ) וּמְבֹרָךְ שְׁמוֹ תָּמִיד לְעוֹלָם וָעֶד.

✦ Everyone:

בָּרוּךְ (אֱלֹהֵינוּ) שֶׁאָכַלְנוּ מִשֶּׁלּוֹ וּבְטוּבוֹ חָיִינוּ.

בָּרוּךְ הוּא וּבָרוּךְ שְׁמוֹ.

Thanking God for food

בָּרוּךְ אַתָּה יהוה אֱלֹהֵינוּ מֶלֶךְ הָעוֹלָם, הַזָּן אֶת־הָעוֹלָם כֻּלּוֹ, בְּטוּבוֹ, בְּחֵן בְּחֶסֶד וּבְרַחֲמִים, הוּא נוֹתֵן לֶחֶם לְכָל־בָּשָׂר, כִּי לְעוֹלָם חַסְדּוֹ. וּבְטוּבוֹ הַגָּדוֹל, תָּמִיד לֹא־חָסַר לָנוּ, וְאַל יֶחְסַר־לָנוּ מָזוֹן לְעוֹלָם וָעֶד. בַּעֲבוּר שְׁמוֹ הַגָּדוֹל, כִּי

הוּא זָן וּמְפַרְנֵס לַכֹּל, וּמֵטִיב לַכֹּל, וּמֵכִין מָזוֹן לְכָל־בְּרִיּוֹתָיו אֲשֶׁר בָּרָא. בָּרוּךְ אַתָּה יהוה, הַזָּן אֶת־הַכֹּל.

▷ Blessed are You, Hashem our God, King of the Universe, who, with kindness, goodness and mercy, feeds the whole world. Through Your great kindness, we have never been without food, and may we never starve. You are God, who feeds and cares for all the creatures that You have created. Blessed are You, Hashem, who provides food for all.

Thanking God for the Land of Israel

נוֹדֶה לְּךָ יהוה אֱלֹהֵינוּ, עַל שֶׁהִנְחַלְתָּ לַאֲבוֹתֵינוּ אֶרֶץ חֶמְדָּה טוֹבָה וּרְחָבָה. וְעַל שֶׁהוֹצֵאתָנוּ יהוה אֱלֹהֵינוּ מֵאֶרֶץ מִצְרַיִם, וּפְדִיתָנוּ מִבֵּית עֲבָדִים, וְעַל בְּרִיתְךָ שֶׁחָתַמְתָּ בִּבְשָׂרֵנוּ, וְעַל תּוֹרָתְךָ שֶׁלִּמַּדְתָּנוּ, וְעַל חֻקֶּיךָ שֶׁהוֹדַעְתָּנוּ, וְעַל חַיִּים חֵן וָחֶסֶד שֶׁחוֹנַנְתָּנוּ, וְעַל אֲכִילַת מָזוֹן שָׁאַתָּה זָן וּמְפַרְנֵס אוֹתָנוּ תָּמִיד, בְּכָל־יוֹם וּבְכָל־עֵת וּבְכָל־שָׁעָה.

▷ We thank You, Hashem, for granting our fathers such a precious and spacious land as a gift; for bringing us from Egypt and freeing us from slavery; for Brit Milah; for Your Torah and Your laws; for the kindness and mercy with which You feed and care for us every day, every season and every hour.

✦ A special prayer for חֲנֻכָּה:

עַל הַנִּסִּים, וְעַל הַפֻּרְקָן, וְעַל הַגְּבוּרוֹת, וְעַל הַתְּשׁוּעוֹת, וְעַל הַמִּלְחָמוֹת, שֶׁעָשִׂיתָ לַאֲבוֹתֵינוּ בַּיָּמִים הָהֵם בַּזְּמַן הַזֶּה.

בִּימֵי מַתִּתְיָהוּ בֶּן־יוֹחָנָן כֹּהֵן גָּדוֹל חַשְׁמוֹנַאי וּבָנָיו, כְּשֶׁעָמְדָה מַלְכוּת יָוָן הָרְשָׁעָה עַל־עַמְּךָ יִשְׂרָאֵל, לְהַשְׁכִּיחָם תּוֹרָתֶךָ, וּלְהַעֲבִירָם מֵחֻקֵּי רְצוֹנֶךָ. וְאַתָּה בְּרַחֲמֶיךָ הָרַבִּים, עָמַדְתָּ לָהֶם בְּעֵת צָרָתָם, רַבְתָּ אֶת־רִיבָם, דַּנְתָּ אֶת־דִּינָם, נָקַמְתָּ אֶת־

נִקְמָתָם. מָסַרְתָּ גִבּוֹרִים בְּיַד חַלָּשִׁים, וְרַבִּים בְּיַד מְעַטִּים,

וּטְמֵאִים בְּיַד טְהוֹרִים, וּרְשָׁעִים בְּיַד צַדִּיקִים, וְזֵדִים בְּיַד

עוֹסְקֵי תוֹרָתֶךָ. וּלְךָ עָשִׂיתָ שֵׁם גָּדוֹל וְקָדוֹשׁ בְּעוֹלָמֶךָ, וּלְעַמְּךָ

יִשְׂרָאֵל עָשִׂיתָ תְּשׁוּעָה גְדוֹלָה וּפֻרְקָן כְּהַיּוֹם הַזֶּה. וְאַחַר כֵּן

בָּאוּ בָנֶיךָ לִדְבִיר בֵּיתֶךָ, וּפִנּוּ אֶת־הֵיכָלֶךָ, וְטִהֲרוּ אֶת־מִקְדָּשֶׁךָ,

וְהִדְלִיקוּ נֵרוֹת בְּחַצְרוֹת קָדְשֶׁךָ, וְקָבְעוּ שְׁמוֹנַת יְמֵי חֲנֻכָּה

אֵלּוּ, לְהוֹדוֹת וּלְהַלֵּל לְשִׁמְךָ הַגָּדוֹל.

◆ A special prayer for פּוּרִים:

עַל הַנִּסִּים, וְעַל הַפֻּרְקָן, וְעַל הַגְּבוּרוֹת, וְעַל הַתְּשׁוּעוֹת,

וְעַל הַמִּלְחָמוֹת, שֶׁעָשִׂיתָ לַאֲבוֹתֵינוּ בַּיָּמִים הָהֵם בַּזְּמַן הַזֶּה.

בִּימֵי מָרְדְּכַי וְאֶסְתֵּר בְּשׁוּשַׁן הַבִּירָה, כְּשֶׁעָמַד עֲלֵיהֶם הָמָן

הָרָשָׁע, בִּקֵּשׁ לְהַשְׁמִיד לַהֲרוֹג וּלְאַבֵּד אֶת־כָּל־הַיְּהוּדִים,

מִנַּעַר וְעַד זָקֵן, טַף וְנָשִׁים, בְּיוֹם אֶחָד, בִּשְׁלוֹשָׁה־עָשָׂר

לְחֹדֶשׁ שְׁנֵים־עָשָׂר, הוּא־חֹדֶשׁ אֲדָר, וּשְׁלָלָם לָבוֹז. וְאַתָּה

בְּרַחֲמֶיךָ הָרַבִּים הֵפַרְתָּ אֶת־עֲצָתוֹ, וְקִלְקַלְתָּ אֶת־מַחֲשַׁבְתּוֹ,

וַהֲשֵׁבוֹתָ גְּמוּלוֹ בְּרֹאשׁוֹ, וְתָלוּ אוֹתוֹ וְאֶת־בָּנָיו עַל־הָעֵץ.

וְעַל הַכֹּל יהוה אֱלֹהֵינוּ אֲנַחְנוּ מוֹדִים לָךְ, וּמְבָרְכִים

אוֹתָךְ, יִתְבָּרַךְ שִׁמְךָ בְּפִי כָּל־חַי תָּמִיד לְעוֹלָם וָעֶד. כַּכָּתוּב,

וְאָכַלְתָּ וְשָׂבָעְתָּ, וּבֵרַכְתָּ אֶת־יהוה אֱלֹהֶיךָ, עַל־הָאָרֶץ הַטֹּבָה

אֲשֶׁר־נָתַן לָךְ. בָּרוּךְ אַתָּה יהוה, עַל־הָאָרֶץ וְעַל־הַמָּזוֹן.

Thanking God for Jerusalem

1 **רַחֵם** יהוה אֱלֹהֵינוּ עַל־יִשְׂרָאֵל עַמֶּךָ, וְעַל־יְרוּשָׁלַיִם עִירֶךָ,

2 וְעַל־צִיּוֹן מִשְׁכַּן כְּבוֹדֶךָ, וְעַל־מַלְכוּת בֵּית דָּוִד מְשִׁיחֶךָ,

3 וְעַל־הַבַּיִת הַגָּדוֹל וְהַקָּדוֹשׁ שֶׁנִּקְרָא שִׁמְךָ עָלָיו. אֱלֹהֵינוּ

4 אָבִינוּ רְעֵנוּ זוּנֵנוּ פַּרְנְסֵנוּ וְכַלְכְּלֵנוּ וְהַרְוִיחֵנוּ, וְהַרְוַח־לָנוּ

5 יהוה אֱלֹהֵינוּ מְהֵרָה מִכָּל־צָרוֹתֵינוּ. וְנָא אַל־תַּצְרִיכֵנוּ יהוה

6 אֱלֹהֵינוּ, לֹא לִידֵי מַתְּנַת בָּשָׂר־וָדָם, וְלֹא לִידֵי הַלְוָאָתָם, כִּי

7 אִם לְיָדְךָ הַמְּלֵאָה הַפְּתוּחָה הַקְּדוֹשָׁה וְהָרְחָבָה, שֶׁלֹּא נֵבוֹשׁ

8 וְלֹא נִכָּלֵם לְעוֹלָם וָעֶד.

✦ A special prayer for שַׁבָּת:

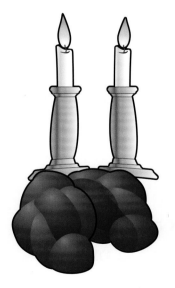

9 **רְצֵה** וְהַחֲלִיצֵנוּ יהוה אֱלֹהֵינוּ

10 בְּמִצְוֹתֶיךָ, וּבְמִצְוַת יוֹם הַשְּׁבִיעִי הַשַּׁבָּת

11 הַגָּדוֹל וְהַקָּדוֹשׁ הַזֶּה, כִּי יוֹם זֶה גָּדוֹל

12 וְקָדוֹשׁ הוּא לְפָנֶיךָ, לִשְׁבָּת־בּוֹ וְלָנוּחַ בּוֹ

13 בְּאַהֲבָה כְּמִצְוַת רְצוֹנֶךָ, בִּרְצוֹנְךָ הָנִיחַ

14 לָנוּ יהוה אֱלֹהֵינוּ, שֶׁלֹּא תְהִי צָרָה וְיָגוֹן

15 וַאֲנָחָה בְּיוֹם מְנוּחָתֵנוּ, וְהַרְאֵנוּ יהוה

16 אֱלֹהֵינוּ בְּנֶחָמַת צִיּוֹן עִירֶךָ, וּבְבִנְיַן

17 יְרוּשָׁלַיִם עִיר קָדְשֶׁךָ, כִּי אַתָּה הוּא בַּעַל

18 הַיְשׁוּעוֹת וּבַעַל הַנֶּחָמוֹת.

✦ This extra prayer, called 'יַעֲלֶה וְיָבֹא', is said on רֹאשׁ חֹדֶשׁ, יוֹם טוֹב and חוֹל הַמּוֹעֵד.
We ask God to remember us especially at these times.

אֱלֹהֵֽינוּ וֵאלֹהֵי אֲבוֹתֵֽינוּ, יַעֲלֶה, וְיָבֹא, וְיַגִּֽיעַ, וְיֵרָאֶה, וְיֵרָצֶה, וְיִשָּׁמַע, וְיִפָּקֵד, וְיִזָּכֵר זִכְרוֹנֵֽנוּ וּפִקְדוֹנֵֽנוּ, וְזִכְרוֹן אֲבוֹתֵֽינוּ, וְזִכְרוֹן מָשִֽׁיחַ בֶּן דָּוִד עַבְדֶּֽךָ, וְזִכְרוֹן יְרוּשָׁלַֽיִם עִיר קָדְשֶֽׁךָ, וְזִכְרוֹן כָּל־עַמְּךָ בֵּית יִשְׂרָאֵל לְפָנֶֽיךָ, לִפְלֵיטָה וּלְטוֹבָה, וּלְחֵן וּלְחֶֽסֶד וּלְרַחֲמִים, וּלְחַיִּים וּלְשָׁלוֹם בְּיוֹם

On רֹאשׁ חֹדֶשׁ:
רֹאשׁ הַחֹֽדֶשׁ

On רֹאשׁ הַשָּׁנָה:
הַזִּכָּרוֹן

On יוֹם כִּפּוּר:
הַכִּפּוּרִים

On פֶּֽסַח:
חַג הַמַּצּוֹת

On שָׁבֻעוֹת:
חַג הַשָּׁבֻעוֹת

On סֻכּוֹת:
חַג הַסֻּכּוֹת

On שְׁמִינִי עֲצֶֽרֶת & שִׂמְחַת תּוֹרָה:
הַשְּׁמִינִי חַג הָעֲצֶֽרֶת

הַזֶּה. זָכְרֵֽנוּ יהוה אֱלֹהֵֽינוּ בּוֹ לְטוֹבָה, וּפָקְדֵֽנוּ בוֹ לִבְרָכָה, וְהוֹשִׁיעֵֽנוּ בוֹ לְחַיִּים. וּבִדְבַר יְשׁוּעָה וְרַחֲמִים, חוּס וְחָנֵּֽנוּ וְרַחֵם עָלֵֽינוּ וְהוֹשִׁיעֵֽנוּ, כִּי אֵלֶֽיךָ עֵינֵֽינוּ, כִּי אֵל מֶֽלֶךְ חַנּוּן וְרַחוּם אָֽתָּה.

וּבְנֵה יְרוּשָׁלַיִם עִיר הַקֹּדֶשׁ בִּמְהֵרָה בְיָמֵינוּ. בָּרוּךְ אַתָּה יהוה, בּוֹנֵה בְרַחֲמָיו יְרוּשָׁלָיִם. אָמֵן.

Thanking God for His goodness

בָּרוּךְ אַתָּה יהוה אֱלֹהֵינוּ מֶלֶךְ הָעוֹלָם, הָאֵל אָבִינוּ מַלְכֵּנוּ אַדִּירֵנוּ בּוֹרְאֵנוּ גּוֹאֲלֵנוּ יוֹצְרֵנוּ קְדוֹשֵׁנוּ קְדוֹשׁ יַעֲקֹב, רוֹעֵנוּ רוֹעֵה יִשְׂרָאֵל, הַמֶּלֶךְ הַטּוֹב וְהַמֵּטִיב לַכֹּל, שֶׁבְּכָל־יוֹם וָיוֹם הוּא הֵטִיב, הוּא מֵטִיב, הוּא יֵטִיב לָנוּ. הוּא גְמָלָנוּ הוּא גוֹמְלֵנוּ הוּא יִגְמְלֵנוּ לָעַד, לְחֵן לְחֶסֶד וּלְרַחֲמִים וּלְרֶוַח הַצָּלָה וְהַצְלָחָה, בְּרָכָה וִישׁוּעָה. נֶחָמָה פַּרְנָסָה וְכַלְכָּלָה וְרַחֲמִים וְחַיִּים וְשָׁלוֹם וְכָל־טוֹב, וּמִכָּל־טוּב אַל־יְחַסְּרֵנוּ.

הָרַחֲמָן הוּא יִמְלוֹךְ עָלֵינוּ לְעוֹלָם וָעֶד. הָרַחֲמָן הוּא יִתְבָּרַךְ בַּשָּׁמַיִם וּבָאָרֶץ. הָרַחֲמָן הוּא יִשְׁתַּבַּח לְדוֹר־דּוֹרִים, וְיִתְפָּאַר בָּנוּ לָנֶצַח נְצָחִים, וְיִתְהַדַּר בָּנוּ לָעַד וּלְעוֹלְמֵי עוֹלָמִים. הָרַחֲמָן הוּא יְפַרְנְסֵנוּ בְּכָבוֹד. הָרַחֲמָן הוּא יִשְׁבּוֹר עֻלֵּנוּ מֵעַל צַוָּארֵנוּ, וְהוּא יוֹלִיכֵנוּ קוֹמְמִיּוּת לְאַרְצֵנוּ. הָרַחֲמָן הוּא יִשְׁלַח בְּרָכָה מְרֻבָּה בַּבַּיִת הַזֶּה, וְעַל שֻׁלְחָן זֶה שֶׁאָכַלְנוּ עָלָיו. הָרַחֲמָן הוּא יִשְׁלַח לָנוּ אֶת־אֵלִיָּהוּ הַנָּבִיא זָכוּר לַטּוֹב, וִיבַשֶּׂר־לָנוּ בְּשׂוֹרוֹת טוֹבוֹת יְשׁוּעוֹת וְנֶחָמוֹת.

▷ Merciful One, send plenty of blessings to this house and to this table where we ate.

Merciful One, send us Elijah the Prophet, who is remembered for good, and who will bring us good news of rescue and comfort.

✦ This is a special prayer for the head of the house. If you are eating at home, choose the correct prayer:

הָרַחֲמָן הוּא יְבָרֵךְ

▷ Merciful One, bless:

אֶת־אָבִי מוֹרִי בַּעַל הַבַּיִת הַזֶּה, וְאֶת־אִמִּי מוֹרָתִי בַּעֲלַת הַבַּיִת
הַזֶּה אוֹתָם וְאֶת־בֵּיתָם וְאֶת־זַרְעָם וְאֶת־כָּל־אֲשֶׁר לָהֶם.

▷ My respected father and mother, heads of this house; them, their household, their family and all that is theirs,

אֶת־אָבִי מוֹרִי בַּעַל הַבַּיִת הַזֶּה, אוֹתוֹ וְאֶת־בֵּיתוֹ וְאֶת־כָּל־
אֲשֶׁר לוֹ.

▷ My respected father, head of this house: him, his household, his family and all that is his,

אֶת־אִמִּי מוֹרָתִי בַּעֲלַת הַבַּיִת הַזֶּה, אוֹתָהּ וְאֶת־בֵּיתָהּ
וְאֶת־זַרְעָהּ וְאֶת־כָּל־אֲשֶׁר לָהּ.

▷ My respected mother, head of this house: her, her household, her family and all that is hers,

ⓘ **There are other versions of this prayer to be said when you eat in someone else's home, or by adults in their own home or in their children's homes. You will find these in a standard סִדּוּר.**

✦ If you are eating in someone's home, say this:

וְאֶת־כָּל הַמְסוּבִּין כָּאן

▷ All who are seated here,

אוֹתָנוּ וְאֶת־כָּל־אֲשֶׁר לָנוּ, כְּמוֹ שֶׁנִּתְבָּרְכוּ אֲבוֹתֵינוּ אַבְרָהָם

מִשְׁכַּן כְּבוֹדֶךָ, וְעַל מִזְבְּחֲךָ וְעַל הֵיכָלֶךָ. וּבְנֵה יְרוּשָׁלַיִם עִיר הַקֹּדֶשׁ בִּמְהֵרָה בְיָמֵינוּ, וְהַעֲלֵנוּ לְתוֹכָהּ, וְשַׂמְּחֵנוּ בְּבִנְיָנָהּ, וְנֹאכַל מִפִּרְיָהּ, וְנִשְׂבַּע מִטּוּבָהּ, וּנְבָרֶכְךָ עָלֶיהָ בִּקְדֻשָּׁה וּבְטָהֳרָה.

✦ On שַׁבָּת, say:

וּרְצֵה וְהַחֲלִיצֵנוּ בְּיוֹם הַשַּׁבָּת הַזֶּה.

✦ On רֹאשׁ חֹדֶשׁ, say:

וְזָכְרֵנוּ לְטוֹבָה בְּיוֹם רֹאשׁ הַחֹדֶשׁ הַזֶּה.

✦ On פֶּסַח, say:

וְשַׂמְּחֵנוּ בְּיוֹם חַג הַמַּצּוֹת הַזֶּה.

✦ On שָׁבֻעוֹת, say:

וְשַׂמְּחֵנוּ בְּיוֹם חַג הַשָּׁבֻעוֹת הַזֶּה.

✦ On סֻכּוֹת, say:

וְשַׂמְּחֵנוּ בְּיוֹם חַג הַסֻּכּוֹת הַזֶּה.

✦ On שְׁמִינִי עֲצֶרֶת and שִׂמְחַת תּוֹרָה, say:

וְשַׂמְּחֵנוּ בְּיוֹם הַשְּׁמִינִי חַג הָעֲצֶרֶת הַזֶּה.

✦ On רֹאשׁ הַשָּׁנָה, say:

וְזָכְרֵנוּ לְטוֹבָה בְּיוֹם הַזִּכָּרוֹן הַזֶּה.

כִּי אַתָּה יהוה טוֹב וּמֵטִיב לַכֹּל, וְנוֹדֶה לְּךָ עַל הָאָרֶץ

✦ After wine or grape juice:

וְעַל פְּרִי הַגָּפֶן. בָּרוּךְ אַתָּה יהוה, עַל הָאָרֶץ וְעַל פְּרִי הַגָּפֶן.

✦ After cake, biscuits, crackers, etc.

וְעַל הַמִּחְיָה. בָּרוּךְ אַתָּה יהוה, עַל הָאָרֶץ וְעַל הַמִּחְיָה.

✦ After cake, biscuits, crackers, etc. with wine or grape juice:

וְעַל הַמִּחְיָה וְעַל פְּרִי הַגָּפֶן. בָּרוּךְ אַתָּה יהוה, עַל הָאָרֶץ וְעַל הַמִּחְיָה וְעַל פְּרִי הַגָּפֶן.

✦ After grapes, figs, olives, pomegranates or dates:

וְעַל הַפֵּרוֹת. בָּרוּךְ אַתָּה יהוה, עַל הָאָרֶץ וְעַל הַפֵּרוֹת.

✦ After all other foods or drinks:

בָּרוּךְ אַתָּה יהוה אֱלֹהֵינוּ מֶלֶךְ הָעוֹלָם, בּוֹרֵא נְפָשׁוֹת רַבּוֹת וְחֶסְרוֹנָן, עַל־כָּל־מַה שֶּׁבָּרָאתָ לְהַחֲיוֹת בָּהֶם נֶפֶשׁ כָּל־חָי. בָּרוּךְ חֵי הָעוֹלָמִים.

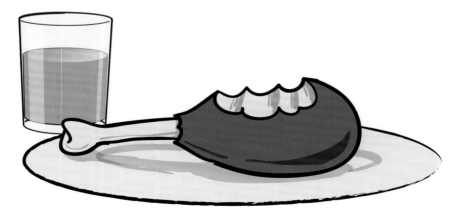

◆ If you see lightning, say:

1   **בָּרוּךְ** אַתָּה יהוה אֱלֹהֵינוּ מֶלֶךְ הָעוֹלָם,
2   עוֹשֶׂה מַעֲשֵׂה בְרֵאשִׁית.

◆ If you hear thunder, say:

3   **בָּרוּךְ** אַתָּה יהוה אֱלֹהֵינוּ מֶלֶךְ הָעוֹלָם,
4   שֶׁכֹּחוֹ וּגְבוּרָתוֹ מָלֵא עוֹלָם.

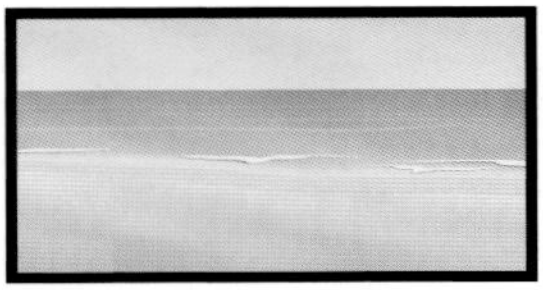

◆ On seeing an ocean for the first time in over 30 days, say:

5   **בָּרוּךְ** אַתָּה יהוה אֱלֹהֵינוּ מֶלֶךְ הָעוֹלָם,
6   שֶׁעָשָׂה אֶת־הַיָּם הַגָּדוֹל.

◆ If you see a rainbow, say:

7   **בָּרוּךְ** אַתָּה יהוה אֱלֹהֵינוּ מֶלֶךְ הָעוֹלָם,
8   זוֹכֵר הַבְּרִית, וְנֶאֱמָן בִּבְרִיתוֹ, וְקַיָּם
9   בְּמַאֲמָרוֹ.

◆ When you see blossom on a fruit tree for the first time in the month of Nisan, say:

10   **בָּרוּךְ** אַתָּה יהוה אֱלֹהֵינוּ מֶלֶךְ הָעוֹלָם, שֶׁלֹּא
11   חִסַּר בְּעוֹלָמוֹ דָּבָר, וּבָרָא בוֹ בְּרִיּוֹת טוֹבוֹת
12   וְאִילָנוֹת טוֹבִים, לְהַנּוֹת בָּהֶם בְּנֵי אָדָם.

◆ When you buy or wear an important new garment or eat a fruit for the first time that season, say:

13   **בָּרוּךְ** אַתָּה יהוה אֱלֹהֵינוּ מֶלֶךְ הָעוֹלָם,
14   שֶׁהֶחֱיָנוּ וְקִיְּמָנוּ וְהִגִּיעָנוּ לַזְּמַן הַזֶּה.

✦ Before fixing a מְזוּזָה, say:

בָּרוּךְ אַתָּה יהוה אֱלֹהֵינוּ מֶלֶךְ

הָעוֹלָם, אֲשֶׁר קִדְּשָׁנוּ בְּמִצְוֹתָיו וְצִוָּנוּ,

לִקְבּוֹעַ מְזוּזָה.

ⓘ When making dough from flour weighing 1.6kg (3.5 lb) or more, there is a מִצְוָה (commandment) to remove a small amount of dough, about the size of a large egg, before baking.

✦ The following בְּרָכָה is said just before the dough is separated.

בָּרוּךְ אַתָּה יהוה אֱלֹהֵינוּ מֶלֶךְ

הָעוֹלָם, אֲשֶׁר קִדְּשָׁנוּ בְּמִצְוֹתָיו וְצִוָּנוּ,

לְהַפְרִישׁ חַלָּה מִן הָעִסָּה.

ⓘ This dough, called חַלָּה, is set aside to be burnt in an oven and then discarded. It should not be fed to birds or animals, because in the time of the בֵּית הַמִּקְדָּשׁ (the Temple) the חַלָּה was given to the כֹּהֲנִים.

חַלָּה can be separated only by someone who is of Batmitzvah or Barmitzvah age or older. An appropriate practice is for a girl to mark her becoming Batmitzvah by separating חַלָּה.

ⓘ The next בְּרָכָה is said after having been to the toilet, closed the door and washed our hands and left the room. We thank God that our bodies function well.

בָּרוּךְ אַתָּה יהוה אֱלֹהֵינוּ מֶלֶךְ הָעוֹלָם, אֲשֶׁר יָצַר אֶת

הָאָדָם בְּחָכְמָה, וּבָרָא בוֹ נְקָבִים נְקָבִים חֲלוּלִים חֲלוּלִים.

גָּלוּי וְיָדוּעַ לִפְנֵי כִסֵּא כְבוֹדֶךָ, שֶׁאִם יִפָּתֵחַ אֶחָד מֵהֶם אוֹ

יִסָּתֵם אֶחָד מֵהֶם, אִי אֶפְשָׁר לְהִתְקַיֵּם וְלַעֲמוֹד לְפָנֶיךָ. בָּרוּךְ

אַתָּה יהוה, רוֹפֵא כָל בָּשָׂר וּמַפְלִיא לַעֲשׂוֹת.

תְּפִלַּת הַדֶּרֶךְ
Prayer for a Journey

✦ This prayer is said when you go on a long journey:

יְהִי רָצוֹן מִלְּפָנֶיךָ יהוה אֱלֹהֵינוּ וֵאלֹהֵי אֲבוֹתֵינוּ שֶׁתּוֹלִיכֵנוּ לְשָׁלוֹם, וְתַצְעִידֵנוּ לְשָׁלוֹם, וְתִסְמְכֵנוּ לְשָׁלוֹם, וְתַנְחֵנוּ אֶל־מְחוֹז חֶפְצֵנוּ לְחַיִּים וּלְשִׂמְחָה וּלְשָׁלוֹם, וְתַצִּילֵנוּ מִכַּף כָּל־אוֹיֵב וְאוֹרֵב וְאָסוֹן בַּדֶּרֶךְ, וּמִכָּל־מִינֵי פֻּרְעָנֻיּוֹת הַמִּתְרַגְּשׁוֹת לָבוֹא לָעוֹלָם, וְתִשְׁלַח בְּרָכָה בְּמַעֲשֵׂה יָדֵינוּ, וְתִתְּנֵנוּ לְחֵן וּלְחֶסֶד וּלְרַחֲמִים בְּעֵינֶיךָ וּבְעֵינֵי כָל־רוֹאֵינוּ, וְתִשְׁמַע קוֹל תַּחֲנוּנֵינוּ, כִּי אֵל שׁוֹמֵעַ תְּפִלָּה וְתַחֲנוּן אָתָּה. בָּרוּךְ אַתָּה יהוה, שׁוֹמֵעַ תְּפִלָּה.

▷ Our God and God of our fathers, please let us travel peacefully, guide our journey and help us arrive at our journey's end full of life, joy and peace. Protect us from all our enemies – kidnappers, thieves and wild animals – and from serious accidents. Bless our work and grant us kindness and mercy from You and from everyone we meet. Please listen to our prayers, as You are God who hears our prayers and our wishes. Blessed are You, Hashem, who listens to prayers.

(i) Here is a selection of Psalms which can be read on special or significant occasions. The list has been taken from the Authorised Daily Prayer Book (Sacks edition). The English is NOT a full translation, but instead is a précis suitable for the age group.

תְּהִלִים
Psalms

1. For someone who is very ill: Ps 23, 121, 130
2. For safety and security in Israel: Ps 121, 130
3. For thanksgiving: Ps116
4. For help: Ps 20, 130

Psalm 20

לַמְנַצֵּחַ מִזְמוֹר לְדָוִד: יַעַנְךָ יהוה בְּיוֹם צָרָה יְשַׂגֶּבְךָ שֵׁם ₁

אֱלֹהֵי יַעֲקֹב: יִשְׁלַח־עֶזְרְךָ מִקֹּדֶשׁ וּמִצִּיּוֹן יִסְעָדֶךָּ: יִזְכֹּר כָּל־ ₂

מִנְחֹתֶךָ וְעוֹלָתְךָ יְדַשְּׁנֶה סֶלָה: יִתֶּן־לְךָ כִלְבָבֶךָ וְכָל־עֲצָתְךָ ₃

יְמַלֵּא: נְרַנְּנָה בִּישׁוּעָתֶךָ וּבְשֵׁם־אֱלֹהֵינוּ נִדְגֹּל יְמַלֵּא יהוה ₄

כָּל־מִשְׁאֲלוֹתֶיךָ: עַתָּה יָדַעְתִּי כִּי הוֹשִׁיעַ יהוה מְשִׁיחוֹ ₅

יַעֲנֵהוּ מִשְּׁמֵי קָדְשׁוֹ בִּגְבֻרוֹת יֵשַׁע יְמִינוֹ: אֵלֶּה בָרֶכֶב וְאֵלֶּה ₆

בַסּוּסִים וַאֲנַחְנוּ בְּשֵׁם־יהוה אֱלֹהֵינוּ נַזְכִּיר: הֵמָּה כָּרְעוּ ₇

וְנָפָלוּ וַאֲנַחְנוּ קַּמְנוּ וַנִּתְעוֹדָד: יהוה הוֹשִׁיעָה הַמֶּלֶךְ יַעֲנֵנוּ ₈

בְיוֹם־קָרְאֵנוּ: ₉

▷ For the musical conductor. One of David's psalms. May God, the God of Yaakov, answer you when you are worried. May He send you help and support and remember all your good deeds and prayers. May He give you everything you ask for and make all your plans succeed. We will shout for joy and praise God, when He grants all your requests.

I know that God looks after His people. Some people rely on violence, but we rely on God. They will lose, but we will stand strong. May God answer us when we call Him.

Psalm 23

1 **מִזְמוֹר** לְדָוִד יהוה רֹעִי לֹא אֶחְסָר: בִּנְאוֹת דֶּשֶׁא יַרְבִּיצֵנִי

2 עַל־מֵי מְנֻחוֹת יְנַהֲלֵנִי: נַפְשִׁי יְשׁוֹבֵב יַנְחֵנִי בְמַעְגְּלֵי־צֶדֶק

3 לְמַעַן שְׁמוֹ: גַּם כִּי־אֵלֵךְ בְּגֵיא צַלְמָוֶת לֹא־אִירָא רָע כִּי־אַתָּה

4 עִמָּדִי שִׁבְטְךָ וּמִשְׁעַנְתֶּךָ הֵמָּה יְנַחֲמֻנִי: תַּעֲרֹךְ לְפָנַי שֻׁלְחָן

5 נֶגֶד צֹרְרָי דִּשַּׁנְתָּ בַשֶּׁמֶן רֹאשִׁי כּוֹסִי רְוָיָה: אַךְ טוֹב וָחֶסֶד

6 יִרְדְּפוּנִי כָּל־יְמֵי חַיָּי וְשַׁבְתִּי בְּבֵית־יהוה לְאֹרֶךְ יָמִים:

▷ One of David's psalms. God is like my shepherd, I do not need anything else. He lets me sleep safely, walk by calm waters and guides me on safe paths. Even though I might be in a deep, dark valley, I will not be frightened, because You are with me. Enemies might be close, but they cannot harm me, because You are protecting me. I am so fortunate and hope that I will always have God's protection.

Psalm 116

7 **אָהַבְתִּי** כִּי־יִשְׁמַע יהוה אֶת־קוֹלִי תַּחֲנוּנָי: כִּי־הִטָּה אָזְנוֹ

8 לִי וּבְיָמַי אֶקְרָא: אֲפָפוּנִי חֶבְלֵי־מָוֶת וּמְצָרֵי שְׁאוֹל מְצָאוּנִי

9 צָרָה וְיָגוֹן אֶמְצָא: וּבְשֵׁם־יהוה אֶקְרָא אָנָּה יהוה מַלְּטָה

10 נַפְשִׁי: חַנּוּן יְהֹוָה וְצַדִּיק וֵאלֹהֵינוּ מְרַחֵם: שֹׁמֵר פְּתָאִים

11 יְהֹוָה דַּלּוֹתִי וְלִי יְהוֹשִׁיעַ: שׁוּבִי נַפְשִׁי לִמְנוּחָיְכִי כִּי יהוה גָּמַל

12 עָלָיְכִי: כִּי חִלַּצְתָּ נַפְשִׁי מִמָּוֶת אֶת־עֵינִי מִן־דִּמְעָה אֶת־רַגְלִי

13 מִדֶּחִי: אֶתְהַלֵּךְ לִפְנֵי יהוה בְּאַרְצוֹת הַחַיִּים: הֶאֱמַנְתִּי כִּי

14 אֲדַבֵּר אֲנִי עָנִיתִי מְאֹד: אֲנִי אָמַרְתִּי בְחָפְזִי כָּל־הָאָדָם כֹּזֵב:

15 מָה־אָשִׁיב לַיהֹוָה כָּל־תַּגְמוּלוֹהִי עָלָי: כּוֹס־יְשׁוּעוֹת אֶשָּׂא

וּבְשֵׁם יהוה אֶקְרָא: נְדָרַי לַיהוה אֲשַׁלֵּם נֶגְדָה־נָּא לְכָל־עַמּוֹ: 1

יָקָר בְּעֵינֵי יהוה הַמָּוְתָה לַחֲסִידָיו: אָנָּה יהוה כִּי־אֲנִי עַבְדֶּךָ 2

אֲנִי עַבְדְּךָ בֶּן־אֲמָתֶךָ פִּתַּחְתָּ לְמוֹסֵרָי: לְךָ־אֶזְבַּח זֶבַח תּוֹדָה 3

וּבְשֵׁם יהוה אֶקְרָא: נְדָרַי לַיהוה אֲשַׁלֵּם נֶגְדָה־נָּא לְכָל־עַמּוֹ: 4

בְּחַצְרוֹת בֵּית יהוה בְּתוֹכֵכִי יְרוּשָׁלַםִ הַלְלוּיָהּ: 5

▷ How can I repay God for all the good things He has done for me? I will make a special feast for everyone and raise a toast in thanks of God. God does not want to see His people suffer. Truly God, I am privileged to be Your servant as my mother was. You freed me from captivity, so I will thank God in public, at the Temple in Jerusalem.

Psalm 120

שִׁיר הַמַּעֲלוֹת, אֶל־יהוה בַּצָּרָתָה לִּי, קָרָאתִי וַיַּעֲנֵנִי. יהוה 6

הַצִּילָה נַפְשִׁי מִשְּׂפַת־שֶׁקֶר, מִלָּשׁוֹן רְמִיָּה. מַה־יִּתֵּן לְךָ, וּמַה־ 7

יֹּסִיף לָךְ, לָשׁוֹן רְמִיָּה. חִצֵּי גִבּוֹר שְׁנוּנִים, עִם גַּחֲלֵי רְתָמִים. 8

אוֹיָה לִי כִּי־גַרְתִּי מֶשֶׁךְ, שָׁכַנְתִּי עִם־אָהֳלֵי קֵדָר. רַבַּת שָׁכְנָה־ 9

לָּהּ נַפְשִׁי, עִם שׂוֹנֵא שָׁלוֹם. אֲנִי־שָׁלוֹם, וְכִי אֲדַבֵּר, הֵמָּה 10

לַמִּלְחָמָה. 11

▷ A song on the Temple steps. I called to God when I was in trouble and He answered me. I said: "God, please save me from lying". What is the use of lying and cheating? I wish that I did not live with warlike people. I only want peace, but whenever I talk about it, they only want war.

Psalm 121

שִׁיר לַמַּעֲלוֹת, אֶשָּׂא עֵינַי אֶל־הֶהָרִים, מֵאַיִן יָבֹא עֶזְרִי. ₁

עֶזְרִי מֵעִם יהוה, עֹשֵׂה שָׁמַיִם וָאָרֶץ. אַל־יִתֵּן לַמּוֹט רַגְלֶךָ, ₂

אַל־יָנוּם שֹׁמְרֶךָ. הִנֵּה לֹא יָנוּם וְלֹא יִישָׁן, שׁוֹמֵר יִשְׂרָאֵל. ₃

יהוה שֹׁמְרֶךָ, יהוה צִלְּךָ עַל־יַד יְמִינֶךָ. יוֹמָם הַשֶּׁמֶשׁ לֹא־ ₄

יַכֶּכָּה וְיָרֵחַ בַּלָּיְלָה. יהוה יִשְׁמָרְךָ מִכָּל־רָע, יִשְׁמֹר אֶת־נַפְשֶׁךָ. ₅

יהוה יִשְׁמָר־צֵאתְךָ וּבוֹאֶךָ, מֵעַתָּה וְעַד־עוֹלָם. ₆

▷ A song on the Temple steps. I look up to the hills, where shall I find help? My help comes only from God, who made heaven and earth. He will not let your foot stumble, as the Guardian of Israel never sleeps. God looks after you, guarding you and protecting you from the sun and the moon. God will protect you from all harm. He will look after you wherever you go, forever.

Psalm 130

שִׁיר הַמַּעֲלוֹת, מִמַּעֲמַקִּים קְרָאתִיךָ יהוה. אֲדֹנָי שִׁמְעָה ₇

בְקוֹלִי, תִּהְיֶינָה אָזְנֶיךָ קַשֻּׁבוֹת לְקוֹל תַּחֲנוּנָי. אִם עֲוֹנוֹת ₈

תִּשְׁמָר־יָהּ, אֲדֹנָי מִי יַעֲמֹד. כִּי עִמְּךָ הַסְּלִיחָה, לְמַעַן תִּוָּרֵא. ₉

קִוִּיתִי יהוה קִוְּתָה נַפְשִׁי, וְלִדְבָרוֹ הוֹחָלְתִּי. נַפְשִׁי לַיהוה, ₁₀

מִשֹּׁמְרִים לַבֹּקֶר, שֹׁמְרִים לַבֹּקֶר. יַחֵל יִשְׂרָאֵל אֶל יהוה, ₁₁

כִּי־עִם־יהוה הַחֶסֶד, וְהַרְבֵּה עִמּוֹ פְדוּת. וְהוּא יִפְדֶּה אֶת ₁₂

יִשְׂרָאֵל, מִכֹּל עֲוֹנוֹתָיו. ₁₃

▷   A song on the Temple steps. I had many problems and called on God: "Please listen to me and my request. If you really counted up everyone's bad deeds, who could cope?" But You forgive and that is why we worship You. I wait for God even more than watchmen look forward to the morning. Israel – trust God, because He really does care and looks after us. It is He who will save the people of Israel from all their bad deeds.

Glossary Part 1

The first part of this glossary is a list of all the Hebrew words and phrases which are used in this siddur, but are not explained. Each word or phrase is listed in the order of the Hebrew alphabet – which is actually called the 'Alef Bet'. The Hebrew spelling is followed by the transliteration (the Hebrew spelt in English letters), the translation and an explanation.

The second part of the glossary contains a list of Hebrew months, followed by a note on prayers normally said with a minyan.

ב

בֵּית הַמִּדְרָשׁ **BET HAMIDRASH** Bet Hamidrash, House of Study – a place where people go to study Torah and pray.

בְּנֵי יִשְׂרָאֵל **BNEI YISRAEL** 'The Children of Israel' - 'יִשְׂרָאֵל' is another name for יַעֲקֹב (Jacob) and so 'Bnei Yisrael' means the descendants of Jacob; in other words, the Jewish People.

בַּעַל קְרִיאָה **BAAL KERIAH** – the person who reads from the Sefer Torah. He is sometimes called the Baal Koreh.

בְּרָכָה **BERACHAH** – Two meanings: 1) a type of prayer praising God and containing the words בָּרוּךְ אַתָּה יהוה 2) a prayer in which we ask God to bless someone, e.g. when parents bless their children on Friday night.

ח

חוֹל הַמּוֹעֵד CHOL HAMO'ED Intermediate Days – Outside Israel, the four middle days of Pesach and five middle days of Sukkot.

חוּמָשׁ CHUMASH 'Fifth' – Really the name of each of the Five Books of Moses (חֲמִשָּׁה חוּמְשֵׁי תוֹרָה), but also used as the name for all Five Books printed in book form, unlike the Sefer Torah, which is written as a scroll.

חַלָּה CHALLAH – Two meanings: 1) the loaf we eat on Shabbat and Yom Tov, 2) the dough separated when baking.

חֲנֻכָּה CHANUKKAH Festival of 'Dedication' – Eight-day festival beginning on 25 Kislev, celebrating the rededication of the בֵּית הַמִּקְדָּשׁ (the Temple) and the miracle of the oil.

חֲנֻכִּיָּה CHANUKKIAH – The Chanukkah lamp with eight branches, plus the חֲנֻכִּיָּה Shammash. Some chanukkiot use oil, some others use candles. There is an extra holder for the Shammash. Some people call the Chanukkiah the Menorah.

ט

טַלִּית TALLIT 'Garment' – Four-cornered garment with tzitziot attached to each corner. Two types: 1) טַלִּית קָטָן Tallit Katan, 'small tallit' – worn all day by Jewish males (sometimes called tzitzit, 'arba kanfot' or 'four corners') 2) טַלִּית גָּדוֹל Tallit Gadol 'large tallit' - worn by Jewish males for morning prayers, often simply called 'Tallit'.

י

יוֹם הָעַצְמָאוּת YOM HA'ATZMA'UT Independence Day – Celebrating the founding of the modern State of Israel in 1948.

יוֹם יְרוּשָׁלַיִם YOM YERUSHALAYIM Jerusalem Day – Celebrating the reunification of Jerusalem during the Six Day War of 1967.

יוֹם טוֹב YOM TOV Festival – Major festival: Rosh Hashanah, Yom Kippur, Pesach, Shavuot and Sukkot on which we do not work or go to school.

יוֹם כִּפּוּר YOM KIPPUR Day of Atonement – A Yom Tov which is also a fast, on 10 Tishrei, when we pray to God for forgiveness (atonement) for our sins.

י

יָמִים נוֹרָאִים YAMIM NORA'IM Days of Awe – The holiest days of the Jewish year, comprising רֹאשׁ הַשָּׁנָה and יוֹם כִּפּוּר. Sometimes they are called the High Holydays.

מ

מִנְיָן MINYAN Quorum – A gathering of ten Jewish males who are בַּר מִצְוָה (13 years or older).

מָשִׁיחַ MASHIACH Messiah – The righteous man who will bring all Jews back to Torah and to the Land of Israel and bring peace to the world. We continually hope and pray for his coming.

ס

סִיּוּם תְּפִילָה SIYUM TEFILLAH – the end of the weekday morning service or musaf on shabbat and festivals. It includes Aleinu and the psalm for each day of the week.

סֻכּוֹת SUKKOT – A seven day festival beginning on 15 Tishrei. Outside Israel, the first two days are Yom Tov, the next five are Chol HaMo'ed. The seventh day has an extra name, הוֹשַׁעְנָא רַבָּה, Hoshana Rabbah. The seven days of Sukkot lead into another festival שְׁמִינִי עֲצֶרֶת, Shemini Atzeret.
Sukkot celebrates the time when Bnei Yisrael lived in frail sukkot (temporary huts) in the wilderness and had to rely on God's protection. It is also one of the three harvest or pilgrim festivals, שָׁלֹשׁ רְגָלִים.

פ

פּוּרִים **PURIM** – A festival on 14 Adar (or 14 Adar Sheni in a Jewish leap year) celebrating the miracle by which God saved the Jews of Persia from the destructive plans of Haman, the enemy of the Jews.

פֶּסַח **PESACH** Passover – An eight-day festival beginning on 15 Nisan. Outside Israel, the first two days and last two days are Yom Tov, the middle four are Chol Hamo'ed. We celebrate how God brought us out of Egypt. It is also one of the three harvest or pilgrim festivals, שָׁלֹשׁ רְגָלִים.

צ

צִיצִת **TSITSIT** 'Fringes' (plural צִיצִיּוֹת) – The fringes inserted onto the four corners of a Tallit or Tallit Katan.

ר

רֹאשׁ הַשָּׁנָה **ROSH HASHANAH** New Year – A two day Yom Tov beginning on 1 Tishrei. On Rosh Hashanah the whole world is judged.

ש

שָׁבֻעוֹת **SHAVUOT** – Outside Israel a two-day Yom Tov beginning on 6 Sivan, celebrating the occasion when God gave us the Torah. It is also one of the three harvest or pilgrim festivals, שָׁלֹשׁ רְגָלִים.

שָׁלֹשׁ רְגָלִים **SHALOSH REGALIM** the Three Pilgrim Festivals – Pesach, Shavuot and Sukkot (including Shemini Atzeret) are known together as the Shalosh Regalim, because on these festivals pilgrims from all over ancient Israel and beyond travelled to the בֵּית הַמִּקְדָּשׁ (the Temple) in Jerusalem. They are also our three Harvest Festivals.

שְׁמִינִי עֲצֶרֶת **SHEMINI ATZERET** – A two-day Yom Tov outside Israel beginning on 22 Tishrei, following on from Sukkot. The second day of Shemini Atzeret is known as:

שִׂמְחַת תוֹרָה **SIMCHAT TORAH**, 'Rejoicing of the Torah' – when we celebrate the completion of the Torah reading for that year and begin it again.

שַׁמָּשׁ **SHAMMASH** – The servant light which is used to kindle the lights for the Chanukkiah / Menorah.

ת

תּוֹרָה **TORAH** 'Law' or 'Teaching' – a) **תּוֹרָה שֶׁבִּכְתָב** Torah Shebichtav, The Written Torah: contained in the **סֵפֶר תּוֹרָה**, Sefer Torah, in the form of a scroll, or in the **חוּמָשׁ**, Chumash, in book form – sometimes simply called 'Torah'; b) **תּוֹרָה שֶׁבְּעַל פֶּה**, Torah Shebe'al Peh, The Oral (Spoken) Torah. Originally passed on by teachers from Moshe at Mount Sinai, but eventually written down as the **תַּלְמוּד**, Talmud.

תַּלְמוּד **TALMUD** – Although the Torah Shebe'al Peh was originally passed on by word of mouth, it was eventually written down in two stages: the **מִשְׁנָה**, Mishnah and the **גְּמָרָא**, Gemara. These two combined make up the Talmud.

תְּנַ"ךְ **TENACH** Hebrew Bible – A word made up of the first letters of three words:

תּוֹרָה (Torah)
נְבִיאִים (Prophets)
כְּתוּבִים (Writings)

Each word is the title of one section of the Hebrew Bible.

תְּפִלָּה **TEFILLAH** 'Prayer' or 'Service' (plural **תְּפִלּוֹת**, tefillot).

Glossary Part 2

The Twelve Months

Nisan	נִיסָן
Iyyar	אִיָּר (אייר)
Sivan	סִיוָן
Tammuz	תַּמּוּז
Av	אָב
Elul	אֱלוּל
Tishrei	תִּשְׁרֵי
Cheshvan	חֶשְׁוָן
Kislev	כִּסְלֵו
Tevet	טֵבֵת
Shevat	שְׁבָט
Adar	אֲדָר

In a Jewish leap year there are 13 months. Instead of just אֲדָר we have אֲדָר רִאשׁוֹן Adar Rishon and אֲדָר שֵׁנִי Adar Sheni, so פּוּרִים is celebrated in אֲדָר שֵׁנִי.